JN300384

Boundaries and Boundary Violations in Psychoanalysis by Glen O. Gabbard and Eva P. Lester

# 精神分析における境界侵犯

### 臨床家が守るべき一線

グレン O. ギャバード　エヴァ P. レスター 著
北村婦美　北村隆人 訳

金剛出版

# 推薦のことば

　ギャバード，レスター両博士が，この本で成した仕事は非常に独創的なものだ。精神分析において長らく非常に切実な問題であった境界の問題に，このように取り組んだ本は他にはない。

　他の精神療法よりずっと頻度は少ないとはいえ，精神分析においても境界侵犯が珍しくないことは一般に知られていた。しかしそれについてただ知っているだけであることと，それについて何か対応しようとすることは全く違う次元の問題だ。ギャバード，レスター博士はこの問題に対応した。そして彼らの専門性は，さらに豊かなものになった。

　中には次のように批判する人もいるだろう。精神分析は外部からの批判にさらされているというのに，内部からそれを批判するのは賢明ではないと。しかし問題に蓋をして済ませるというのは，精神分析の精神に調和しないやり方だ！　この問題を分析し，その改善をめざすのがこの本なのである。

　注目すべきなのは，こうしたセンセーショナルな問題にも，著者らが決してセンセーショナリズムに陥らずに論じることができている点にある。著者らは境界や境界侵犯という問題に歴史的に迫り，過去と現在の両方から注意深い考証を加えている。著者らのいう「境界」には二つの意味が含まれる。一つは，分析状況における患者と分析家のあいだの境界。もう一つは，患者と分析家双方の内面における，自我と抑圧された無意識のあいだの境界だ。

　著者らはそうした境界を，厚い境界，薄い境界といった物理的な比喩を用いて概念化している。またこの本はタイムリーである。というのも近年の認識では，分析家は分析状況に関与しながら観察しているのであり，また被分析者が転移にさらされるのと同じように逆転移にさらされる存在なのであっ

て，決して全知で超然として白紙の状態にある人ではないとみなされているからである。またこの本は，エディプス状況のファンタジーとタブーが有している力と普遍性を，タイムリーに思い起こさせてくれる本でもある。

　ギャバード，レスター両博士は，深刻な問題へ注意を喚起するだけではなく，境界逸脱が発生する精神力動についても示している。さらに精神分析の教育を通じて，そうした逸脱を予防することの必要性も強調している。また，患者とのあいだで性的境界を逸脱する分析家によく認められる病理をタイプ分けしているが，その中でギャバードとレスターは，非常にまれな精神病ケースと，頻繁にみられるケース——サイコパスや性倒錯をエナクトメントするケースや恋わずらい，そしてマゾヒスティックな行動化など——を区別している。これらに関する詳細な描写は説得力があるもので，両博士は境界侵犯が生じる際には，分析家の自己愛の病理が頻繁にみられることを指摘している。このうち「恋わずらい」のカテゴリーは自己愛の病理を反映したものだが，おそらく精神病とパラフィリアの人の重篤さとは異なり，予後は本来的によいということも示している。

　両博士があらためて認識させてくれるのは，精神分析的な枠組みのユニークさだ。この枠組みは，患者の個人的な情緒体験を包み隠さず完全に伝えることを促進するが，この過程の中で，エディパルな関係が象徴的に再現される。このようにして分析的設定が，インセストタブー，エディパルな誘惑，そしてこのタブーをやぶることにまつわる去勢と死への象徴的な脅威を再現する。このエディパルな関係性は，無意識的なファンタジーを徹底的に探求するのに適した枠組みの中で象徴的に再現され，そしてそこではエディパルな願望を直接満たすことはいつまでも禁じられることになる。

　分析的状況にそなわる安全な雰囲気の中で，これらの人間の深い葛藤を探求する可能性がうまれるが，しかしその裏では患者にエディパルなファンタジーを実演することへの誘惑が宿り，そして分析家の逆転移にもそうした誘惑が宿ることになる。さらにこの誘惑に加えて，インセストタブーを破ることによって自己愛的な万能感が満たされる危険性——つまり，万能的な思い

を抱いて両親の親密なつながりへと侵入し，その戦いに勝利するというファンタジーを実演することの危険性——が，分析状況を重大な危機に陥れることにもなる。その際，患者の自己愛的な病理によって危機がもたらされるだけでなく，分析家の未解決な自己愛的病理もまた危機を招来することになる。

　ギャバードとレスターは，分析家の孤立や，人生の中での重大な喪失に直面すること，そして自己愛的な領域をまきこむ突然の危機が，彼らのいう「恋わずらい」症候群をいかに活性化してしまうかを巧みに描き出している。

　ここでギャバードとレスターが提示している理論的枠組みは，精神分析を実施するために必要な条件を，分析家が（自らの力動的な無意識との間で）もつ内的境界や（精神分析状況における間主観性の中でもつ）外的境界の「厚さ」「薄さ」という視点から，さらに深く分析していくのに役立つ。たとえば，このようにいえるだろう。精神分析的な共感能力は，分析家の外的境界の「厚さ」——つまり分析家が治療的役割にしっかりとどまることができること——と，内的境界の最適な「薄さ」——自分の無意識的過程に開かれていること，及び自分の逆転移を探索する自由さをもっていること——を意味している，と。あるいは，次のようにもいえるだろう。分析家の内的境界の「厚さ」——自分の本能のニードを適切にコントロールできること——と，ある特定の外的境界の「薄さ」——転移と逆転移の中で展開する投影同一化の相互作用に開かれていること——とがうまくマッチすることが，退行的なエナクトメントへの誘惑にかられることなく患者に対する共感を促進するのに有用だ，と。どんな場合でも，分析家の性格特性においてギャバードとレスターの定義した意味での「厚さ」と「薄さ」のバランスがうまくとれていることが，境界侵犯の危険に陥ることから分析家を守ってくれるのである。

　境界侵犯の予防とマネジメントについて，著者らが行う推奨は特に挑発的で刺激的なものだ。彼らが強調しているのは次の二点である。まず候補生のトレーニング経験の中に，精神分析の専門家による倫理的側面の探求が含まれることが重要だということ。そして，性愛的な逆転移の正直な探求を促進することが重要だということ。私もこれまでみてきたことだが，性愛的な逆

転移を率直に探求する意欲をくじく雰囲気がインスティテュートに蔓延していると，コントロールされていない，あるいはコントロールできない境界侵犯が増加するように思われる。

　うわさとして広まったり，あるいは実際に行われたことが確実な境界侵犯を，インスティテュートや協会という設定の中で適切にマネジメントすること。そこに含まれるやっかいな事態や困難についても，ギャバード，レスター両博士は思慮深く指摘している。私が彼らの指摘に付け加えるとすれば，現在の困難として次の点があげられよう。それは，われわれの訴訟文化によって生じている諸問題——経済的な利益を得るために，苦情に対する賠償金を搾り取ろうとすることへの誘惑——であり，そしてその過程が被害者と加害者両者をいかに腐敗させ，そして境界侵犯に対処しようとする誠実な努力をいかに官僚的な悪夢へと堕落させているか，という点である。われわれは非倫理的な臨床家から患者を守らねばならないのと同時に，サイコパス的な転移の行動化から臨床家を守らねばならない。個別ケースを正当に取り扱うということは，明確な倫理的基準をもちながらも組織の柔軟性を大切にして，サイコパス的な搾取にさらされるような事態も，また組織が官僚化して身動きがとれないような事態も避けていくことだ。そして何より著者らが考えた予防的措置と，彼らがこの本で示した痛みをもたらす問題を誠実に認めることが，精神分析の不幸な副産物——この高い効果をもつ可能性を秘めた治療を，「放射能」にしかねない副産物——を減らすことに役立つはずだ。たとえそれを完全に無くすことはできないとしても。

オットー・F・カーンバーグ，M.D.<br>
ニューヨーク病院ウェストチェスター部<br>
コーネル・メディカルセンター・パーソナリティ障害研究所所長<br>
コーネル大学医学部，精神医学教授<br>
コロンビア大学精神分析（訓練・研究）センター，訓練分析家，スーパーバイザー

## はじめに

19世紀の英国の詩人クレイク（Dinah Maria Craik）(1859) は，かつてこう書いた。

> ああ，安らぎよ，安心して人といることの，言いようのない安らぎよ。
> その人の前では熟考することも言葉を選ぶこともいらず，もみがらのように下らないことも価値あることも，すべてありのまま吐き出せる。
> その誠実な手で受け止め，ふるいにかけ，保つに値することは保ち，そうでないことは親切な一吹きで吹き飛ばしてくれることを信じて。
> (p.169)

クレイクは，ほどなくして遠いヨーロッパの一都市で生じてくる動きを，知らず知らずのうちに予期していたように思われる。フロイト（Freud）による自由連想の「発見」と，安全で受容的な分析的セッティングの中での分析家の注意深い傾聴が，ついにクレイクが無意識に望んでいた語り療法に，最適の環境を創り出したのである。

この安全な雰囲気は現在解されているところによると，何よりもまず当事者二人が合意したある特定の「枠組み」に由来するのであり，この枠組みのもつ規範性が分析空間における円滑なやりとりを保障している。この空間では心理的には二つの主観が互いに浸透しあうことが起こるにも関わらず，身体的には時おりの握手以上の接触が起こることはほとんどない。ある特定の境界内で作業するというこの普通にはない取り決めの結果として，精神分析過程の鍛冶場から多くの自己発見が鍛え出されるのである。

しかしながら近年，精神分析の専門家たちは，困った問題に気づくようになった。すべての分析が安全なわけでなく，すべての分析的境界が守られているわけではないのだ。問題の全容はとらえ切れていないが，ボストン圏とその周辺だけでも，分析家や治療者に性的に利用された患者のための支援団体に400人以上の女性が加入している。分析家と患者の性的関係をふくむ境界の侵犯がもっとも劣悪だが，それ以外のものも懸念の種である。

分析的な境界侵犯は精神分析の専門職が誕生した時から存在するが，ようやく最近になって精神分析は組織としてこの問題に取り組むようになった。こうした流れの変化は，逆転移への見方が変わったことや，分析で生じているプロセスに分析家がどう関与しているかがより深く理解されるようになったことの影響である。この本は一つには，こうした精神分析の思潮の変化から自然と生じてきたものである。

境界という精神分析の概念は，臨床実践における境界侵犯という考えとともに始まったわけではない。大洋感情についてのフロイトの初期の論文から近年のわれわれのこの主題についての関心にいたるまで，境界という概念はむしろ理論的なトピックであった。傑出した自我心理学者であるパウル・フェダーン（Paul Federn）は，内的および外的自我境界という概念と格闘した。前者は自我を無意識的なファンタジーや欲動から隔て，後者は一種の辺縁的な感覚器官であり現実検討を担うものと見なされている。ジェイコブソンのような対象関係論者は，境界を自己表象と対象表象の間の境として書いている。最近では，アーネスト・ハルトマン（Ernest Hartmann）のような現代の研究者たちが，研究ツールを使ったり精神分析的な手法と神経生理学的な手法とをともに用いたりして，精神内の内的および外的な境界を，パーソナリティのある特定の次元としてさらに詳細に論じている。

したがって，境界についての概念的な問題と精神分析における境界侵犯という臨床的な側面は，別のようでありながらある程度関連ある二つの論点といえる。すなわち（1）精神内の境界がもつ性質についての理論的な見方と，それが自由連想や夢の想起といった分析過程における基本的事項とどう

関わっているかということ，そして（2）内的境界および対人境界の横断や逸脱といった，分析における特定のエナクトメントに対する臨床的評価，この二つの論点である。

　この本では，これら両方の論点を詳しく検討していく。両者はある領域では重なるが他では重ならない。実際われわれがこの共同作業によって成しとげたいことの一つは，精神分析における境界概念の古典的な用いられ方と，臨床実践における対人境界やある種の分析的な境界侵犯についての現代的問題との，重要な共通部分を見定めることなのである。

　この本ではまず境界というものを吟味してから，境界侵犯について論じていく。第1章と第2章では，境界についての精神分析の文献を，構造とプロセスの両方の観点から要約する。第3章は，互いに関連しあう三つの構成概念，すなわち分析的な枠組み，分析的な境界，分析的な対象を概念化する試みである。第4章では境界における性差についての文献をまとめた。

　第5章から正式に境界侵犯について論じていくが，まず精神分析の専門家集団の中で生じたそのような行為の初期の歴史をたどってみる。第6章と第7章では，境界侵犯の性的なものと非性的なもの各々について，その精神分析的理解に焦点を当てる。第8章は終結後の境界という曖昧な領域について，特に転移の運命ということに力点を置きつつ論じる。第9章ではスーパービジョンにおける境界について見ていき，第10章では境界侵犯に対する組織としての対応と，可能な予防手段とを示す。

　この計画を実行するにあたっては，臨床素材の提示に関して著しい問題が生じた。同業者について書くことにはいつも困難がつきまとうが，深刻な境界逸脱をおかした分析家についてのデータを提示することはもっとやっかいである。守秘義務と匿名性の厳守という問題にわれわれは二つのやり方で対処した。あるケースでは，われわれの論じたい主な心理学的テーマをとらえているような合成ケースを創りあげて，個人を同定されないようにした。また別のケースでは，ケース素材を偽装したものを当該の治療者や分析家に十分チェックしてもらってから書面での許可を得た。臨床データによって境界

逸脱についての理解が広がることが，デリケートな素材の公表を正当化してくれるとわれわれは考えるが，この点は読者にも賛同いただけるものと信じている。

　この本を作り上げるにあたっては，たくさんの人たちの助力を得た。ジョイス・デビッドソン・ギャバード（Joyce Davidson Gabbard）とマーレイ・D・レスター（Murray D. Lester）には，きわめて多忙な執筆の数カ月を我慢強く支え続けてくれたことに感謝する。ベーシック・ブックス出版社のステファン・フランクール（Stephen Francoeur）とジョー・アン・ミラー（Jo Ann Miller）は，われわれを助けこの計画を始めから終わりまで導いてくれた。ありがとう。ジョン・カー（John Kerr）とピーター・グルーエンバーグ（Peter Gruenberg）がこの本の各所に寄せてくれたコメントは役立ったし，特にオットー・カーンバーグには推薦文を書くことを慈悲深く承諾していただき，思慮深い批評をいただいた。最後にフェイ・ショーンフィールド（Faye Schoenfeld）には，細心をはらって原稿を活字にし編集をくわえ，参考文献を注意深くチェックしていただいたことを特に感謝したい。

グレン・ギャバード<br>
エヴァ・レスター

# 目　次

推薦のことば ..................................................................................................3
はじめに ........................................................................................................7

第1章　精神分析における境界概念 ..................................................................13
第2章　境界と精神分析過程 ............................................................................37
第3章　分析の枠組み，分析的境界，そして分析的対象 ......................................59
第4章　境界とジェンダー ................................................................................79
第5章　精神分析における境界侵犯の初期の歴史 ..............................................95
第6章　性的境界侵犯 ....................................................................................119
第7章　非性的境界侵犯 .................................................................................161
第8章　転移の運命：終結後の境界 .................................................................197
第9章　精神分析のスーパービジョンにおける境界 ..........................................217
第10章　組織の対応 .....................................................................................229


References ..................................................................................................253
訳者あとがき ...............................................................................................271
索　　引 .....................................................................................................277

# 第 1 章

# 精神分析における境界概念

　パウル・フェダーンやイディス・ジェイコブソン（Edith Jacobson）から，アーネスト・ハルトマン，そして対人交流における境界侵犯についての近年の著者たちにいたるまで，**自我境界**という概念は非常に重要でありながら曖昧にしか定義されてこなかった。精神分析の文献では，この概念の理論的吟味と臨床応用に一時期集中的に関心が寄せられたが，その後はあまり顧みられなくなった。

　『アメリカン・ヘリテッジ・ディクショナリー』の定義では**境界** boundary は「通常は国，都市などのはっきり定められた境界線をさして地理学的に用いられる」と記されている。物に対して用いる場合には**限界** limit と**境界**とは置き換え可能で，この二語はいずれも「それを超えてはある活動や機能が働くことのできない，あるいは働いてはならない限度」の意味がある。この具体的で物理的な定義から派生して**境界**という用語は比喩的な意味合いでも用いられ，ある観念や概念，理論的立場，あるいは他の類似の定式化が他のそれらと抽象的には近く似かよっているが同一ではない場合を指して用いられてきた。

　ジークムント・フロイトも初期の文章で，境界という用語を比喩的な意味で用いている。ウィリアム・グロスマン（William Grossman）（1992）が引用しているように，フロイトはヴィルヘルム・フリース（Wilhelm Fliess）あての手紙で記憶の機能を論じつつ，次のように書いている。

　　われわれの心的メカニズムは，階層化の過程によって現実化しました。すなわち素材は記憶痕跡の形で存在し……ときに**配列変え**や……**書き**

換えを被ります……。記憶は一度だけではなく，何度も現れますが……末梢から来る伝導路があるためで……連続した記録は，人生において相次いで生じる諸時代が心的に表現されたものです。そうした時代と時代の境界では心的素材の翻訳が［起こります］。精神神経症が特異なのは，このような翻訳が生じなかったためではないかと私は考えています。(p.40)

グロスマン（1992）が書いているように，フロイトは一貫して境界をヒエラルキーの各水準間に存在するものと考えていた。**翻訳**はフロイトにとって，境界という概念を定義づける関係の一つだった。「つまり境界とは概念の境界であり，それぞれ別のまとまりをもつシステム間に存在する。そこでは一方のものは他方へと翻訳されねばならない」（P.41）。

フロイトは欲動を，精神的なものと身体的なものの間の境界（あるいはフロンティア）に関係し，それを規定する概念として理解していた。『欲動と欲動運命』（1915a）で，彼はこのように書いた。

ここで**生物学的**な側面から心の生活を考えてみると，「欲動」は心的なものと身体的なものとの**境界**［フロンティア］［太字は著者］についての概念として，生体内部から発し心へと達した刺激の身体的なあらわれとして，また身体とつながっているがゆえに心に要請された労働のあらわれと思われてくる。(pp.121-122)

フロイトは（1913a）次のようにも言った。「われわれは『欲動』という用語を，心理学領域と生物学領域との境界［フロンティア］についての概念と見なさざるを得ない」(p.182)。さらにグロスマン（1992）の見解によれば，フロイトは精神分析自体を境界科学と見なしていたという。分析を科学だと主張する中でフロイト（1913a）は「精神分析は生物学と心理学の仲介者としてはたらく」

と述べた。

　構造論を推敲した後フロイトは，おそらくはフェダーン（1952）の自我境界についての仕事も念頭に置きつつ『文化の中の居心地悪さ』で以下のように述べているが，そこではこの概念をより限定的に用いている。

　　病理学によってわれわれは，自我と外界との間の境界線が不明確であったり，実はまちがってひかれていたりという状態を数多く知るようになった。ある人の身体の一部やあるいはその人自身の――知覚，思考それに感情といった――精神生活の一部でさえ，自分には異質なもの，あるいは自分の自我に属さないものと感じられるような例が存在するのだ……このようにわれわれ自身の自我がもつ感情でさえ混乱にさらされているのであって，自我の境界は不変ではないのである。（p.66）

　ここでフロイトはフェダーンの外的自我境界について述べているようだが，フェダーンの仕事についてはまったく触れていない。明らかにフロイトは投影と取り入れの過程をほのめかしているが，それはこれらについてメラニー・クライン（Melanie Klein）が提唱し推敲する以前のことである。
　**自我境界**という語は，ヴィクトール・タウスク（Victor Tausk）（1918）の論文『統合失調症における「影響機械」の起源について』で初めて導入された。そこでの自我境界の定義は，自分が独自的存在で他者から分離しているという意識，というものだった。この論文でタウスクは，自己感の大きな変容という統合失調症的な体験を，自我境界の減弱あるいは喪失によるものとした。タウスクによる**自我境界**という語の使い方は，ある構造というよりもむしろ，自己が他者から分離しているという自覚を表す比喩と理解できるだろう。さらに遡ると**境界**という語をジョサイア・ロイス（Josiah Royce）（1901）は，自己を非自己から分離したものとして自覚する意識を指して用いていた。こうした精神分析の草創期においてはこの語は比喩的に用いられ，厳密な定義に至ろうとする努力はなされていなかった。

## フェダーンと自我境界

　1920年代後半ウィーン精神分析協会で発表された『ナルシシズムにおける主体かつ対象としての自我』という論文で，フェダーン（1952）は自我境界という概念を再び導入した。彼はこの用語を初めて集中的に吟味した人で，この概念の3段階にわたる展開の初期を切り開いた。この3段階は，それぞれ理論の大きな転換にほぼ対応している。第1段階では構造論を基礎にして，フェダーンが境界を自我の機能としてまた属性として定義し，想定した。続いて構造論および自我心理学から対象関係論への転換にともない，境界は自己と対象のあいだの線引きを表すものと見なされるようになった。最後に，近年アーネスト・ハルトマン（1991）が第3段階を導入したが，それは彼の言うところの心の薄い／厚い境界の証拠を示す800例以上の非精神疾患患者の研究によってであった。ハルトマン（1991）は臨床的，力動的な観点から離れることなく，近年の神経生物学における精神機能研究の進歩を利用して，神経生理学的な原理を基礎に境界を理解しようとした。

　フェダーン（1952）は自我を静的な構造ではなく心の連続的な体験と考え，そういう体験をさして**自我感情**という語を用いた。フェダーンは，一つのまとまった自我単位はさらに身体的自我と精神的自我とに分けられると考えた。そういう意味では，自我境界という彼の発想は，精神的境界と身体的境界の両方に当てはまるのである。また発達的観点からフェダーンは，幼児はもともと無境界状態にあり，それが次第に「自分である me」ものと「自分でない not me」ものとを線引きする自我境界の発達に置きかわると見ていた。さらに彼は自我境界を，現実のものと非現実のものとを識別する末梢感覚器官のようなものと見た。ある要素が自我境界の外にあれば，それは現実の対象と見なされる。このように自我境界は，現実検討の働きにとって必須のものとされた。

　エドワルド・ウェイス（Eduardo Weiss）（1952）によれば，フェダーン

は『自我心理学と精神病』の序文で，自我を「自身の身体的・精神的生活の，持続的あるいは再現的な継続性，時間，空間そして因果律についての，個人による経験，感覚そして知識。この継続性が統一したものとして感じとられ，把握される」(p.8) と描写している。フェダーン（1952）は**自我感情**という語を情動的な体験としてでなく，「自我がとのくらいまで延びているか，あるいはより正確にいうと自我はここまでという地点」(p.331) について常に気づいている意識，と理解していた。彼は自我を構造としてではなく機能として，つまり経験したりものごとを組み立てることにかかわるダイナミックなものとして見ていたのである。何かを経験している自我は外部と内部から流入してくる感覚を評価し統合し，かつそうすることによって外界からの分離性を見きわめると同時に，内的，無意識的な素材からの距離を見きわめる。自我境界は一刻一刻変化しているとフェダーンは考えたのである。

　フェダーン（1952）はアメーバの比喩を用いて，拡大と縮小をくりかえすこの境界の変動を描いたが，彼はこの変動を自我内のカセクシスの変化によって引き起こされると考えていた。たとえば覚醒して環境と活発にやり取りしている状態では自我境界は強固であるが，一方疲れていたり眠かったり，静かにしていたりまた引きこもっているときには反対のことが起こる。同様に外界から距離がある疎隔感も，自我境界の弱まりや自己愛的カセクシスの減弱，あるいは自我境界からのリビドーの引き揚げによって生じると理解できるかもしれない。フェダーンにとっては弱い自我境界の典型は統合失調症的な経験であり，そこでは無意識的ファンタジー，記憶，他の精神状態や外的現実などの間に何の区別もなくなってしまう。したがって融合状態の経験もまた，自我境界が極度に弱まったものと理解しうるだろう。

　フェダーン（1952）は二種の自我境界を考えた。（1）自我を非自我であるものから隔てる内的自我境界（すなわちイドや超自我から隔てるもので，本質的には無意識的な欲動やファンタジーからの一種のバリアをなすもの）と（2）自我を外界から隔てている外的自我境界である。フェダーンは内的自我境界も外的自我境界も，統合失調症や重篤な退行状態のようなある種の

精神疾患では弱まると信じていた。

　フェダーンは著作の中で一貫して境界を，内的なものと外的なものの区別の比喩(ひゆ)として理解し，また意識される自我の感覚と無意識的ファンタジーの分離の比喩(ひゆ)としても理解している。現実感，幻覚，妄想を自我境界の変動と関連づけて概念化しようとするとき，フェダーン（1952）は自我境界を具体的な線(ライン)としてでなく一つの機能として見ていた。従ってサラ・ポルスター（Sarah Polster）（1983）が指摘したように，フェダーンは自分の境界概念に他の著者たちから具体性を付与されて当惑していた。それは彼の意図とは正反対だったのである。彼は次のように繰り返し強調した。「まったくリニアな，リボンか堀割のように領地を囲む境界線」としての境界概念は私の考案したものではない，というのも私が考えていたのはこんな「精神過程を静的(スタティック)なものとして考えるような概念」（p.248）で示されるものとは正反対だからだ，と。フェダーン（1952）は，はっきりした線として示されるような概念は「複数の構成要素が出たり入ったりしながら刻々と変化しつつまとまりを成す一単位といった，自我のありのままの性質とは正反対のもの」（p.222）であろうと繰り返し述べている。

　しかしながら精神分析の文献中で構造論的な諸概念が強固に打ち立てられると，境界を構造論モデル内の物理主義的な実体と見なすことに反対するフェダーンの抗議にもかかわらず，自我境界は心的装置内にある具体的な実体と見なされるようになっていった。こうして自我境界は，外界から入ってくる刺激を知覚し仕分ける感覚器官として描かれるとともに，静的で抑圧を受けやすいような自我状態としても描かれたのである。しかしフェダーン自身もこの主題について一貫してやや曖昧なことしか書いてこなかったのであり，それがこうした成り行きを助長したと言ってもよいだろう。ポルスター（1983）が批判的主張の中で述べているように，フェダーンは境界についての論を練ってゆく際，自分自身の基本的な理論的立場のせいでなかなか「適切な言葉」を見出せなかったのである。フェダーンは自我を，単純に構造論的な実体と理解していた。ポルスターはこう述べる。「そのようなモデルは，

フェダーンが欲していたような理論的跳躍へと導くものではなかった。その理論的跳躍とは，構造がどのように発展し機能し顕現するようになるのかということだけでなく，構造に関係性がもたらす影響やそうした関係性がどのように媒介されるのかを詳しく見ていこうと提唱するような跳躍であったのだが」(p.249)。

1930年代から1950年代前半にかけて，境界にまつわる精神分析的思考は概念の具体化の道をたどり続けた。ヴィルヘルム・ライヒ（Wilhelm Reich）（1949）の「性格の鎧」という概念は，おそらくこの方向をきわめた立場を代表しているだろう。以下のライヒ（1949）からの引用は，境界という概念が構造論の枠内でいかに具象化して考えられたかをよく表している。

> 一般に人をさして，堅い・柔らかい，高慢な・腰が低い，冷たい・温かいなどと表現することがある。こうしたそれぞれに異なる性格を分析してみると，外界や抑圧された内的な衝動から脅かしてくる危険に対する**自我の鎧による防御**が，さまざまな形をとっているに過ぎないことがわかる。(p.145)

1950年代から1960年代，精神医学の文献では，パーソナル・スペース（すなわち個人のまわりにあって，日常的な対人交流における侵入からその個人を守っている空間）という概念に関心が集まった。「身体緩衝帯」と命名されたこの疑似身体的かつ疑似心理的な概念は，通常の対人交流において境界を発展させかつ維持することの大切さについての臨床家たちの気づきを反映していた。マルディ・ホロヴィッツら（Mardi Horowitz and colleagues）(1964)は「患者と治療者の近さや遠さ，および相対的位置関係は，治療の中で調整される」(p.651)と記しているから，空間（スペース）について文献ではめったに言及されていなかったものの精神科医や精神療法家らはその発想に気づいており，仕事の中で使っていたのである。さらにホロヴィッツら（1964）は，パーソナル・スペースとは一人ひとりの個人を取り巻いているもので，おそらくは

身体に接している「身体緩衝帯」と見なすことができ「……その身体緩衝帯の大きさ，形，および侵入許容性は，直近に起こった対人間の出来事によって，また現在の自我状態やその個人の動機づけのあり方（によって決定される）」と述べている (p.655)。

## 対象関係論における境界

　メラニー・クラインの影響でウィニコット（D. W. Winnicott）やフェアバーン（W. R. D. Fairbairn）のような英国対象関係論学派のメンバーらは，リビドー論や構造論から，対人関係の性質およびそれが自己と対象の表象を徐々に作りあげていることへと理論の焦点を移していった。フェアバーン（1963）はハインツ・ハルトマン（Heinz Hartmann）（およびフロイト）の生物学的な論理基盤をしりぞけて，精神分析を臨床科学と見た。内的対象というクラインの着想を論理的帰結まで押し進めて，彼はリビドーが究極的に向かうのは快感ではなく対象であると結論づけ，**対象希求原則**を導入した。自我はもともと存在する心的装置とされ，自我のその後の発達には，その子が対象ともつ関係が映し出され体内化されると考えられた。しかしながらジェイ・グリーンバーグ（Jay Greenberg）とスティーブン・ミッチェル（Stephen Mitchell）（1983）が指摘したように，

　　フロイト以降のあらゆる欲動／構造モデルの理論家たちの中では，イディス・ジェイコブソンがもっとも熱心に精神分析的メタ心理学の核心を探索しようとしてきた。彼女が著作を通じて一貫して目指したのは，経済論的観点を人間的な経験に沿うものにすることであった。(p.305)

　『自己と対象世界』でジェイコブソン（1964）は**自己境界**に注意を促しているが，これは自我境界とは若干違った風に理解され定義されているものである。内在化および自己の構造化の過程にもっとも関心を抱くジェイコブソ

ンは，自己表象と対象表象の区別（これを通じてその人は，自己の経験と，対象が同時に経験したこととが別々であることを確認する）に焦点をあてた。ジェイコブソンによれば，発達途上で自己表象と対象表象は何度も融合と分離を繰り返すが，正常な結果がもたらされるには「愛情対象の現実的な表象から明瞭かつ確固とした境界によって隔てられている，はっきりと定義づけられた自己表象が成立していなければならない」（pp.51-52）という。こうした見方は自己－対象間の経験に焦点をしぼることによって境界の概念をある程度制限してしまうものの，境界のこの側面に関してはより高度の厳密さを提供する。さらに，幼少期に経験する数え切れないほどの自己表象と対象表象の布置の中でそのような線引きが生じるという理解が，関連する複雑な発達過程についてのわれわれの理解を豊かにしてくれる。

　ジェイコブソンの見方は幾人かの理論家の著作に影響を及ぼし，そうした理論家たちは内的な自己表象と対象表象が構築される様子や，その発達を通じた相互交流に関心をもち始めた。マーガレット・マーラーら（Mahler, Pine, & Bergman, 1975）は3歳から4歳までというはっきり限定された期間における母子ペアの観察を基盤に，子どもの分離－個体化過程における諸段階を立証しようと試みた。彼女は境界の概念を特に取り上げることはなかったが，しかしながら境界の欠如という考えは共生期という概念の中に含まれている。マーラーにとっては，自己と対象の線引きということは個体化された自己が徐々に構築されていくことのうちに含まれていた。マーラーら（1975）は**共生**という語を，特に母親との融合や無境界の感覚を経験するような幼児期の発達段階を指して用いた。

　ダニエル・スターン（Daniel Stern）（1985）は共生という概念，あるいは**分化以前**に存在する「原初的融合」というのは誤った発達概念だと論じた。スターン（1985）の表現によればそのような概念は「奇形的でレトロスペクティブで二次的な概念化」（p.105）だということになる。スターンはまた，誕生時の認知機能は当初考えられていたよりもずっと洗練されたものであり，これをふまえると自己と他者が早くから分化していることも考えられると指

摘した。

　一方フレッド・パイン（Fred Pine）（1990）はマーラーの立場を擁護して，幼児ははっきり目覚めている時には自己と他者が別々の実体であることに気づいているかもしれないが，特に母親に世話されて幼児が眠りに落ち母親の体に溶け入るときなど，融合を体験する瞬間があるのだと主張した。パインはそんな短い融合の瞬間が，子ども時代の正常状態にも病的状態にも見られる共生現象を説明する上で，非常に重要であろうと考えた。

　オットー・カーンバーグ（1984）はジェイコブソンの仕事をふまえながらも，自己と対象の成分の分化が，同時に生じる認知過程の全般的発達とともに，安定した自我境界を確立するとより明確に述べている。統合された自己や，他者についての統合された概念はまだないため，これは「部分対象」関係の段階である。一般に自己表象と対象表象の強固な線引き（すなわち自己と対象間の強固な境界の存在）は，発達により達成されるものと見なされてきた。退行的な融合の現象を許してしまうような不明瞭で一貫性のない対人境界の存在は，重篤なパーソナリティ障害と精神病状態への退行（そこでは自己と対象の線引きが一時的に消失する）を特徴づけると見なされてきた。しかし超越的，宗教的，あるいは神秘的体験では，主観的には対人境界は消え個人はいわゆる「大洋感情」のうちに全宇宙(コスモス)と融合する。そのような経験は必ずしも病的とは考えられていない。

## 心理学的研究とシステム論的な概念

　1970年代の心理学の文献中には，境界という概念のより正確な定義を目指すのみでなく，そのような境界を測定する方法を目指した出版物がいくつか現れた。シドニー・ブラットら（Blatt & Ritzler, 1974）はロールシャッハ・テストを利用して境界透過性，もしくは彼らが**境界欠損**と名づけたものを測るスコアリング・システムを作り上げた。

　こうした研究者の中ではおそらくベルナルド・ランディス（Bernard

Landis)がもっとも広く知られており，特に『自我境界』(1970)と題されたモノグラフで有名である。ランディスは**自我境界**という語の意味を明らかにすることが目標と述べているが，それはこの概念が当時洗練の途上にあり相当混乱していると感じたからである。加えて彼は正常に機能している個人からなる母集団内で，透過性・非透過性という境界の重要な面に焦点をあててこの概念を検査しかつ拡張したいと考えた。彼の最終目標は「境界という共通の概念を用いて，異なる理論的立場（具体的には精神分析学やゲシュタルトの理論）の間に概念上の橋渡しをすること」(p.131)であった。

　ロールシャッハ法を用いてランディスは，自我境界の透過性や非透過性の証拠を求めて多くの個人をテストした。彼は透過性を自我境界のゆるさ，一方非透過性をその反対（すなわちそのような境界の強固な線引き）と理解していた。ランディス(1970)は二つの群を同定し，彼の言うところの非透過群(I群)は透過群（P群）と根本的に違うものと見た。二つの群は「外的および内的なコントロールを求める意識的奮闘」(p.118)のスペクトラムの両端に位置すると理解された。彼はフェダーンに賛同し（ランディスはフェダーンの仕事に検討を加えて自らの思考の中に取り込んでいた），統合失調症の患者は集団としては，その境界に著しい透過性——これに彼は**流動性**という用語をあてた——を示すと考えていた。ランディス(1970)は統合失調症では「神経症における境界の状態とはあまりに異質なため，時には比較も困難となりかねないほどの根本的な境界の変化が生じうる」(p.130)と信じていた。

　ランディスによってロールシャッハを用いて同定された二群すなわち透過群と非透過群は，次に臨床的面接や他のテストを通じて研究されたが，そこで彼は自我境界の透過性の高低の原因となる，あるいはそれと共存する要素を可能なら同定しようとした。ランディスはフェダーンによる内的境界と外的境界の分離を基本的には受け入れていたが，彼の研究手段はその二つをはっきりと識別するほどの感度をもたなかった。彼の所見はほとんどが外的，あるいは対人境界をさしているように見える。ランディス（1970）は境界一般の概念について，二つのかなり控えめな主張をした。

（1）自我境界の質は多くの機能に対して十分に強力で分離可能な影響を有しておらず（つまりその力は限られている），また（2）はっきりした行動上の違いを恒常的に見せるような複数の群を見分けるにも，境界のもつ特性は十分な基準にはならないようだ。特に，目立った障害がなく，境界があまり損なわれていないことの多い正常な母集団においてはそうである。(p.131)

しかしながらスペクトラムの両端に位置する被験者を見てランディスは，以下のことに気がついた。

ロールシャッハのプロトコルは，いくつか顕著な違いを示した。その主たるものは，P優位の人が情動的変化に対しより受容的で傷つきやすいのに比べ，I優位の人が内的な衝動や感情と出来事との両方をコントロールしようとより激しい苦闘を見せることであった。……より非透過な個体は環境または対人交流においてより心理的な距離と自制を示したのに対し，透過性の高い個体はより社交的な活発性と全般的な親しみやすさをもつことがわかった。(p.132)

境界構造は個人の発達の仕方や人生経験への適応の仕方が徐々に結晶化したものであるとまでは，ランディス（1970）は明言していない。このパーソナリティの重要な次元を同定し測定するにあたって，ロールシャッハ・テストには限界があることは，ランディスの次の結論に現れている。「はっきりと異なるパーソナリティの二型は見出されなかった。すなわちI優位の人とP優位の人の違いは程度と強調点の問題であって，まったく異なる二物ではないのである」(p.133)。さらに彼はこうも言っている。「非常に大まかに言うと，I優位の人はより課題指向的であるか，もしくはもともと目標としていたことに到達するまで特定の活動に固執するよう駆り立てられがちであるのに対して，P優位の人は課題指向的というよりむしろ自己没頭的，あるい

は代わりの目標をより柔軟に受け入れると見ることができるかもしれない」（pp.134-135）。

ランディス（1970）は再びロールシャッハ・テストの限界に立ち戻り，次のように述べる。

> パーソナリティの無意識的・意識的側面を探っていても，人びとは皆同じように反応してくるわけではないから，しばしばスコアリングは比較的少ない反応数に基づいて行わねばならなかったり，また別の時には 60 かそれ以上も反応数があったりする。……加えて，自己は必ずしも一様に境界づけられていないと考えると，ロールシャッハ・テストが境界特性の大雑把な評価しか示せないことは明らかであり，それでは境界構造の複雑さや絶え間ない変化はきちんと捉えられないであろう。（pp.135-136）

この分野の将来的発展を期待して，ランディス（1970）は次のように結論づけた。「人の境界の性質（と変動性）を，一つひとつの重要な関係性ごとに評価できるような手法が得られれば望ましい」（p.136）。

ランディスに加え他にも幾人かの臨床家や研究者たちが，精神病的な人や重篤な精神障害をもつ人における自我境界の流動性の違いを測定するために投影法を用いてきた。入院中の妄想型統合失調症患者はその種のさまざまなテストで，境界の恒常的な流動性と高い透過性を示した。また「身体自我」境界も心身症患者においてテストされた（Blatt & Ritzler, 1974）。皮膚，関節,筋肉などに症状をもつ患者は厚い境界（「バリア」スコアと呼ばれたもの）を示したのに対し，内臓系の症状（大腸炎，胃潰瘍など）をもつ患者は「浸透境界」スコアを示した。いずれの症候のタイプも自我境界の透過性亢進を示すものであることが見出された。これらの所見は追試で確認されてはおらず，提起された問題は未解決のままである。

1989 年の『皮膚自我』においてフランスの分析家ディディエ・アンジュー

(Didier Anzieu) は，自己を対象からへだてる心理的な身体の包み(ボディ・エンベロープ)を主に指すような，複雑な理論的構築物について述べた。皮膚自我とは主体とその対象群との間に存在する透過性のある心的境界を表しているので，フェダーンの概念化を同じ方向で発展させたものといえる。アンジューによると自己愛パーソナリティは，異常に厚い皮膚自我をもっているという。対照的にマゾヒスティックおよびボーダーライン・パーソナリティは，非常に薄い皮膚自我を示す。アンジューは皮膚自我が主体とその対象との間の透過的な心的境界としてはたらくと主張した。ここでジャン-ポール・サルトル（Jean-Paul Sartre）(1956) の「身体はまるごと『心的』」であって解剖学的なものではない，という警句が思い出されるかもしれない（p.305）。

　境界について精神分析的な考え方が発展していくのと同時に，境界の概念はゲシュタルト心理学者や社会科学者にも活発に論じられていた。境界を自己の凝集性を保つために必要な構造として受け入れることは，そうした構造の具象化に究極的には行き着くと見られていた（Polster, 1983）。クルト・レヴィン（Kurt Lewin）(1936) は自我を，サブシステムが特定のやり方で組み合わさったものとして理解しようとした。彼の数学的なモデルは自己の組織化についての論の発展を推し進めたが，同時に妨げもした。境界の概念を**内容と関係の機能**と明確に表現しすぎたので，この問題をより頻繁に論じてきたシステム論者たちによる観点の発展を封じてしまったのである。アンソニー・ウィルデン（Anthony Wilden）(1972) は境界を，自己と他者のあらゆるコミュニケーションの基盤あるいは条件として描いた。

　システム論的観点は主として，構造論の中で境界概念が（たとえば「バリア」などと）具象的に論じられていることに対する反応として現れてきた。精神分析的な構造論は境界の概念に限界をもたらしていると考えられ，「関係性がもつ変わりやすさやはかなさも含めて描き出すために」新しい言語が求められたのである（Polster, 1983, p.247）。

　1960年代や1970年代，精神分析の理論家たちは，（境界を具象的な「バリア」と見るような）古典的な自我心理学的思考に別れを告げ始めたように見えな

がらも，なお境界を過程としてよりもむしろ実体として見ていた。しかしデヴィッド・ラパポート（David Rapaport）とマートン・ギル（Merton Gill）(1959) およびポルスター (1983) はその中にあって，システム論者による境界概念の理解により近い，新たな構造の定義（つまり何か静的で具象的なものというより，過程が示すパターンを表すような定義）を提出した。こうした見方は自我心理学の構造論的な概念群からの別れを表していたにも関わらず，境界はまだ機能というよりも性質として見られていた。システム論からの決定的解釈を提供したのは，ウィルデン (1972) の『システムと構造』であった。ウィルデンは境界を，あらゆるコミュニケーションの基盤をなし，コミュニケーション内で生じる分離と包含との絶え間ない変転を差し示しているメタファーと見た。ウィルデンにとっては，他のすべてのシステム論者にとってと同様，境界は構造でなく過程を表すのである。

　境界のシステム論的観点は，集団や家族，あるいは社会的組織などを相手にしている人たちにまで広く用いられている抽象的観念である。ポルスター (1983) が述べたように，それは「人間が世界とのあいだにもつ複雑な関係性を媒介している，分離と包含との弁証法的な過程」(p.247) である。境界についてのシステム論的なパラダイムが展開されたのは，この主題についてハルトマンのあの独創的な仕事がなされる前のことであり，また乳幼児発達の研究を通した洞察が蓄積される以前のことであったが，もしそういう仕事や洞察がすでにあったならそれを援用して，自己の他者からの漸次的な分離（すなわちわれわれが境界と称している性質や機能の漸次的な発展）という絵が描けたかもしれない。

　愛の関係についての論文で「境界横断」を論じたカーンバーグ (1977) は，システム論的立場を取っている。カーンバーグによると性的な情熱は性的興奮，情愛，愛の対象への深い献身を統合する複雑な情緒的「傾向」を表すものだが，カーンバーグはこれを次のようなものとしてとらえている。

　　性的な情熱は境界横断をあらわす情緒状態であり……自己と非自己の

分化をぼやかすような退行的な融合現象とは対照的で，かつ自己の境界を越えようとするときや，自己を超える構造と同一化しようとするときに生じるものである。……こう定義すると自己の境界を越えることは，主体にとっては超越の体験である。(Kernberg, 1977, pp.94-95)

## ハルトマン：精神内の境界

ハルトマン（1991）は『精神内の境界』の序文で，境界を「パーソナリティの新しい次元」として提示した（p.7）。しかしこの主題について長らく精神分析的，心理学的に論じられてきた歴史を考えると，ハルトマンのこの主張は疑問を呈されてもおかしくない。境界の性質についての理解の発展において新味があり有意義かもしれないのは，ハルトマンの主題へのアプローチの仕方である。内的な自我境界と外的な自我境界があるというフェダーンの立場を基礎に，ハルトマンはパーソナリティにおける四つの境界の次元（すなわち薄いおよび厚い，内的および外的な境界）を定義づけて，しかるのちそれらを多くの被験者の中に同定した。ここで用いられた境界についての質問票は主にパーソナリティ機能という精神分析的な概念にもとづいて構成され，長期にわたって多くの個人を対象に行われたが，この特別な道具を用いてハルトマンらは境界の次元の性質に関する多くの仮説を吟味し検証しようとした。

フェダーン（1952）の内的境界と外的境界の区別を導入し，また幅広いサンプルを対象とした臨床研究で得られた結論に依拠して，ハルトマンは境界の概念が広く臨床応用される道を開いた。同時にこの概念を**自我境界**という発想に縛られた非生産的な懊悩から開放して，そのかわり**精神内の境界**として論じることでハルトマンは，境界を構造と見るべきか過程と見るべきかという論争を回避した。ハルトマンにとっては，境界はそのいずれでもなかった。**究極的には神経生物学的な基礎をもつ，精神の測定可能な性質あるいは属性**であった。

ハルトマンの研究は，頻繁な悪夢に悩まされている人たちの研究から始まった。これら悪夢を見る被験者はすべて精神疾患をもたない人たちからのボランティアであったが，その人たちには特定の性格が広く認められることが観察された。すなわち流動性と自己アイデンティティにおけるまとまりのなさ，人付き合いにおけるオープンさと傷つきやすさ，概して強固な防衛が欠如していることである。ハルトマンはこうした性格を，彼が「薄い境界」として理解していたパーソナリティ特徴に関係するものと考えた。その反対（すなわち安定性，自己アイデンティティにおけるまとまり，対人交流における強さ，機能全般にわたる恒常性）は「厚い」境界の存在に関係づけられた。彼は「厚い境界および薄い境界を，個人間の差を大まかに見ていく方法として，パーソナリティの新しい次元として」(p.7)，また全体としての精神組織がもつ一側面として提唱した。

　しかしハルトマンによる境界の定義は，以下の引用に示されるように包括的すぎ，薄い－厚いの二分法にとらわれている。「われわれの頭の中やわれわれの世界にあるどんな二つの実体について話すとしても，それは比較的分離している（厚い境界をもっている）か，近しく交わっている（より薄い境界がある）かのいずれかに概念化することができる」(p.21)。境界の次元は，この正反対の二形態を照らし合わせることにより最もよく理解できるとハルトマンは主張した。ここでわれわれはこの二分法，あるいは二つの正反対のものの対照が，境界についてのあらゆる理論化を支配していることを見てとれるだろう。強固な境界と疎な境界について語るにせよ（Federn, 1952），透過性か非透過性か（これはすなわち線引きの開放性と閉鎖性の要素である）を計測しようとするにせよ（Landis, 1970），境界を反対物の一対の内に定義するにせよ（Hartmann, 1991），概念の定義はとらえにくいように思われる。

　ハルトマンは境界質問票を，主としてさまざまな大学の学生800人以上に対して施行した。この所見や，他の多くの人格検査の所見および直接の非構造化面接に基づいて，研究者たちは薄い－厚いの次元をパーソナリティの他の次元と関連づけることができた。こうして積極的に相関関係を調べること

によって，ハルトマンは次のように結論づけるに至った。「したがって境界質問票は，疾病性や精神病理をとらえられる普遍的な測定法ではないことが明らかになった。薄い境界をもった人は，厚い境界をもつ人に比べてより『神経症的』であるとか『内向的』であるということはないようだ」（p.100）

　ハルトマンは境界の薄い厚いを，体質的な要素と早期の経験の両方に関係するものと考えていた。早期の外傷は，それが性的外傷であれネグレクトであれ虐待や剥奪や混乱した幼少期の環境であれ，薄い境界を生じやすくする（常にではないが）。乳児期や幼年期早期には境界は比較的薄いが，潜伏期（5〜10歳）には固まり始めるとハルトマンは信じていた。このような境界の厚化は，環境要因と遺伝要因の両方によっている。ここで一貫して得られた興味深い所見は，同性の親への強い同一化と境界の厚化との正の相関であった。

　質問票のベースにあった仮説は，ある程度の厚みを持った内的境界が正常の心理機能の基礎となるのであり，また同時に外的境界はある程度薄い方が他者の心的現実に対してより敏感になり社交性は高まる，というものであった。より極端な場合には，薄い内的境界は流動性や内的なまとまりの欠如のサインかもしれない。同じように極端に厚い外的境界は，しばしば他者に対する防衛的でパラノイド的ですらあるような固い態度を助長する場合がある。

　研究班が答を出そうとした問いの一つは，悪夢と境界の薄さに相関があるかどうかという問いであった。しかしそのようなはっきりした相関はハルトマンの研究班では確認されなかった。しかしながら，内的境界の薄さと**記憶に残る夢が生じる頻度**との間には，強力かつ一貫性ある正の相関が認められた。このような相関が認められても驚きではない。というのも夢を見ること自体がハルトマン（1991）によると「内的境界のごく薄い状態」を表すからだ。「夢は現実とはあまりはっきり区別されないビビッドなイメージを含んでいる。一つのイメージがまた別のイメージへと融合する。過去と現在が融合する。自分の人生の異なる時代からくるイメージや思考や感情がすべて一つになる」（p.155）。

研究班のもう一つの関心事は，芸術的創造性であった。薄い内的境界を示した幾人かの被験者が「芸術的」と判断された群に入ったものの，高い水準の芸術的創造性はそれ自体として必ずしも境界の薄さと強い相関を示さなかった。芸術的生産には創造的才能の存在が，オープンさや敏感さや流動性（境界の薄さ）などの存在よりずっと重要なのではないかとハルトマンは示唆している。ロス・レヴィン（Ross Levin），ジョディ・ガリン（Jodi Galin）そしてビル・ツィウィアク（Bill Zywiak）(1991) によると薄い境界の存在は，連想の自由闊達さ，表象内容のフレキシブルさ，知覚の開放性それに内的ファンタジーへの近づきやすさといった創造過程にとり最も重要と考えられる性質を促進するという。レヴィンら（1991）はこう書いている。

　これはまったくの推論であるが，薄い境界の状態（これはおそらく自己表象や対象表象の不完全な内在化や断片的な内在化と関係しているのだろうが）がすでに存在していると……一次過程思考への接近がより促進されるのではないか……人によっては，もしくは同一人物でもおそらく時期によってはこうした内的状態が……高い創造性に結びつくことがあり，それは芸術的な創造性であることが最も多い。(p.72)

ハルトマン（1991）は自らの所見を神経生物学的−神経内分泌学的な枠組みの内に位置付けようとした。

　そうした違いはおそらく主に前脳領域，特に大脳皮質にあると仮定せねばならないだろう。というのもそこでは100億以上のニューロンが，われわれが関心を寄せているほとんどの過程を支えて活動しているからである。そうしてわれわれが探求している境界は，おそらくある種の細胞集合間の──多分大きく区分けされたニューロン・システム間の──境界か結合部であろう。(p.233)

ハルトマンはさらにノルエピネフリンとセロトニン（これらの活動が脳内で活発化すると敏感な覚醒状態が生じる）が境界の厚さに関与しており，他方でこれらの物質の活動低下がREM睡眠に似た状態（すなわち境界の比較的な薄化）を生じてこうした重要な機能の調整に決定的な働きをしているのかもしれないと仮定している。

## 乳幼児研究における所見

　内的および外的境界の発達ラインの性質を理解しようとすることには，現時点では相当な困難がともなう。われわれが今もっている知識からは内的境界について（すなわち神経結合についてや細胞集合間の伝達がスムーズなのか遮断的なのかについて，また興奮や情報の交換のパターンが融通の利くものかそうでないかについてなど），相当大まかな印象しかつかめなくてもやむを得ないだろう。この分野におけるさらなる疑問への答えは，おそらく神経生物学と神経内分泌学の研究からもたらされるだろう。しかしながら対人境界については，乳幼児研究の分野からさらなる知見が得られる可能性がある。

　ベアトリス・ビービー（Beatrice Beebe），フランク・ラックマン（Frank Lachman）そしてジョセフ・ジャッフィ（Joseph Jaffe）が指摘したように，乳幼児研究における重要なパラダイム・シフトが1970年代初頭に起こった。当時の乳幼児研究では，親の活動が子どもに及ぼす影響に焦点があてられていた。彼らの指摘によると，「乳幼児に能力があることがわかってくると……研究は，影響を双方向的なものとするモデルを探るようになっていった」（p.4）。子どもの発達はこの20年間，乳幼児と養育者間での絶え間ない相互交流であり，かつ相互的な変容と再構成に基づくものと目されてきた。

　乳幼児研究は，乳幼児には生物学的に周囲の環境と活発に交流し関わる力が備わっているという強固なエビデンスをもたらしてきた（Emde, 1988）。つまり乳幼児は自発性をそなえ，規則性をとらえて予測を立てることができ

るのである。3～5カ月の乳児は，自分の知覚活動をコントロールしたいという動機づけをもっている。こうしたコントロールはある程度，自分自身の活動に続いて母親からすぐ反応が返されていることを，乳児が非常に早期から発見していることから生まれる。これが乳児の中に効力感を生じるのだ。

　急速に蓄積されつつある乳幼児研究の成果から，生後1年の間にも乳児は重要な表象能力をもっていることがすでに立証されているが，これは象徴思考が確立されるより前のことである。乳児は形態を認識し，一つのモダリティから他のモダリティへと情報を伝え，養育者が返す反応が自分の活動に引き続いて生じていることを感知でき，かつこれらの反応にどんな変化があったのか認識することができる。さらに乳児はこれから起こることに予測を立てることが可能で，さらにそれをカテゴライズし記憶することができる。このようにして幼児は，養育者とのさまざまな交流についての前象徴的な表象をもつようになるのである。対人境界は初めはそのような前象徴的表象のかたちで構造化されると言ってよいのだろうか？　ビービーら（1991）は次のように指摘している。

　　生後1年目の終わりにかけて，これから起こるらしいと予測される交流構造の表象は，一般化されたプロトタイプへと抽象化される。こうしたプロトタイプは1歳過ぎからの，象徴化された形の自己表象や対象表象のベースになる。1年目の経験は象徴思考の開始とともに劇的に変容するが，こうした象徴思考は3歳になってはじめて完全に確立される。(p.23)

　前象徴的表象の重要性とそれが対人境界の発達に寄与していそうなことは，それらが何カ月も後になって幼児が示すようになるアタッチメントの型の予測に利用できることからもわかる。「スティル・フェイス状況」（幼児に実験者の無表情な顔を見せるもの）による実験で，ジェフリー・コーン（Jeffrey Cohn），スーザン・キャンベル（Susan Campbell），シェリー・ロス（Shelley

Ross)(1992)らは6カ月までに，その子どものコーピング・スタイルが恒常的になることを示すことができた。さらに注目すべきなのは，このスタイルがその子が1歳になった時のアタッチメントの型を，かなり正確に予測する点である。スティル・フェイス状況のストレス下にあっても対象からの反応を引きだそうとすることのできる幼児には，高い信頼度で安定型のアタッチメントが予測できる。対照的に，そのような引き出そうとする行動の欠如は，12カ月の時点での不安，回避あるいは怒り型のアタッチメントを予示した。12カ月までに安定型のアタッチメントがみられる場合には，柔軟で比較的透過性の高い対人境界が示唆され，不安型のアタッチメントが見られる場合は非透過性の，固い線引きが示唆されると仮定できる。最後に，抑うつ的で引きこもった母親の子によく見られるとりわけ強い不安を示す型のアタッチメントでは，きわめて薄く流動的で，病的に透過性の高い境界が生じると仮定できるだろう。

## まとめ

　精神分析の文献における境界という用語の展開を概観する中で，われわれはこの用語がいかに千変万化してきたかを示そうとしてきた。フェダーン(1952)は境界をひとつの機能として，また絶え間なく変化する自我の属性として概念化した。自我境界は末梢感覚器官で，現実であるものを非現実であるものと区別するのである。精神的次元・身体的次元の両方にまたがって，自我境界は内的境界と外的境界の両方を指して用いられた（すなわち内的自我境界は自我を非自我から隔て，外的自我境界は自我を外界から隔てる）。

　フェダーンの仕事以降は，内的自我境界と外的自我境界の区別には長年ほとんど理論的注意が払われなかった。しかしジェイコブソン(1964)は自己と対象の線引きを，自己表象と対象表象の統合の上できわめて重要なステップとし，対人間の外的自我境界とそれが内在化されたものとに議論の焦点をあてた。

ランディス（1970）はフェダーンの論を前提として受け入れて，境界を構造論的な枠組み内でとらえた。そしてそれが「現象的な自己 phenomenal self」を，意識にはあらわれていないパーソナリティの諸側面から，またその個人に心理的に経験されている外的現実世界から分け隔てると考えた。ランディスは境界の透過性（薄さ）と非透過性（厚さ）を測定したが，それらを自我の内的機能と見ていた。ランディスの仕事においては境界は，まったく構造論的な意味合いで考えられていた。20年後の彼のモノグラフを読むと彼の研究結果は，必ずしも限定的でないにせよ主として外的な対人境界について論じている印象を受ける。

　ハルトマン（1991）は「精神内」の境界という言い方をして，構造論的な概念やエネルギー論的な概念を避けている。彼はフェダーンの内的および外的境界という区分を再び導入したが，そのいずれもの範疇を，構造論的－エネルギー論的概念の限界をはるかに超えて拡張した。ハルトマンは精神内の境界を，パーソナリティの測定可能な側面として概念化したのである。

# 第2章

# 境界と精神分析過程

　精神分析過程という概念は，境界の概念とは異なり，きわめて多くの理論的討議がなされたにも関わらず明確な定義が避けられた経緯がある。デイル・ボースキー（Dale Boesky）（1990）は米国精神分析学会教育委員会の研究班の仕事を要約して，研究班メンバーは長い討議の結果，広く受け入れられる体系的な定義づけに至る努力は一切あきらめるべきとの合意に達した，と述べている。

　　科学の発展の現段階において，われわれは自分たちが何を知らないのかをより自覚できるようになったが，その未知の事柄には精神分析過程についての一貫性ある体系的なあらゆる形での定義づけも含まれるのであり，それに対してはおおむね妥当という程度の定義的考察をすることしかできないだろう。(p.583)

　サンドラー・アーベンド（Sandler Abend）（1990），アラン・コンプトン（Alan Compton）（1990），それにエドワード・ワインシェル（Edward Weinshel）（1990）も精神分析過程に関わる問題の複雑さに取り組むため似たような試みをした。このテーマについて論じたほとんどの著者が一致してそれを相互交流の過程としているにも関わらず，この交流のもつ性質と限界ははっきりしない。結局フロイト（1913b）が初めに行った定義づけが，未だわれわれの概念化の中核をなしている。

　　たしかに分析医のできることは多々あるが，ただ何をもたらせるのか

前もって確約することはできない。分析医は今ある諸々の抑圧を解消させる過程を新たに引き起こす。この過程を監視し促進し，障害になるものを取り除き，さらにこの過程をほとんど無効にしてしまうこともできる。しかし全体としてみればこの過程はいったん動き出すとわが道を行くのであって，その方向も進んでいく順序もあらかじめ定めることなどできない。(p.130)

　語源学的には**過程** process という語は前への動き，目標に達しようとする意図，あるいは何らかの目標に向かった前進を意味している。そういう文脈で考えるなら，**精神分析過程**という用語は分析の最中に起こる出来事について言っているものとも考えられる。あるいはボースキー（1990）が言うように「分析家の活動，被分析者の活動，そして変化の諸要素」(p.555) と見てもよいかもしれない。

　そういう過程は被分析者の無意識的な願望やファンタジーを表現しようとする力によって開始され推進されるというフロイトの立場を，多くの分析家は受け入れてはいるものの，彼らはそこに分析家が関与していることの意味について概念化し特定する必要があると考えている。パトリック・ケースメント（Patrick Casement）（1994）は**過程** process（精神分析に求めているものを患者自身が無意識的に探求すること）と**手順** procedure（分析家が被分析者の探求を助けること）とを峻別した。ケースメントの主張によると，手順に集中することによって分析家はすべきことや踏むべき正しい段階についてより大きな制御感を得ることができ，精神分析と他の形態の治療がきちんと区別できるようになるという。しかしながら彼は，もし対話の手順的な面があまりにも優先されすぎると，精神分析過程のもっとも本質的な面に陰りを生じかねないと警告してもいる。

　この章では精神分析過程の定義として，やや広すぎるが臨床的に有用でもある定義，つまり単に「**分析の中にいること** being in analysis」する定義に従うことにする。その上で境界について，自由連想，夢の想起，分析が境界

に及ぼす影響といったテーマで論じてゆく。

## 境界と自由連想

　ブロイアー（Breuer）の患者の「語り療法<sup>トーキング・キュア</sup>」は，ラットマンの分析を経て初めて自由（すなわち非指示的）連想へと発展した。非指示的連想の技法は，これから芽吹こうとしていたその科学にとって最大の発見であり，1907年11月6日フロイトによってウィーン精神分析協会に向けて公表された。

　シュテファン・ツヴァイク宛1931年2月7日付の書簡でフロイトは，自由連想は本当に精神分析によるもっとも独創的な貢献かもしれないと述べている。チャールズ・ブレナー（Charles Brenner）(1994) は，自由連想という手法を精神分析過程に適用したことこそが，科学としての精神分析に対するフロイトの主要な貢献につながったと考えていた。

　しかしその重要性にも関わらず，この主題を取り上げた文献は限られている。パトリック・マホーニィ（Patrick Mahony）(1987) はフロイトが自由連想という主題にほんのわずかな注意しか払っていなかった事実を指摘している。つまりその主題を何度か繰り返し取り上げてはいるものの，同じことしか言っていないのだ。われわれもマホーニィと同意見で，数少ない例外を除きその後の貢献は少なく，もともとの発想に目新しい推敲を加えて言い直しているに過ぎないと考えている。

　「基本原則」に従うよう求められた被分析者から引き出された連想について表現する場合には，**非指示的**と言う方が**自由**と言うよりおそらく適切であろう。フロイトは，意識的な目的をもった考えは被分析者が分析過程に入ると隠された目的をもった考えに置き換わると想定している。したがって次々と生じてくる連想は厳密には自由でなく，決定づけられているということになる。というのも「たとえ特定のテーマに精神活動を向けていなくても，患者は分析過程の影響下にとどまる。その状況にまったく関係のないようなことは患者に何一つ起こらないと考えてよい」（Freud, 1925, pp.40-41）からだ。

何人かの分析家は，果たして「真に」自由な連想というものがあり得るのかという疑問を呈した。ローレンス・キュビー（Lawrence Kubie）(1950)は自由連想の存在自体を疑いつつ，もしそういうものが達成されたとしても，それは個々の分析セッションのほんのわずかな部分を占めるに過ぎないだろうと考えた。他の分析家たちは（例えばMeerloo, 1952）分析が成功裡に終わって初めて患者は自由に連想できるようになるのだと主張した。この考えはヨーロッパの分析家グループに広く共有されているが，自由に連想する能力を成功裡に終わった分析のもっとも重要な達成の一つとみなす考え方がそこから派生してきた。もちろんこうした考えは，自由に連想できないのは完全にあるいは大部分，抵抗のためだという仮定にもとづいている。この章でもあとで論じるがわれわれは，自由連想の能力は分析過程で働いているたとえば抵抗のような力によって，部分的に決定づけられているに過ぎないと考えている。さらにそうした能力の有無は，患者内部の他のパラメータに関係していると考える。

　『自由連想――過程として方法として』でアントン・クリス（Anton Kris）(1982)は，自由連想を分析家と被分析者の共同の取り組みと定義づけた。患者は自分の意識をかすめたことは何であれ表現し，そしてそれを聴いている分析家は自分自身の連想や定式化に「導かれて」，患者の自由連想の表現を促進し維持するためだけに働く。そうした過程そのものが，分析における主たる治療的要素をなすとクリスは信じていた。したがって自由連想が進んでいる限りは，分析家の特別な介入は必要ないわけである。ファンタジー，イメージ，もの想い，自分の意識状態の急な変化といったものが連想の自由な流れには欠かせない。自由連想は意識の中心的なもの（例えば厳密に語彙的な象徴）だけを引き出すのでなく，そうした自覚的意識の周辺にあるものもまた引き出すが，そこでは象徴はふつう多義的でより反射的で，身体に関わっている。クリス（1982）が指摘したように，「考え，気持ち，願望，イメージ，感覚それに記憶も含めた連想をやり遂げることが満足の感覚につながる」（p.2）のである。

精神分析過程は対人交流のマトリクスの中で展開する。参画者双方の内的また外的（対人）境界が，その過程に影響を与えたりまた逆に与えられたりする。さらには内的境界と外的境界の**相互作用**が，分析中の自由連想の展開と機能に関する問題の理解に役立つかもしれない。

分析過程そのものに目を向けると，内的境界と外的境界はともに同等に働いている。一般的な傾向として治療過程には，分析家の外的（対人）境界のある程度の流動性（他者と情緒的に交流できる能力を示唆する）が必要といえる。したがって共感できることは，分析家の側の比較的透過性のある対人境界を示すと理解できるかもしれない。しかしながらこの命題は，分析家の内的境界にまでは当てはまらない。分析を適切に行うためには分析家の内的境界のまとまりと安定性が重要で，それが分析家－被分析者間のやりとりを促進すると思われる。ハインツ・コフート（Heinz Kohut）はジャック・フレイナー（Jack Freinhar）（1986）に引用されたように，次のように発言する中でこの区別をつけている。「よい分析家はきっと……中心は強固で辺縁はゆるいパーソナリティをもっているだろう」（p.483）。分析家と患者の間の分析的境界については第3章でさらにくわしく論ずる。

一方で被分析者については，内的境界の機能が特に重要と思われる。これを説明するために，明らかに内的境界のスペクトラムの両端に位置する（「透過性－薄」タイプと「非透過性－厚」タイプ）とみられる2患者の臨床ビネットを提示しよう。

## 事例：Aさん

39歳で未婚の学者であるAさんは，非常に知的だが不安が強く気難しい才女で，専攻する分野において創造的なだけでなく詩も書ける人であった。彼女が分析を求めてきたのは私生活が「めちゃくちゃ」だと感じたからだった。彼女は多くの男性と親しい関係や性的関係を結んでいたが，のぼせあがる時期を過ぎて長続きしたことは一度もなかった。最初は融合のファンタジーをもつが，のちに結局パートナーへの不満足を経験して，突然関係を断っ

てしまうのであった。

　Aさんはいつも夜か昼寝時にみた夢（ときに悪夢）をいくつももって，セッションにやってきた。連想では同じくらいたくさんのファンタジーやもの想いやイメージを，幼い頃の記憶や最近の記憶とともに語った。彼女の連想は自由に流れ，自分の夢や重要な過去，また最近の出来事についておびただしく連想した。また彼女は，セッション中ずっと黙っていることもできた。しかし，はっきりした理由もなくセッションを休むこともよくあった。

　Aさんは非常に大きな家族の出身だった。両親は分析開始の何年か前に亡くなっていた。父親はどこかエキセントリックで予測のつかない，ひどく支配的な人として語られた。母親は何度もの妊娠と大家族への責任に疲れ果て，ふさぎがちでずさんでまとまりがなく，たいてい無力だった。家族生活は混沌として乱れ，構造を欠くものとして記憶されていた。

　Aさんはよく，学校に行き始めた頃の安堵と喜びのことを話した。そこではすべてが整然として予測可能だったのだ。学校で彼女は早熟で，ずば抜けた才能を示したが，しばしば問題を起こしもした。性的にも彼女は早熟だったので何人かの男性への愛着を示したが，相手はたいがい彼女より幾分できの悪い男性だった。パートナーとの関係においては彼女は予測不能で要求がましく気難し屋で，相手の行動や反応に大変過敏であった。

　分析ではAさんは分析家の存在にきわめて敏感に同調しており，分析家のごくわずかな動きや姿勢の変化や言葉遣いにも，そしてもちろんいかなる予定の変更にも反応した。彼女はなされた解釈を数セッション後まで覚えており，また彼女の報告からは，セッションが彼女の外界の生活まで拡がっているものと間違いなく想定できた。またAさんは非指示的な自由連想に苦もなく入ってゆける一方で，セッション中に分析家との接触を失うこともなかった。

　分析家は当初から，分析内における境界を明確に保っておくことが分析過程の発展と進み行きに不可欠だと感づいていた。彼女はAさんを，透過性の高い内的・外的境界をもち，ふさぎがちで混乱し予測不能な母親のいる混沌

とした環境における幼少時の経験に恐らくは関係する発達上の「欠損」をもつ人として理解していた。多くの点からこの患者の幼少期の経験は外傷的なものであり，その一つの要因は第1章で述べたように薄い内的境界と外的境界が形成されてきたことにあるとも考えられた。

　ハルトマン（1991）に加えて，フランセス・タスティン（Frances Tustin）（1981）とゲイル・ヤリフ（Gail Yariv）（1989）は，自と他，また内と外が明瞭に分離してゆくには一次的対象との関係における安定性，持続性，予測可能なリズミカルさが重要であることを指摘している。ヤリフは子どもと一次的対象のあいだに強固で病的なバリアがあった方が，子どもにとっては「子ども，母親そして物理的対象が混乱し混沌とした仕方で融合している」（p.105）状況よりも，まだしのぎやすいと強調した。多くの著者によって強く主張されてきたのは，子どもと母親の間に明瞭な線引きがまったく存在しない場合，ウィニコット（1953）のいう移行領域（遊びが展開する領域）はまともに発展していかないということである。
　ここでAさんが，自分の母親と遊びらしい交流をした記憶を一切もたなかったことは興味深い。「私の母は自分がしなければならないことを一生懸命しようとしていましたが，子どもと遊ぶというのが一体どういうことなのか，まるでわかっていませんでした」。
　またAさんはよく，自分が人生においてもっとも恐れているのは孤独ではなく混沌であり，あらゆる境界が消滅してしまうことだとも言っていた。対人関係において，実際にあるいはファンタジー上傷ついたとき彼女がいつも用いていた防衛は，その対象から距離を取ることであった。彼女が何年も抱いていたファンタジーは，人が隔たりあい，まばらに住むオーストラリアのような国に移住するというものだった。そこでは彼女を知る者は誰もおらず，彼女は忘れ去られた小さな郊外の片隅で，庭の世話をしながら一人で暮らせるのだ。
　分析状況の中で明確な外的境界を維持していることは，彼女の分析にとっ

て必要不可欠なことと思われた。これは必ずしも超然としていて反応を返さないのではなく、患者とある種の情動的な距離を保っているということである。分析家は通常短いコメントで転移の文脈において素材を関連づけ、巻き込まれて長い解釈を行うのは避けようと努めた。分析家は詳細な夢分析に入りたくなる衝動に逆らって、セッションにおける今・ここの内にとどまっていることが大切だと感じた。Aさんは依存欲求だけでなく、流動的な内的境界と外的境界をもっていたために、転移の中ではぜひとも慎重に扱う必要があった。依存的な転移はプレエディパルな病理をワーク・スルーするには必要なものではあったが、慎重に扱っても転移における深刻な融合現象とひどい退行につながり、さらに境界を弱めかねなかった。結局そのような転移関係は不安をかき立てパニックすら引き起こし、患者はかつてあらゆる親密な関係から逃げ出してきたように、分析からも逃げ出してしまうだろう。

分析3年目、転移が相当激しいものになってきた頃、Aさんは言った。「この数週間、夢がますます奇妙なものになってきました。言葉で言い表すこともできないほどです」。分析状況の中で深まりつつある退行が、患者の内的境界をさらに弱める働きをしたように思われたが、これは分析家たちがしばしば患者の防衛の弱まりと呼ぶものである。

### 事例：Bさん

スペクトラムの他方の端に位置するのはBさんの事例である。彼女は専門職の41歳既婚女性で、抑うつ的になり結婚生活に不満を抱き、夫に腹を立て子どもに不安を抱いて、人生に行き詰まりを感じて分析にやってきた。非常に伝統ある家柄に生まれた4人同胞の長子であるBさんは、他のきょうだいたちや級友に妬みや強い競争心を抱きつつ成長し、人生における自分のめぐり合わせに決して満足したことがなかった。両親とも信心深く昔気質で相当融通の利かないほうだったので、Bさんは服従しつつも内心恨みや怒りを抱くようになった。

分析の初めから、覚えている夢が全くないことと自由連想の困難さがセッ

ションにおいて重要な問題となった。Bさんはセッション中とても明瞭に話し滅多に黙っていることはなかったが，しかし彼女の持ち出す素材は自分自身や身近な人たちについての彼女なりの描写や，現在や過去の出来事の時系列の説明に過ぎなかった。彼女は細部に分け入って話し，まとまりもあって話し上手ではあったが，しかし分析家がやっと理解するに至ったことには，患者は自分の外界を理解し観察し報告しているものの，異なるタイプの自己省察が可能となるように内的な締め付けや境界を緩めることができないようだったのである。

　マホーニィ（1987）はこの種の「自由」連想を，患者が**ありのまま，もしくは生じるままに語る**というより何か**について語る**ことと呼んだ。彼はこう述べた。「何かに『ついて語る』ことは直接性を欠き，話者のある種の自己意識を示唆する。これに関係してわれわれは中世の神秘家たちの，次のような公理を思い出す。もしある人が自分が今祈っていると意識していたとしたら，それは完全な祈りではない，と」（p.33）。
　Bさんにおいては連想，ファンタジー，イメージあるいはもの想い，また急な意識状態の変化はめったに観察されなかった。違った言い方をすれば，完全に欠如していたのは論証的で言語的なものから表象的な（すなわちイマジズム的な）象徴へ，日常的で平凡なおしゃべりからイメージや情動やファンタジーの豊かな言語表現へと苦もなく移動する能力であった。表象的象徴は——はかなく，つかのまで曖昧なものではあるが——主として目と耳で作られる，知性の原始的な道具である。個人の思考や他者とのコミュニケーションが表象的象徴より主として言語的象徴の使用に頼るようになったため，そうしたコミュニケーションの意味はより正確になったが，しかし同時に言語的象徴を通じて伝えられる情報はどうしても限定されたものになってしまった。
　セオドア・ジェイコブス（Theodore Jacobs）（1994b）は，身体的な動き（「ボディ・ランゲージ」）が言語的な自由連想を補うかもしれないと考えた。足を組んだり組まなかったり，腕を組んだり視線を遮ったりといったことは，

すべて分析家に多くを語っているのかもしれない。しかしながらこうした動きは身体表現あるいは身体的放出の比較的短く，孤立的な例の中にのみ観察される。被分析者の語りはいつも言語的伝達に頼っている。ボディ・ランゲージは思考に取って代わったり情動状態を表現するかもしれないが，しかしそれは話し言葉による持続的コミュニケーションを代用することはできない。自由連想にはある程度の退行が必要である（すなわち，自我による自我のための退行）。言語や話し言葉を用いたコミュニケーションは二次過程に基づくものだが，真の非指示的連想では話の流れは一次過程へと近づいていく。

　分析の時間中，精神状態の一次過程思考に近いところまで迫ることにより，境界が緩む過程が生じるのではないかとわれわれは考えている。Aさんのような患者は特に意識的に努力しなくても自由連想に入っていく。しかしながらBさんのような被分析者には，自由連想というのが正確にはどういうことなのか把握し難いだろう。これまで分析家たちはこの難しさを，無意識の素材を意識近くまで浮上させることに対する患者の抵抗として概念化してきた。確かにここには，個人的な情報を明かすことに対する意識的なためらいによっても増強された形で，抵抗が働いているだろう。しかし，自分がするよう求められていることをBさんが**理解する**こともできなかったという事実が，まさに抵抗を超えたある限界を指し示している。分析が進むにつれBさんは，彼女の言によると「さらに先へ行」けるようになったが，それでも連想の散漫な性質はまだはっきりと認められた。

## 境界と夢の想起

　フロイトの自己分析，とりわけその夢分析は，フロイトを理論形成の初期において主要な諸発見へと導いた。こうした草創期に続く数十年間も，夢分析は個々の臨床的分析の焦点であり続け，症例報告も患者の夢の分析を，それのみでないにせよ主に中心としていた。自分の夢を思い出せることは分析可能性の信頼できる指標であると，大多数の人びとが考えていた。分析のセッ

ション中に夢を持ち出すことは，分析過程の順調な進行を予測するバロメーターとなった。同様に，夢の想起が欠けていることは，転移内における主要な抵抗と見なされた。分析の成功はしばしば，セッション中に夢を想起しそうした夢に連想を行えるようになるかどうかによって予測された。

　睡眠と夢についての実験室における研究によって，夢に関係する生理学的状態であるREM睡眠は普遍的現象であって，脳のある種の病的状態においてのみ一時抑えられるだけであることが立証された。実際にはREMの夢見は一晩に何度か起こっているにも関わらず，想起されるのはごく少ない割合（平均して週あたり2，3の夢）にしか過ぎない（Belicki, 1986）。

　精神分析の文献で多くの著者が論じてきたところによると，毎晩見られている数多くの夢が覚醒時の抑圧に屈するが，その抑圧は夢に表れた禁じられた願望の意識的な気づきに対してバリアをはりたいという夢見手の欲求の現れであるという。したがって抑圧は，その夢の主たる願望充足に織り込まれた無意識的な欲動派生物に対する防衛として普遍的に働いているものと見られていた。広く受け入れられていることであるが，夢の想起は分析において，転移に関連する抵抗やこれまでほとんど無意識であった素材を明るみに出すことから生じる抵抗などの付加的な抵抗にあいやすい。分析の成功例ではこうした抵抗は，終局までに徐々に弱められ，ついにはワーク・スルーされるものと考えられる。

　夢の想起を促進したり疎外したりするものは何かという問いは，面接室**外**でも長らく関心を呼んできた。こうした問いに関する多くの仮説を検証するために，近年いくつかの研究プロジェクトが実行に移されている。デヴィッド・コーエン（David Cohen）（1974）は自身研究者であるが，夢の想起についての理論を立てようと試みる前に，この問題に関する文献の徹底的な総説を完成させた。そうした研究の結果を総括して彼は，夢をあまり頻繁に思い出さない人たちを単なる「抑圧者」と決めつけたり，また頻繁に想起する人たちを単に何らかの病理を呈している不安な個人と見なしたりしないよう戒めている。このような多くの研究結果が示すところによれば，不安尺度も

自我の強さを測る諸々の尺度と同様，夢の想起ができたりできなかったりする理由をきちんと説明する役には立たないという。

重要性仮説，すなわち夢見手によって重要と認識される夢はより想起されやすいという仮説は検証がさらに難しいことが分かった。しかしながらコーエン（1974）によると一般的なコンセンサスは，夢見手にとって重要な夢は，特段重要性のない夢より想起されやすいというものであった。キャスリン・ベリッキィ（Kathryn Belicki）（1986）が報告した研究では，夢を頻繁に想起する人はそうでない人より，自分の夢について尋ねられた時そうした夢をより重要なものと評価づけることが確かめられた。こうした現象の原因はまだはっきり解明されていない。

コーエン（1974）によると，実験結果によって最も強力に支持された相関関係は，夢の想起とその夢見手の「イメージ優位性」であったという（p.145）。ファンタジー，白昼夢，もの想いにおけるイメージの使用，そして課題指向の考え方がないことが，夢を想起する人たちにもっともよく見られたパーソナリティ特徴であった。同時に動機づけ（すなわち自分の夢への興味）の果たす役割も，夢の想起には重要と考えられた。最後に「実践」（つまり夢を想起し報告しようとする意識的な努力）を重んじることも，夢の想起には役立つと考えられた。

キャスリン・ベリッキィ（1986）は，重要性，動機づけ，競合して心を占めている観念がないこと，そして夢見手の情緒を激しくする要素の存在に関するさらなる研究についても論じた。彼女はコーエン（1974）の立場が正しいことを裏付け，コーエンが「パーソナリティ要素」と呼んだものをさらに強調した。これまで明確に言語化されてはこなかったが，（精神分析の知識をもつ研究者によって同定されたような）夢の想起を容易にするパーソナリティ特徴といったものは，分析家によってずっと以前から知られてきた。ここで述べたような研究結果は，分析家の臨床的直観を裏付けている。

境界に関連していうと，こうした実験結果は次のようなことを指し示しているように思われる。すなわち夢の想起はイメージとファンタジーを使用す

る能力，拡散的思考に入っていく能力，そして恐らく無意識の素材に対する強固な防衛の欠如など特定の能力によって促進されるようだ。自由連想を論じる中でわれわれは，同じような要素（すなわちファンタジー，イメージ，もの想い，そして同様に急な意識状態の変化も）がセッション中の連想の自由な流れを促すと主張してきた。こうした要素は精神分析家たちにその臨床経験から長らく知られてきたし，今や隣接する専門分野の実験結果からも支持されるようになったのであるが，恐らくその個人の内的境界の透過性（薄さ）に関係しているのではないかと考えられる。

Aさんの夢は長く，主に視覚的イメージと身体感覚に基づいていた。言語や思考の要素は二次的役割しか果たしていなかった。分析の2年目，彼女は次のような夢を報告した。

　父の夢を見ました……ひどく年老いています。そこは両親の家で，とてもとてもたくさんの部屋とトイレがあります。父は病気で……下痢していて……そこかしこで漏らしています。ひどいものでした。こらえきれないんです。それを見てはいるのですが，私は何もしません。ひとりこう考えます，もう年寄りなんだから，このまま死なせてあげましょうと。［何カ月か後，彼女は次のように報告した］うちの台所のような部屋にいました，丸いテーブルがあって……ドアは外に向けて開いていました。テーブルの下で何かが突いてきました……蜘蛛とさそりかロブスターのあいの子みたいなものです。それがどんどん大きくなっていきます。それを見ることができるのは私ひとりでした。ワニみたいにとてつもないアゴを持っていました。私は叫びました……通りに向かって駆けだしました。兄が銃を持ってその怪物を殺そうとしていました。

Aさんの夢における不安感は，たまにしか悪夢の程度に達しなかったが（ハルトマン［1991］の定義によると，悪夢とはただ夢見手が悪夢と呼ぶものをさす），彼女の夢の多くにおいては不安と不快感は，覚醒してしまうほど強烈

なものだった。

　Bさんについては，分析が始まって丸2年間は何の夢も報告されず，ただ夢を見たという意識だけがあるか，よくて「母と一緒でした」とか「試験を受けねばなりませんでした」などの頭をかすめていく思考があるだけだった。3年目と4年目には，Bさんはもう少し大きくまとまった部分を想起することができるようになったが，それもまれなことだった。4年目の終わり頃，彼女は次のような夢を想起した。

　それは明らかにあなたについての夢でした。私とあなたはどちらも夫と一緒でした……周りにはたくさん人がいます。私たちは階段を下りてゆきました……パーティのような雰囲気です。食べ物が振る舞われました。あなたはすごく落ち着いた感じで……とてもゆったりとくつろいでいました。必ずしも社交好きというわけではないけれど，くつろいでいるのです……すばらしい洗練のされ方でした。私たちはお互い少し言葉を交わし，夫どうしも話をしていました。

　この2タイプの夢は象徴性，情動の放出そして欲動の内容という点で，一次過程の素材をよくとらえているだけでなく，特に（Bさんの夢に示されるような）夢の構造をコンテインしコントロールしたいという夢見手の欲求と能力をも大変よくとらえている。

## 分析が境界におよぼす作用

　すでに述べたように，被分析者が自由連想し始めたら分析はやりきったということであり，終えた方がよいというのが，主にヨーロッパの分析家たちの間で広く共有されてきた見解であった。このような立場はひょっとするとBさんと似たような患者たちの分析を源として生じてきたのかもしれないと考えたくなる。これまでは，抵抗を分析し内的コントロールを緩めることに

よって観念・イメージ・ファンタジーそれに諸感覚が意識に流れ込めるようになり，すると患者の中には「よりゆるやかな」連想パターンが生じやすくなるかもしれないと期待されていた。夢は分析過程を経ることでより想起しやすくなるとも主張されてきた。

しかしこの章でこれまで紹介してきたさまざまな研究が示しているように，夢の想起は「実践」によって増すかもしれないものの，実際それは基本的なパーソナリティーの属性（夢見手の「イメージ優位性」[Belicki, 1986；Cohen, 1974]）に依拠しているのであって，想起しやすくなるかどうかは何よりもまず被分析者の内的境界の運命にかかっている。もし内的境界の発達と厚化が発達によって成しとげられるとするなら（Hartmann, 1991；Sabbadini, 1989；Yariv 1989）分析的な仕事は，夢見手の不安をコンテインし，置き換え・圧縮・象徴化を用いることで「よりしっかりまとまった」，より「扱いやすい」夢を組み立てる能力に何らかの効果をもたらすのかもしれないと考えられる。

## 事例：Cさん

Cさんのケースは，繰り返す夢や悪夢が分析の中でいかに変化させられうるかを示すよい例である。Cさんは不安で依存的で抑うつ的な女性で，48歳で分析にやって来た。彼女は30代の頃に何らかの精神療法を受けていたが，そこからは比較的限定的な治療効果しか得ていなかった。彼女は自分の男性治療者を，非共感的で時にサディスティックな人だと経験した。

中規模の家族の一人娘であったCさんは，男兄弟たちにいじめられ，かつ恐らくは性的いたずらを受けたと考えられた。彼女は決して性的いたずらを認めなかったが，しばしばそれをにおわせる発言をし，その都度怒り，恥じ入り，ついにはひどく抑うつ的となるのだった。Cさんによると彼女の両親は信心深く曲がったことが嫌いで，しつけの厳しい人たちであった。経済的なストレスを抱えた彼らはいつも心ここにあらずで，何につけても心配ばかりしているように見えた。Cさんは自立できるようになるとすぐ家を出た。

支持的で優しい男性と出会って結婚した。彼の保護下で彼女は妻として母として比較的よく機能できていた。しかしながら社会的な面では、彼女は内気で人を信用できなかった。

　分析の始まりから、Cさんは自由に連想することができた。彼女はすぐに強烈にアンビバレントな転移を発展させ、「無関心」で「冷酷」な分析家に対する強い融合の衝動とパラノイド的な怒りの爆発の間を揺れ動いた。また彼女はいくつかの夢と多くの悪夢を分析にもち込んだ。そのうちの一つで彼女はこのように報告した。「私は息子を叩いていました。ますます激しく叩き続けました。自分が止められなかったのです。逆上していました。息子は冷たく、さげすむような表情を浮かべていました。パニック状態で目が覚めました」。また別の機会、彼女は次のような夢を語った。

　　私は祖母と列車に乗っていました。祖母は宝石のいっぱい詰まった鞄を持っています。するとそこにもう一つ、食べ物の入った鞄を見つけました。私はお腹が減っていたのですが、しかし、少し食べようとするとその中からウジや虫けらが出てきました。気持ち悪くなって鞄を閉めましたが、やっぱりそこにはいいものもあるかもしれないと思いました。鞄に手を入れてみましたが、やはり掴むのはネバネバ、ヌルヌルした気持ち悪いものばかり。大便みたいでした。吐き気を感じ、ひどいパニック状態になって目を覚ましました。

　Cさんの夢のいくつかはバスルームを舞台としている。例えばあふれたトイレや、いたるところに散乱した糞便や、処理しきれない吐物のイメージである。分析家の解釈は、彼女が家のバスルーム内でおそらくかなりの頻度でさらされていた身体的虐待をめぐる恐怖や深い羞恥、そして嫌悪の記憶に触れた。

　分析が終わりに近づく頃には、この種の夢はあまり頻繁でなくなってきた。恐らくそれ以上に意味深かったことには、夢たちはよりまとまりのある、しっ

かりと象徴化あるいはメンタライズされたものとなった。最後の週，彼女は次のような夢を報告した。

　私はトイレに入りました，施設にあるようなトイレです。右に流しがあって，もっとよく見るとアルコーブもあります。一人の妊婦がそこで横になって肛門に手を当てており，大便をこらえるかのようでした。私は流しの水を出して吐き，それから流しをきれいにしました。まだ吐ききっていない感じでしたが，そこで目が覚め，パニック状態にはなりませんでした。**近頃は悪夢になる前に夢をストップできるようになっています。**

　分析の仕事が進む過程でＣさんの内的境界の機能に生じてきた変化は，夢の中にもたらされた構造的変化から容易に見て取れた。

　次のケースでは，自分の身体やその部位にまつわる患者の意識や経験の仕方に著しい変化が起こった。

## 事例：Ｄさん

　35歳のシングル・マザーであるＤさんはフリーランスの商業デザイナーだったが，定評ある才能にもかかわらずその分野で成功することができずにいた。中流家庭に生まれた三人兄弟の末子であったＤさんは，幼少期に重症の気管支ぜんそくを患い，つねに母親から強迫的な，不安・怒りをふくんだ心配を向けられていた。彼女はしょっちゅう医者のところや病院や，乾燥した気候の土地に連れて行かれた。思春期のはじめには発作は減り，ついにはすっかりなくなってしまったが，呼吸器系の弱さは残った。

　14歳から22歳までの期間は全くの無秩序といってよかった。Ｄさんは相手かまわず性的な関係をもち（「その期間に私は100人以上の男と寝ました」），友人や愛人あるいは密売人などから入手できるありったけのストリー

ト・ドラッグを使っていた。ひどい拒食に陥り，大酒を呑み，21歳のときに急性精神病状態となって入院した。精神病は入院してすぐ治り，二度と再発しなかった。Dさんは自分の勉強を再開し，美術修士号をとるための条件をすべて満たした。乱交はしなくなり，数人と比較的長く安定した関係を結ぶようになった。

　28歳のとき，Dさんは子どもをもとうと決めて妊娠したが，相手はほとんど知りもしない男性で，子どもが生まれてからのことには全く興味のない男であった。彼女はつらい妊娠期間を送り，また初めのうちは幼い娘の世話をせねばならぬことに腹を立てていた。しかしながら子どもへの愛着は，ついにDさんの中に重要な変化をもたらした。子どもの存在が彼女を現実の中に「落ち着けた」のである（彼女自身の表現）。まさにその子自身が，繰り返しルーチンとして必要な世話をさせることによってDさんを助け，Dさん自身の人生を秩序と中心あるものにさせたのである。フリーランスの仕事を見つけて，彼女の日常生活は娘のスケジュールを中心に回り始めた。

　しかし外的には安定したものの，Dさんはいまだ不安を抱え先が見えず，自らの才能への疑念に悩み続けていた。彼女の才能がもし彼女自身がそう信じまた周囲も言うように本物なら，彼女はお金のための仕事などで時間を無駄にするかわりに何とかして描こうと努力すべきなのだった。Dさんは無数の身体的愁訴をもち始終医者通いをしていたが，その都度新たな問題が出てくるだけで，そのうち一つとして最後まで治療しきることがなかった。彼女は病いと死への恐怖に取り憑かれていた。分析にやってきたとき，彼女はある男性とひどくアンビバレントで不安定な関係に陥っていたが，その男性はかつてアルコール依存症で今は心気的で苛立ちと不満を抱え，もう15年もセラピーを受けてきている人であった。

　分析を始めて数カ月の頃，患者はよく不安や咳の発作でなかなか寝付けずにいた。また胃痛や吐き気を訴え，胃癌を心配していた。彼女は長いこと黙っており，分析家にやんわり話すよう促されると，話すべき理由など何もないとイライラした様子で答えた。「結局こんなことをしていて何の役に立つん

ですか？」 彼女はしばしば前の晩に「おかしな，怖い」夢を見たことに触れたが，それらについてセッションの中で決して連想しようとはしなかった。じきにわかってきたことだが，彼女は自由連想の過程に身をまかせること，すなわち彼女の表現によると「ぶちまける」ことを恐れ，かつおそらくは短い精神病エピソードの間に経験した絶望的で無防備な状態に近づくのを恐れていたのだった。同時に転移によって，自分が寄る辺ない受け身の赤ん坊のように感じられ，母親にしか癒せないような，病いと身体的痛みにはまり込んだかつての情動状態が呼び覚まされていた。しかしこのようにしょっちゅう訴えながらもDさんは定期的に規則正しくセッションにはやってきた。Bさんとは対照的にこの患者に関しては，素材が乏しくとも分析家の中に不満感は生じず，むしろ初めからDさんのようなこわれやすい患者にとっては分析家や分析過程そのものを信頼して自由連想に乗り出してゆくまでに時間が必要なのだと感じられるのだった。

　分析家の解釈は，主に一次的対象に対するDさんのアンビバレンス，つまり世話されることを願いつつ同時に恐れてもいることに焦点を当てた。転移性反復の中で，彼女は寄る辺なく受け身に感じ，自分自身の健康に責任をもたねばならなくなることに抵抗した。分析家の介入はすべて短く端的であった。言葉を通じてまた分析の枠組みのルールや構造を通じて，分析は次のような「メッセージ」を伝えていた。それは，彼女が自分自身の身体や健康について能動的に動ける主体であり責任を負っているのだという感覚，そうした感覚をもてるようになるための背景となる安全を，分析は提供しているのだというメッセージだった。この若い女性は非常に知的で才能もあったものの，内的なまとまりを欠き穴の多い内的境界をもつように思われた。子どもの世話がちょうどそうであったように，外的現実から特定の焦点を与えられた場合には彼女は比較的よく機能した。分析はその反復・共感的雰囲気・明確で安定した分析的境界によって，そのような構造化を促す状況をまた一つ別に提供したのである。

　何カ月かの間Dさんは，自分の健康や金銭問題やその他の自分の人生の窮

状についてのいつもの不満を繰り返すほかはセッション内でほとんど話さなかった。けれども時間はきっちり守り，ほとんどキャンセルしなかった。身体的な「症状」は徐々に減弱してゆき，あるセッションで彼女はこう言った。「病気は治りました。もう終わったのです」。Dさんは，連れ合いがひどく呑んだくれて自己破壊的行為を行ったことを機に彼とは別れた。彼女は大学院生と出会い，その関係は安定して親密なようであった。

フェダーン（1952）は精神病の治療における境界の運命にとりわけ関心を抱いていたが，こうした患者たちに関しては，問題は抑圧を解除することでなくそれを新たに作り出すことなのだと信じていた。治療の目標は（少なくとも治療の初期段階では）覆いを取ること（すなわち内的境界を「ゆるめる」こと）でなく，むしろ境界の強化を促しうるような状況を提供することなのである。

同様の問題がフランスの分析家モーリス・ブーヴェ（Maurice Bouvet）（1958）によっても取り上げられているが，彼は特に分析家と被分析者の間で近づいたり遠のいたりと揺れ動く距離のことや，被分析者が分析の間この近さ遠さ（分析的境界）をコントロールしたいと願う欲求に関心を抱いていた。ブーヴェは障害の重い患者では原始的で前性器期的な転移が通常現れてきて，分析家は本能的願望のすべてを満足させてくれるよい対象か，あるいは患者の自我の統合やまとまりを脅かしてくる破壊的で悪意ある対象として両価的に経験されると考えた。遠さ近さは決定的な問題となり，もし分析家が患者との最適な距離を保ち損なうと，患者は離人症の深刻な問題を呈するかもしれない。ブーヴェは境界について直接言及しているわけではないが，彼が提起した問題は分析における境界の機能と運命を検討したものである。

枠組みと分析的境界とがしっかり確立されれば，Dさんのケースで観察されたように，被分析者の穴の多い内的境界も時間をかけてある程度強化されるかもしれない。それが永続的変化か単に転移によるものなのかは，この時点では答えられない問題である。

自由連想に入る能力や夢を想起する能力は，Bさんの例に示されているように，たとえ分析が成功してもさほど増すとは限らない。ハルトマンらのチームが重度の強迫者において見出したように，極度に厚い内的境界は分析過程を通じてある程度緩和することもあるが，そのような事例は文献上には報告されておらず，現在のところわれわれもこの点に関わる臨床素材を持ち合わせていない。

　最後になるが，薄い（外的）対人境界の運命は，恐らくボーダーラインの患者の分析でもっともよくテストされるだろう。こうした基本的な問いに答えるには，できれば実験も利用して多くの患者を対象とした対照研究を行う必要がある。

# 第3章
# 分析の枠組み，分析的境界，そして分析的対象

　第1章では，精神分析理論における**境界**という用語のさまざまな用法を概観した。第2章では精神分析過程の内部における境界に焦点を当て，特に内的境界あるいは「精神内の境界」に力点を置いた。この章では，分析設定の対人的次元という文脈での境界を見てゆく。しかしながら対人的なものは内的なものと不可分に結びついているから，われわれは精神内の境界がいかにこの章で論じられるような外的境界に著しい影響を及ぼしうるかについて描き出してみたい。

　近年**境界**という用語は，分析家と患者間の「プロフェッショナルな境界」という考え方に関連して用いられることがもっとも多くなってきたが（Epstein, 1994 ; Gabbard, 1995b ; Gtheil & Gabbard, 1993 ; Waldinger, 1994），これは概念の拡大を反映してのことと考えられる。この概念を分析空間における患者と分析家間の境界も含んで定義づけようとする中で，境界という用語は精神分析の内部で現在議論の的となっている多くの問題に密接に関わることになった。つまり禁欲の問題，中立性の問題，ちょうどよい程度の満足，エナクトメント，分析家の自己開示，また転移の概念そのものといった問題である。

　プロフェッショナルな境界あるいは分析的境界に対する近年の関心の多くは，メディアでも広く報道され専門職（プロフェッション）としての精神分析の評判を損なうような，あまりにもひどい境界侵犯の実例に接しての驚愕から発している。

　ここでは分析の枠組み，および過程内での分析的境界を定義づけるが，加えてもっとも望ましい精神分析状況というものも定義づけてみたい。さらに，枠組みと境界を尊重することによって分析的対象の現出が促されるが，こう

した分析的対話内での展開は決定的に重要でありながらあまり検討されてこなかった。そこでわれわれはまず枠組み，および枠組みという構造を成り立たせている諸々の境界を定義することから議論を始め，そこから直接分析的対象の性質についての検討に入ることにしたい。

## 分析の枠組み

　分析の枠組みは，その中で治療そのものが生じてくる包み(エンベロープ)である。この用語からは絵の額縁のようなイメージが呼び起こされるものの，その概念はさほど堅く柔軟性のないものではない。むしろそれは患者に応えつつ，同時に分析的な仕事にとってもっとも望ましい雰囲気を構築しようとする分析家の絶え間ない努力を反映した，動的で柔軟な条件群である。ロバート・ラングス（Robert Langs）（1977）は枠組みを次のように定義した。

　　多くの面をもつ人的コンテイナーであり生きた制度であって，分析的関係の境界を定め，相互交流のルールを創りだし，その枠内で生じてくる現実の出来事やファンタジーの性質を明らかにし，参与する者に有効な抱えと安全を保つ手段を提供し，その場の治療的特性を規定し，その枠内におけるやりとりの質に寄与し，同時に参与者たちの中に，ある特定の選択された不安を生じさせもするもの。(p.28)

　ラングスはさらに枠組みを二つの要素に分けた。一つの要素には，分析の設定についての詳しい契約的理解が含まれる。これらは比較的一定した事項であり，身体的接触をもたないこと，守秘義務，分析家のオフィスのどこで面接を行うか，カウチ上の被分析者とカウチの背後で椅子に腰掛けた分析家の位置，決められた額の料金の支払い，それに協議の上取り決められたセッションの長さと頻度といったものを含む。二つ目の要素には相互交流を決定づけている人間的要素が含まれ，それには分析家による偏りのない受容，コ

ミュニケーションと行動の意味を理解しようとする努力，分析家のある程度の匿名性，心に浮かんだことは何でも口に出すという患者の同意，不適切な満足に対する禁欲，関心を寄せ理解するよう努力することによって適切な満足を与えること，無意識的な葛藤が明らかになればそれを解釈すること，分析家と被分析者間の相互交流の理解に特に焦点を当てることが含まれる。

ファン・シュプルイエル（Vann Spruiell）(1983) は分析枠組みについて，ラングスとは幾分違った視点から論じている。彼は，自分の用語法は「枠組み理論」に関係するものであり，他の諸原理から導き出された社会的交流についてのある種の見方を分析設定に対して適用するものだと強調した。特にシュプルイエルは，ある種の相互交流に「枠組みを与える」ルール，すなわちそうした相互交流がどのように定義づけられ，他の対人交流からどのように区別されるかを規定するルールというものを強調した。彼は分析状況の枠組みを「ある特定の社会的な事象を規定し，それを他の事象から区別する，有機的構造の不変の基本要素あるいは原理」と定義づけた (p.9)。

シュプルイエルの強調点はその大部分が，わざとアンバランスに設定された分析的二者関係の性質におかれていた。大方において分析の枠組みは，参与する二者の間にある交流の非対称性によって成り立ち規定されている。患者がカウチに横になり心に浮かんだことをすべて言葉にしようとしている一方で，分析家はほとんどの時間注意を集中しすぎず，また漂わせすぎて眠り込みもしないように静かに拝聴している。分析家は平等に漂う波長合わせを行いながら，注意が分析家自身の内的過程と被分析者の連想の間を行き来するように，過程(プロセス)のうえを漂っている。分析家は，関係性への参与者でありつつ，同時に関係性と参与とを離れた場所から観察できるような二重の意識状態を達成できなければならない（Friedman, 1991）。

分析家の導きによって，患者は最終的には分析家とともに枠組みを展開させ，構築していくようになる。患者は「コツを覚え」，私的で親密な関係を創り出し始め，そこで過去が現在に反復される中で理解されていく。

何よりも分析の枠組みは，**安全**の雰囲気を創り出す。分析家からの侵襲や

屈辱的な非難を恐れずにすむために，強い情動を呼びさますことが可能になる。患者は退行し，受け入れ難い無意識の願望や感情が浮かび上がるに任せられる「空間」を与えられる。患者が自分自身を新たな光の下で自由に経験できるのは，まさにそのゲームのルールが他のどんな社会的交流とも違っているからに他ならない。

## 分析的境界

　分析的境界あるいはプロフェッショナルな境界という概念は，倫理委員会と免許認定審査会が，それに基づいて懲戒処分の必要性を判断するための専断的なルール群を意味するに過ぎないと時に誤解される。またこの概念は，分析家側の融通の利かないロボットめいたよそよそしい態度を是認するものだともよく誤解される。初心の分析家はフロイトの技法上の勧告を具現化したような態度をとりたくなってしまうことも多い。しかしそのような極端な態度はフロイトの意図したところではなく，それは1927年のフェレンツィ（Ferenczi）宛書簡の中に見てとれる。

　　私は**行うべきでないこと**を強調し，分析と正反対の方向に向かいたくなる誘惑を指摘しておくのがもっとも重要と考えました。**行うべき**積極的なことについては，私はほとんどすべてを「機転」にゆだねておいたのです（この点があなたの議論しようとしていることですね）。その結果，従順な分析家たちは私の定めたルールの柔軟性を察することができず，まるでタブーであるかのようにそれに服従してしまったのです。そういうのはいつか全面改訂しなければなりません，私がかつて触れたあのいくつかの義務だけを残して。（Jones, 1955, p.241）

　境界が戯画化されると，それは実際に柔軟性を欠いた冷たい逆転移の態度へとつながりかねない。しかし意図されているのは正反対のことなのだ。境

界は，患者と分析家の両者が安全でいながら同時に自発的にふるまえるように，分析的関係のパラメータを規定している。実際エリザベス・ロイド・メイヤー（Elizabeth Lloyd Mayer）（1994a）は，境界侵犯の危険を増している原因の一つは，患者に対する分析家の温かい思いやりの気持ちを何らかの逸脱と見なしてしまう傾向だと主張した。いいかえれば患者への愛情は，分析家を客観的な「外科医」とする長年にわたるスーパービジョンと説諭的な指導から内在化された分析的態度に対するある種の見解とは，相容れないかもしれないのである。もしそのような感情がありうるもの，受け入れられるもの，精神分析技法のパラメータ内におさまるものと見られていたら，その感情が分析家の心の密かな切り離された部分に閉じ込められて破壊的なまでにエスカレートすることもないだろうとメイヤーは示唆した。

　たとえ話が役に立つかもしれない。グランドキャニオンを訪れる人びとは，崖の縁に戦略的に配置されたガードレールのおかげで，谷に落ちぬよう守られていることを知っている。この安全のための手立てによって子どもたち（それに大人たち）は，楽しく遊びながらも恐ろしい事態に陥る危険は最小に抑えておけるのである。一般的な分析的境界はガードレールよりも柔軟であるものの，たとえば性的接触のようなある種の領域では同じくらい堅いものである。

　分析的境界は，もちろんガードレール以上のもの——抑制装置以上のものである。またそれは1章と2章で説明したような，心的な境界概念の諸側面をも反映している。リチャード・エプスタイン（Richard Epstein）（1994）は，分析的境界というよりむしろプロフェッショナルな境界に主として着目している人であるが，分析的な枠組みは大方において分析家自身の外的な自我境界の延長と見なせると示唆している。分析家は患者の内面で起こっていることと，自分自身の内面で起こっていることの違いに常に気を配る。分析的境界はある種の対人境界を表現することによって，この機能を助けるのである。同時に，ちょうど健康な自我境界が時に応じて十分柔軟に開閉せねばならないように，分析的境界もその分析過程の必要に応じて折り合いが付けられるべく十分柔軟でなければならない。

エプスタイン（1994）は，対人境界の薄すぎる治療者は自分自身の内的経験を患者のそれと混同しがちになるかもしれず，一方対人境界の厚すぎる治療者は患者からの無意識的なコミュニケーションを経験しにくくなってしまうかもしれないと述べた。後者のタイプの分析家は共感や能動的なファンタジーを比較的苦手とするため，具体的行動の中に解決を探ろうとしやすい。参与する二者つまり治療者と患者の内的境界も同様に重要である。それが柔軟であると，それぞれの内なる一次過程により近づきやすくなるからである。

　分析状況のもつ重要な逆説の一つは，プロフェッショナルな境界はそこに参与する両者がそれを心理的に越える自由をもつためにこそ守られねばならない，という点である。いいかえるなら共感や投影同一化といった過程は，分析中の二人によって形成される半透過性の膜をはさんで行き来する。分析家は参与する両者に治療的退行が生じて，より原初的な融合と交換の状態が起こるのを期待するのである。

　発達からの類推によっても，情動状態の自由なやりとりが重要であることが示される。アンドリュー・メルツォフ（Andrew Meltzoff）とキース・ムーア（Keith Moore）（1992）が示唆したところによると，幼い乳児は，養育者との間での早期の情動交流の体験をもとにアイデンティティを分化させ発達させているという。こうした通様相性（訳注1）の情動のやりとりのいくらか，すなわち前－対象関係の時期から発達の中で行われたコミュニケーションと似たものが，ついには分析において復活するのである。分析的な退行を通じて，患者は言葉や象徴を用いるのでなく身体的に情動を伝えることによってコミュニケートしてくるかもしれない。

　この議論に関わるものとしてトマス・オグデン（Thomas Ogden）（1989）の発達的枠組みがあるが，これには発生の経験の異なる3モード間での弁証法的な相互作用が含まれる。これらのモードのうちの二つ，すなわち妄想－分裂的なものと抑うつ的なものは，メラニー・クラインの仕事を敷衍したも

---

（訳注1）通様相性：「明るい色」「明るい音」のように視覚と聴覚といった異なる感覚に共通する。

のである。三つ目は自閉 – 隣接モードで，オグデン自身がエスター・ビック（Esther Bick）(1968)，ドナルド・メルツァー（Donald Melzer）(1975)，フランセス・タスティン（1981, 1984）の仕事を統合し敷衍したものが反映されている。自閉 – 隣接モードは発達的観点からいうと三つのうち最も原初的なもので，皮膚表面に加えられたリズム感覚に基づく，早期の自他境界の感覚の発達を含んでいる。オグデン（1989）は自閉 – 隣接モード的な経験を次のように説明している。

　それは形が囲まれる感覚に対して，ビートがリズム感に対して，固さが縁どられる感覚に対してもつ関係である。反復性，対称性，周期性，肌と肌とを密着させることはすべて隣接性の例であり，そこから自己経験の萌芽が生じてくる。(p.32)

もしもこのモードにおける経験の連続性が断たれると，自分の内部が漏れ出て輪郭も表面もない，形のない何かになってしまう不安が生じうる。
　妄想 – 分裂モード（パラノイド スキゾイド）では，感覚上の自他の区切りは確立されているが，対象関係性は主として投影同一化のかたちをとる。その個人のもつ特定の側面は，情動の状態いかんで分裂排除され別の人の中に排出される。それによって投影した人は，自己の危険にさらされている部分を守り，同時に対象を万能的にコントロールすることが可能になる。投影者は無意識的にその受け手に，投影された感情か，あるいは自己と対象との布置に合致するような感情状態を引き起こす。妄想 – 分裂モード（パラノイド スキゾイド）では「わたし」という主観的な感覚はまだ十分発達していないため，投影同一化は投影する側からされる側へ，伝え手自身がその意味を読み取ることのないまま，直接伝えられてしまう。このモードでは，自己と対象間の境界は十分に透過的なので，受け手はあたかも自分が投影者の内的世界の一部であるかのように強いられて，あるいは「脅されて」反応したように感じうる。そればかりか，象徴と象徴されるものとが情緒的に等価であるため，妄想性転移（その中では「アズ・イフ」性が失われ

てしまう）にしばしば見られるように，認知はモノそのものとみなされる。

　象徴と象徴されるものとを橋渡しする主体をともなった十全な主観性は，抑うつモードの体験の中で発達してくる。自他間の境界はよりしっかり確立され，人は自分自身を人間（パーソン）として，つまり自らの思考を思考することができ，自らの感情を感じられる存在として経験する。このモードはまた，別の誰かの主観性を経験しそれに共感することを可能にする。妄想－分裂（パラノイド スキゾイド）モードでは自己と他者群のいずれもがモノとして経験されるのに対し，このモードでは自己と他者は主体として経験されうる。

　経験のこれら3モードは，それぞれのもつ独自の性格を説明するためこれまで別々に分け隔てられてきたが，オグデン（1989）は人間の経験の一つひとつあらゆる側面において3モードともすべてある程度は働いているのだと強調した。そのときどきで，あるモードが優勢になったり，またある他のモードが優勢になったりするのである。オグデンの考えでは精神病理は，三つの異なるモードが一つの優勢なモードに押し込められてしまうことによって，経験のもつ豊かさが損なわれた状態である。同様に，患者・分析家あるいはその両者の中であるモードから他のモードへの移行が生じると，それは分析的境界の透過性に影響をもたらすかもしれない。

　分析的境界に支えられて分析家は，コミュニケーションを不適切な扱いなしに確実にコンテインし，消化することができる。だから分析的境界は，枠組みに本来的に組み込まれた構造として，投影同一化を通じてコミュニケートされた原始的な情動をチェックし，コントロールし，ついにはより成熟した対象関係をもつ発達段階に属する言語・象徴領域まで「高め」てくれるものなのかもしれない。分析的境界はこうした原始的コミュニケーションが分析家から患者，また患者から分析家へと行き来できるほど十分に強固でなければならない。

　第1章でわれわれはジェイコブソンの思考（1964）の発展のあとを追い，特に自他表象の線引きについての彼女の理解をみてきた。こうした表象の繰り返される融合と分離からなる発達過程はしばしば分析状況の中で繰り返さ

れるが，こうした退行的経験を認識し治療的に用いることは分析家に課せられた責任である。こうした内的対象関係の外在化に対する最善の分析的アプローチには，関与しながら同時に観察すること，とでも言えば最も適切かもしれないある種の分析的態度がある。これはリチャード・ステルバ（Richard Sterba）（1934）が**自我内での解離**と呼び，ハリー・スタック・サリバン（Harry Stack Sullivan）（1954）が**関与しながらの観察**と名付けた状態である。分析家はこうした自己－対象間障壁の一時的崩壊に「呑み込まれる」がままに任せながら，同時にこのような崩壊の決定要因と意味とを注意深く観察していなければならない。

　分析家の反応に関するこの議論は，そのままプロフェッショナルな役割，あるいは分析的役割（Almond, 1994；Casement, 1990；Gutheil & Gabbard, 1993）として知られているものを考えることにつながる。オフィスの設定，料金，セッションの持続時間，身体的接触を慎むこと，贈り物を避けること，患者はカウチに横たわり治療者はカウチの背後にいるという位置，といった枠組みの構造的特徴はそれ自体大切であるが，これらはすべて分析的役割というものの特殊性を規定しているのである。リチャード・アーモンド（Richard Almond）（1994）が示唆したように，分析的役割は分析家が主観的個人的に巻き込まれながら，同時に専門的関係への参与者としての客観性をある程度保つことを可能にする。分析家の役割は（愛され，性的に満足し，親が子どもを世話するように世話されたい願望のような）リビドー的欲求を満たすことではなく，（共感的理解や注意深い心配りや気遣いへの欲求のような）**成長への欲求**に応えること，そして治療を続けていく中で患者の過去の経験の意味を理解することである，そうケースメント（1990）は強調した。こうした諸要素はウィニコット（1960, 1963）の**抱える環境**という概念を語る際にもよく引き合いに出される。この区別は，環境の提供と本能満足の違いとしても概念化できる（Grotstein, 1994；Lindon, 1994）。

　ジェイムズ・グロットシュタイン（James Grotstein）（1994）は，精神分析における禁欲のルールは自動化され儀式化されてしまい，本来の意味をほ

とんど失っていると述べた。その過程を実りあるものにするためには，分析家は患者に何を提供せねばならないかという文脈の中で，禁欲を再定義せねばならない，そう示唆したのである。「分析に欠くことができないのは，**禁欲のルールと共に分析設定の安全な枠組みを提供して，コンテインメント／変形／変容のための抱える環境を達成すること**」だと彼は述べた（p.600）。

　スティーブン・ミッチェル（1993）は，ウィニコット（1960, 1963）とケースメント（1990）が行った区別を願望と欲求（ウィッシュ／ニード）の違いになぞらえた。しかしながら，どちらがどちらと判断することはしばしば非常に難しい企てであるし，避け得ない一定の試行錯誤をともなうだろうとも述べている。彼はわれわれと同じように分析の枠組みは柔軟でなければならないとの見方をもち，適切な枠組みというものは患者ごとに違いうると強調した。枠組みの基本的要素でさえ，被分析者によってまったく違う意味合いをもつことがあるのだ。彼は，カウチに横になることが暴君的な母親へのマゾヒスティックな服従を思い起こさせた患者の例を挙げている。その患者はいったん寝付いたら母親を煩わせないように絶対に動かず静かにしていなければならないと，母親にきつく申し渡されていたのである。この事例では，カウチから立ち上がってオフィス内を動き回ることが分析的枠組みの不可欠な部分となった。

　ミッチェル（1993）によれば，患者の要求や要請に対する分析家の態度のほうが，分析家の応答の直接の内容よりも決定的に重要だという。また分析的枠組みは分析家と患者の双方により共同で構築されるのであり，あることが柔軟なのか融通が利かないのかについてはそれぞれが全く違う見方をしうると指摘している。

　　ある人にとっての「揺るぎなさ」が他の人にとっては融通の利かなさであり，またある人の柔軟性がある人にとっては「屈すること」であるのは明白である。揺るぎなさと柔軟性はどちらも重要であり，こうした状況と苦闘する臨床家は誰もがそれを考慮しておかねばならない。……揺るぎない態度を保つという原則にともなう問題は，分析家が意図する

ところが患者にも当然伝わるはずだという憶測である。時にはその憶測が当たっていて，限界を設定し，分析過程において信念をつらぬき，危険な逸脱にうかうかと誘い込まれない分析家の能力に患者が励まされることもある。

　しかしながら，分析家が揺るぎない態度を保ったと思っていても，患者の側はうんざりするほどおなじみのやり口で残酷に扱われていると思っているかもしれない。分析家にまったく見捨てられたとか裏切られたと感じて多くの患者が分析をやめていくが，分析家の方は分析の枠組みの純粋性を維持しているつもりなのである。枠組みは守られた，手術は成功だ，でも処置の最中に手術台を降りて患者は立ち去ってしまったというわけだ。(p.194)

柔軟な枠組みは，より重篤な自我機能の障害を抱え「解釈を超えた」(Gedo, 1993)介入を要する患者に対しては必要なものと長らく考えられていた。1950年代には，古典的な分析的枠組み内ではうまくやれない患者に取り組むべく意図された介入はしばしば修正情動体験の名のもとに一括り(ひとくく)にされていた（Alexander, 1950）。こうした介入のいくつかには，患者の人生で実際にいた親的人物のふるまいとは違うものになるよう意識的にたくらまれた役割を積極的に演じることも含まれ，それゆえ修正的とされた。

　今日多くの分析家は，あらゆるよい分析には修正的な体験が含まれ，そして洞察と修正体験が相乗的に働いて，よい分析的成果をもたらすことを認めるであろう（Jacobs, 1990；Loewald, 1980；Viederman, 1991）。しかしこうした修正体験は，患者の両親と正反対のふるまいをしてやろうという意図をもって仕組まれたものではない。むしろ分析設定における新たな体験に必ず伴う副産物として起こってくるのである。たとえばハンス・レーワルド（Hans Loewald）(1980)は次のように述べている。

　　過去を再演することによる再体験──繰り返しの中で無意識的に過去

を組織化しようとする試み——は，治療経過の中で変化をこうむる。一部にはこうした変化は，もうひとりの（主として親的な）人物というものを体験する際に，患者がもち込む予測どおりには振る舞わないような，そういう分析家との現在の体験からくるインパクトに依っている。このように，過去を生きなおす体験は，現在の新しい体験による影響を受けやすい。(p.360)

コフート（1984）はある種の修正情動体験が分析の中で起こりうることを認めはしたが，患者が子どもの頃決して持ち得なかったようなよい母親になろうと，分析家が患者を積極的になだめるようなことをしてはいけないとも断言している。そのかわり分析家は，患者のなだめられたい願望を解釈すべきだと勧めている。ハワード・バカル（Howard Bacal）とケネス・ニューマン（Kenneth Newman）(1990) はいずれもコフートと英国対象関係論学派から影響を受けた人たちだが，分析家が患者に修正的な自己対象の体験を提供することを提案した。これはそのような体験をしたいという願望を解釈することをはるかに超えている。分析家が患者にそのような修正体験をあえて故意に提供しようとする場合，それは明らかに境界侵犯となる可能性がある。ケースメント（1990）は次のように警告している。

　分析における治療的なものは，たんなる「よりよい」養育の提供によっては決して達成されない。分析家は臨床の中で，患者によい体験を与えようという自分の（積極的）努力が，ほとんど不可避的に分析の過程をゆがめてしまうことを幾度も思い知らされるが，そのわけはそれが患者による転移内での分析家の使用を妨げるからである。これは主として，患者にはしばしば分析家を，かつて起こった**そのままの**体験にまつわる感情をワーク・スルーするために使用する必要があるためである。単に分析関係の中で「修正的」らしい関係をもつだけでは不十分なのだ。(pp.342-343)

分析的な境界や枠組みの中ではどの程度の欲求満足が最適かというのは，単純なガイドラインなどでは規定できない厄介な問題である。というのも一つには，欲求満足という概念が，患者の願望がアンビバレントでないことを前提としているからだ。分析家への性的な願望をもつ患者は，**本当に**そうした願望を具体的に満たされたいと思っているだろうか？　そうかもしれないし，そうではないかもしれないが，大多数の被分析者はそのような欲求満足には非常にアンビバレントであろう。その患者がもし子ども時代の近親姦の被害者で，分析設定の中で子ども時代の状況を無意識的によみがえらせつつあるとしたら，性的関係を完遂することが一体どのように**満足を与える**といえるのか想像もつかない。たとえわれわれが幼い少女は自分の父親に性的な願望をもつものだと知っていても，そうした父親が娘の性的願望に「満足を与えて」いるのかどうか，われわれのほとんどは疑問視するだろう。

　分析状況をレオ・ストーン（Leo Stone）（1984）は，適切にも「親密な関係（インティマシー）の中の剥奪」の状況と表現している（p.77）。親密な関係は本来的に欲求満足をそなえたものである。というのも，最も優先されるべきは患者に対する治療的義務だからだ。それでもその設定は，分離の基本的な体験を象徴してもいる。分析家と旧来の医者との基本的な違いは，前者が分離の母を表すのに対して，後者が親密な身体的世話（これは典型的な医師の役割に，より密接に結びつく）を行う母であることだとストーンは論じた。しかしながら彼は禁欲のような原則は，ある程度の自由度と柔軟性をもって実行されねば分析的出会いの目的そのものをくじきかねないとも強調している。

　確かに分析過程は相当の欲求不満を伴うものであり，そこに関与する両者ともが患者の望みのすべてが満足されはしないと知っている。いきいきとした自発的な関わりを築き上げるために，分析家は日ごとにまた患者ごとに，どうしても枠組みを変えざるを得ないだろう。ミッチェル（1993）によれば，

　　決定的に大切なのは欲求満足でも欲求不満でもなく，交渉の過程それ
　　自体である。その中で分析家は，患者の主観的体験を認めたりそこに参

与したりする自分なりの方法を見出し，それでいながら患者にとって荒廃でなく豊かさをもたらすような自分自身のあり方と視点をも，時間をかけて確立するのである。(p.196)

　分析家と被分析者の間に何が生じてくるかの理解こそが，分析過程におけるエッセンスなのである。ここで大切なのは，たとえその一瞬一瞬には何が有益なのか確かめがたくとも，分析家が患者の最善の利益のために行動しようと懸命に努めることである。

　分析家がいかにして患者との交渉の過程に参与する自分独自のやり方を見出すかということについて述べたミッチェルの発言は，分析家の参与というものが各人によってさまざまであり，またある一人の分析家にとっても患者ごとに違うものであることが気づかれつつあることを反映した言葉である。ジェイ・グリーンバーグ（1995）は，それぞれの分析的二者関係において最適な枠組みと「ルール」を決定するのに役立つ**関係基盤**というものがあると考えた。そのように考えると枠組みのさまざまな程度の柔軟性は，患者固有のニードのみを反映したものではなく，分析家の主観性を反映したものと認めねばならない。

　ある患者は週４回の分析過程に同意したが，カウチに横になるのではなく椅子に座ってやりたいと強く主張した。分析家がその要求を彼女と共に探索したところ，患者は子どもの頃，母親が精神病院の中へと幾度か「消えてしまった」さまをひとしきり語った。分析家が視界から消えてしまうので，カウチに横になることはこの外傷の再演として経験されていたのである。一方分析家は，患者にまっすぐ見つめられているとちょうどよい注意の状態を保つことがはるかに難しくなることを説明した。何セッションか話し合ったのち彼らは，カウチで分析を始めることにするが，分析家を「失ってしまう」のではないかと患者が特に不安になったときには起き上がってよい，という妥協策を取り決めた。このようにして取り決められた枠組みは，患者のニードと分析家の主観性の両方を考慮に入れたものであった。

分析的役割はある部分，患者に対する分析家の献身によって決定づけられる。ロイ・シェーファー（Roy Schafer）（1983）は分析家の役割を，分析的態度を規定するいくつかの特徴を含むものとして定義づけ，それをさらに詳細に検討している。こうした特徴には，率直さ，二者択一的な考え方を避けること，反応するより分析することに力を注ぐこと，患者の助けになろうとする礼儀正しい，相手を尊重した努力，利己的な動機による行動を避けること，そして中立性などがある。

　もちろん分析家は自発的に反応することを完全には避けられないから，古典的な意味での厳密な中立性を守ることは不可能である。中立性を古い対象と新しい対象から等距離を保とうとする試みだと述べたグリーンバーグ（1986a）の定義は，いま論じている点からもっとも有用であるかもしれない。分析の仕事の過程で分析家は，完全に中立的であったり決めつけないでいる立場とはかけ離れた逆転移性のエナクトメントに幾度も引き込まれる。こうした反応はある程度，患者の過去からくる古い対象がしめす反応や，また分析家の過去からくる対象の，おなじみの振る舞いや感情を表している。しかしまた別の観点から言うと，それらは分析家からの，かつてない違った対象としての新たな貢献でもある。逆転移性のエナクトメントという概念については第7章である程度考察した。ここで決定的に重要なこととして強調しておきたいのは，交流によってエナクトメントのどんな性質がもたらされようと，その意味を患者と協力して分析する努力がなされねばならない点だ（Gabbard, 1995a；Mitchell, 1993；Renik, 1993）。

　精神分析の思考における最近の大きな変化は，分析家が参与し人としてそこに存在することが常に過程に影響を及ぼしており，またそれはしばしばほとんど無意識的なものであることが，広く認められるようになったことである。たとえば分析家は分析的枠組みの一貫として偏らない中立性を信奉しているかもしれないが，それでも意図せずして患者に，現在の患者の恋愛対象の選択を自分は認めていないと伝えているかもしれない。分析家は患者が「きっとあなたは彼のこと気に入らないのでしょうね」と言うのを聞いて

びっくりするだろう。自分の感情のなにがしかを患者に無意識的に伝えていたことに気づくと、分析家は患者がどんなことを感じ取っていたのかを探索して、この体験が患者の過去の認められなかった体験をどのように反復しているかをさらに理解しようとするだろう。同時に分析家はそのエナクトメントに、自分自身の過去からくるものが影響した部分はなかったか、おのれの内面に目を向けていくだろう。

　自己開示は分析的境界の侵害と一般には見られているが、前のビネットが示すように、ある程度の自己開示は避けようがない。アーウィン・ホフマン（Irwin Hoffman）(1991a) は、より直接的な自己開示が過程を促進することもあると示唆している。たとえば患者が分析家に率直な質問をしてきたとき、分析家は自分の経験のある面を明かすと共に、その質問に答えたものかどうかにまつわる自分の葛藤についても、ある程度明かした方が有益なこともある。しかし自分の個人的な問題や子ども時代からの窮境といったことの自己開示はほとんど有益でないので、そうした場合分析家は何かおかしなことになっていると思わねばならない。もっとも役に立つ自己開示には、患者と過程についてのいまここでの体験を、何らかの形で臨床的に正直に述べることが含まれる（Gabbard & Wilkinson, 1994）。しかしながら患者に対する性的な感情の自己開示には、明確な一線を画さねばならない（Gabbard, 1994a）。性愛的逆転移は通常患者にとって、分析家の中に起こる他の感情とは違った意味をもつ。それは患者を圧倒し混乱させるだろう。性的な感情は実際の行為に本来的に結びつきうるため、患者はおびえるだろう。象徴的なものが具象的なものに取って代わられるため、そういったことは分析空間の崩壊につながることがほとんどだ。

## 分析的対象

　分析的役割を考えていくことは、そのまま分析的対象というものを検討するのに役立つ。フロイト（1915a）が分析は「実生活の中には比するものが

ない」(p.166) 類の関係性を表していると述べているように，彼は分析的関係の独自性を認識していた。実際分析的対象は，分析的枠組みと分析的境界とに細心の注意を払うことで創り出される。枠組みと境界とは，患者と分析家の交流（インタラクション）によって築き上げられ分析の間に生み出される解釈素材をふくむような，ある特殊なタイプの対象の現出を促進する。

　精神分析における変容過程には分析家との関係の内在化と解釈を通じた洞察の達成の両方が含まれるというコンセンサスが，精神分析の文献では徐々に拡がりつつある (Baker, 1993 ; Cooper, 1992 ; Gabbard, 1995a ; Pulver, 1992)。このコンセンサスからいくと分析家は，解釈を与える転移対象であると同時に，内在化される新たな対象（ニューオブジェクト）でなければならないことになる。グリーンバーグ (1986b) が述べたように，「もし分析家が新たな対象として体験されないなら，分析はそもそも始まらない。またもし古い対象として体験されないなら，分析は決して終わることがない」(p.98) のである。フォロー・アップ研究 (Pfeffer, 1993) は分析家が古い対象と新たな対象の両方として患者の心中に思い描かれ続けているという事実を示している。したがってこのように二様に思い描かれていることが，分析作業のもたらす永続的成果といえる。

　分析的枠組みと分析的境界とはあいまって，分析家が転移対象として立ち現れやすくなるような雰囲気を提供する (Baker, 1993)。ある程度の匿名性と，分析的役割に少なくとも部分的には含まれる禁欲とが，患者の人生における過去の対象が分析家との現在の関係へと置き換えられるための，肥沃な土壌として働く。ロナルド・ベイカー (Ronald Baker) (1993) は，新たな対象は転移対象が徹底的に分析され解釈されるまで決して現れないと論じた。ベイカーの主張した点は重要である。というのも理想化された転移対象としての分析家と新たな対象としての分析家は，頻繁に混同されてしまうからである。

　とくに子ども時代に外傷を経験した患者を分析する場合には，分析家は患者の過去の悪い体験を埋め合わせてくれる，理想化された救済者と見なされるかもしれない (Davies & Frawley, 1992 ; Gabbard, 1992, 1994b)。しか

しながらミッチェル（1993）は，成人患者の欲求を，子ども時代の剥奪に対する単なる置き換えあるいは埋め合わせと見なしてはならないと考えている（患者自身はそう見なしていることが多いのだが）。子ども時代の外傷は大人になるにあたってさまざまな変容をとげ，怒りのこもった復讐となったり過大評価された苦しみとなったりする。だからこうした欲求を満足させても，患者の望む結果がもたらされるとは考えられない。

　混乱の大部分は，分析の文献内に見られる，分析家の役割を親の役割と同等視するような習慣から生じている。レーワルド（1960）は分析の過程を，育て直しを含むような過程になぞらえた。確かに分析家−患者関係には親−子関係を繰り返し，それと類似する要素もある。しかしそうしたアナロジーは患者が分析家に「よい親」となって過去の「悪い親」を埋め合わせるようがむしゃらに要求し，分析家は患者の過去の外傷を埋め合わせる理想化された人物になろうとしてその願望と共謀するという二人組精神病(フォリ・ア・ドゥ)を正当化するために誤用される恐れがある。

　シュプルイエル（1983）もわれわれと同じ懸念を抱いている。

　　枠組み内においてさえ，われわれは親のようには振る舞わない。われわれは助けたりしないし，ひっぱたいたり，おだてたり，言い争ったり，指導したり，風呂に入れたり，禁じたりはしないのだ。われわれはまた恋人や，敵や，友人や，きょうだいや，あるいは患者自身やそのある一部のように振る舞いもしない。われわれは分析家のように振る舞う――「同盟」内で分析家は，患者がかつてもったことのないような，よりよい親に「本当に」なるのだと主張しているような文献では，時に忘れ去られがちな事実ではあるが。分析家が実際患者を子どもとして扱ってしまうと，分析家がわが子を患者として扱うのと同じくらいひどい災難をもたらす。(p.12)

　ケースメント（1985）は，患者の転移的願望を字義通り受け止めてそれを満足させようとすることは象徴的な抱え(ホールディング)と字義通りの抱え(ホールディング)との区別を曖昧に

すると論じた。患者は過去の外傷と古い対象関係をもとのままの形で体験することを必要とするが，同時にこの転移的願望を分析家とともに分析する体験も必要とする。そうして初めて古い外傷はワーク・スルーされるのである。

　究極的には分析的枠組み内での転移の系統立った分析が，新たな対象の体験を患者に提供する。モリス・イーグル（Morris Eagle）(1987) は分析設定の安全が，分析家が患者の攻撃を生き延びることとあいまって，患者に強力なメッセージを送ると示唆している。彼はそれを無言の解釈にさえなぞらえる。それはすなわち，分析家は新たな対象であってもとの外傷的対象とは違うのであり，分析自体もとの外傷状況と同じでないのだと患者が理解するのを助けるような解釈である。

　したがって分析的対象は，ある意味では転移対象と新たな対象との混合物（アマルガム）である。その点から見ると，それは参与する二者の互いに浸透し合う主観性が共同で創り上げたものだ（Gabbard, 1995a）。オグデン（1994）は分析過程の核心を，分析家と患者の間の，主観性と間主観性の弁証法的な運動であると論じた。「分析家との関係を離れた被分析者というものはなく，被分析者との関係を離れた分析家というものもない」(p.63)。母子へのウィニコット流の見方に敬意を表したこの文章でオグデンは，転移と逆転移は二つの分析家の間の弁証法的交流を反映したものだと示唆する。その二つとは，分離した実体としての分析家と，分析過程における間主観性の共同創作物としての分析家である。参与する二者間で続いてゆく投影同一化によって，彼が「分析の第三主体 the analytic third」と呼ぶところの，どちらにも中心をもたない，人と人の間の主体が創り出される。分析それ自体が，分析家と被分析者の間のこの解釈空間において形をとり始めるのである。

　オグデンの論が意味するところは，精神分析的な作業の中には三つの主観性を同定することができるということだ。それは分析家の主観性，患者の主観性，分析の第三主体の主観性である。投影性同一化は双方の主観性を否定すると同時に再利用して，新たな「主体（サブジェクト）」を創り出す。患者から見ると，この主体は分析的対象でもある。この意味では，分析的対象は実にその設定の

もたらした新たな創造物である。それはうまく提供された枠組みと「儀式」の中で，長期にわたって繰り返される分析過程を通じて，分析家と被分析者（そして彼らの内的対象）によって共同で築き上げられるものだ。だから分析的対象は，デイビッド・ブラック（David Black）(1993)が「個々の臨床家のうちに生じる感情や思考，そしてファンタジーを『コンテインする』機能をもつ」(p.624)宗教的あるいは社会的に築き上げられた対象，と呼んだものに類似したものとして理解できるかもしれない。

　結論として，分析治療を行っているペアは，各ペア独自の分析的対象を創り上げるといえる。この課題を達成するために，それぞれ固有の分析的境界を備えた分析の枠組みが，分析的交流というるつぼの中からつくり出される。こうした諸要素には個人差もあるもののある程度共通する特性があり，それが分析家の役割を，精神分析ならではのものとして規定する。そこに含まれるのは適切な節度，過剰な自己開示の回避，セッションの定期性や予測可能性，患者を理解することへの献身，概して偏らない態度，動機や願望やニードのもつ複雑さを承知していること，患者を丁寧に扱い尊重する感性，患者をよりよく理解するために自身の欲求は進んで脇に置こうとする態度，などである。

# 第4章

# 境界とジェンダー

　これまでの章で，外的-対人境界（すなわち自己と外的対象の間の境界や，自我と外界の間の境界）と内的境界（すなわち自己内の境界や，自我とイド，超自我，あるいはその両者との間の境界）の区別をおおまかに見てきた。この章では境界とジェンダーについて，同じ内-外の区別にのっとって論じる。この領域における臨床的および実験的データが蓄積されるにつれて，このような区別には結局根拠がないと分かるかもしれない。しかしながら現時点での知識水準では，そうした概念上の分類は理論上も臨床上も有用だと思われる。

## ジェンダーと対人境界

　一般に女性の方が対人関係においてある程度の透過性を示すことを，臨床家は永らく観察してきた。ピーター・ブロス（Peter Blos）(1980) は思春期の少女たちの研究においてこれを報告したが，あらゆる年齢層の女性について同様のことが観察されてきた。女性は男性より他者に近づき心を開きやすい傾向があると言われている。他者に接近を許す点で男性よりも防衛的でなく，子どもや他の男女と何とか対人的つながりを保とうとするのである。より未統合なパーソナリティをもった女性は他者との融合の願望を示しやすい（おそらくは示しすぎるほどである）。分析では，女性患者は男性より性愛化転移（対象との融合を強く願う退行的な転移［Blum, 1973］）をより頻回かつ強烈に発展させやすい（Lester, 1985；Lester, Jodoin, & Robertson, 1989）。女性患者に見られるこのような性愛化転移は，男性分析家にも女性分析家

にも同じように向けられる。融合，いつくしみそれに援助を求める彼女らの願望（そして何とか対象を占有しコントロールしようとする必死の試み）は，彼女らの見る夢や意識的なファンタジーや分析状況におけるエナクトメントに明瞭に現れる。

　女性分析家との場合，性愛的な願望は，エディパルな性器期的性愛というより母性的性愛に関係するもののことが多いが，しかし下記に示すようにその両者が同時に作用することも多い。

### 事例：Eさん

　Eさんは2回の離婚経験をもつ専門職の女性で，空虚感，繰り返す落ち込みの発作，自分の人生における失敗感と無目的感を訴えて分析に入った。彼女は母親のことを「極めつけのバカ」で，支配的で暴君的な父親の操り人形だったと描写した。若い頃彼女は父母両方から疎んじられているように感じ，やや反社会的な仲間の中になぐさめを見出していた。

　遠くから通っていたにも関わらず，Eさんはほとんどセッションを休まなかった。しかしいったんカウチに横になると，彼女はすぐに退行した状態になり，長い間黙っているのだった。彼女は死んだような感じや，実体のない感じを語った。分析のスケジュールがわずかに変更になっただけでも急な不安が生じ，「思いやりのない」分析家に対する怒りを招いた。分析2年目，退行的な転移が強まりつつあったとき，患者は分析家が偽装なしに現れた一連の夢を報告した。そうした夢のほとんどでは，Eさんがセッションに訪れても分析家は不在か多忙だった。ある夢を想起しつつ，彼女は次のように言った。「奇妙です……思い出せるのはあなたの胸だけでした」。それからほどなく，Eさんは分析家の膝に頭を置いて髪を撫でてもらい癒されるというファンタジーを繰り返し抱くようになった。転移がさらに深まると，彼女は胸にとりついて乳を吸うファンタジーを抱くようになった。

　男性は分析を受けてもほとんどの場合，そのような融合のファンタジーに

は抵抗するが，しかし極度に退行した場合にはそのような欲求が表面化することもある。融合の願望はロバート・ストラー（Robert Stoller）(1985) が「共生不安」と呼んだものをかき立てるが，この不安は極度の依存状態に入り対象と融合するファンタジー／願望を発展させることへの恐れである。典型的には転移性の素材や転移性エナクトメントは，肛門期的特徴と，更なる退行をくい止めようと対象へ仕掛ける強烈な攻撃とに充ち満ちている。例を示そう。

### 事例：F医師

　F医師は既婚の内科医で，職業生活においても私生活においても活力や喜びがわからないことを主訴に分析にやってきた。「私の生活は平板で彩りがなく，ルーチンの連続です」。非常に大きな家族の真ん中の子として生まれたF医師は，父親からの励ましも（「父はボスで，厳しく冷酷でした。誰も逆らおうとはしませんでした」）母親の暖かさも（「母はいつもひどく忙しくて……庭だけを慰みにしていました」）受けられなかった。F医師はいかなる「弱さ」も抑圧し，勉学や家族に対する義務において，さらなる有能さと一貫性を発揮することを覚えるようになった。

　分析の初期には，彼が「ボス」に向ける激しいエディパルな敵意が焦点となったが，彼は分析家も同類と見ていたのだった。冷酷な「ボス」の表象が彼の幻想生活にそれほど影響力をふるわなくなるにつれ，F医師は転移内で退行し始めた。彼は恋に夢中な思春期の若者が女性教師に「熱を上げる」というような夢を見たが，そのようにして性愛的なテーマが現れてきた。性器期的な性的衝動は分析外の女性へと置き換えられた。さらに転移が強まると，女性への「怒りと軽蔑」が現れ，セッションでは長い沈黙が目立つようになった。患者の退行的衝動と，分析家に対する反応性の攻撃的衝動は次のような夢に表現された。「あなたは引きこもって，受け身な様子でした。私はあなたを叩き始めました。初めのうちそれは怒りでしたが，そのうちにまったく性的なものになりました。悪夢のようでした。私は目を覚ましました。長い

こと目覚めたまま、この怒りは何なのだろうと考え続けました。サディズムではない……復讐です。誰が誰を支配しようとしているのでしょう？」

\* \* \*

　女性が女性を分析する場合、分析家が分析的境界をあまりにもゆるめ過ぎると行き詰まりが起こることがある。こうした行き詰まりは、巻き込みという形で転移‐逆転移エナクトメントが生じたものと説明できる。
　臨床や研究において観察される重要な所見で、対人境界に（そして恐らくは内的境界にも）みられる性差を示唆するかもしれないものとして、ある種のパーソナリティ障害の発生率の性差ということがある。われわれがここで言っているのは、境界性パーソナリティ障害が女性に、自己愛性パーソナリティ障害が男性により高い発生率を示すことである（Akhtar & Thompson, 1982 ; Stone, 1989）。
　境界性パーソナリティ障害（BPD）あるいは境界性パーソナリティ構造の特徴は、カーンバーグ（1977, 1993）によると時々刻々変化する対人間の状況であり、その他——というよりおそらくはそれと関連してのものだろうが——まとまりのない内的状態、自己システムにおける凝集性の欠如、そして原始的防衛の使用（分裂、投影同一化等々）である。ストーン（1993）は「中枢神経系の過敏性の高まり」に注目し、それを怒り、情動が荒れ狂う傾向、自己破壊的行為といったBPDがもつ臨床的症候のうちのいくつかが生じてくる基盤と見た。こうした特徴は透過性の亢進、すなわち内的および外的（対人）境界双方の不安定さに関係したものかもしれない。
　最近出版された研究（Burbiel, Finke, & Sanderman, 1994）では、多数のボーダーライン患者が自己愛と自我境界（「内的および外的な線引き」）を測る特別な手段でテストされた。非ボーダーラインの被験者と比べ、ボーダーライン群は明らかに「欠損のある」（薄い）境界を示した。「ボーダーライン患者は基本的に、自分自身の無意識的ファンタジーの世界に関わる境界の調整ができない。自分自身と他人や他集団、それに対人関係の中で生じてきた要求

との間に，線引きすることができないのだ」(p.9)。

広範にわたる疫学研究および臨床研究（Paris & Zweig-Frank, 1993）によって確証されたことであるが，両親の冷酷さや近親姦にからんで生じた重大で長期にわたる，あるいは反復性の早期外傷・親のアルコールや薬物乱用によって損なわれた中枢神経系・家族内における感情障害の発生は，すべてBPDの発生を促進する要素であった。同様に，薄い内的境界をもった人の病歴には重大な早期外傷が見出されてきた。近親姦はボーダーライン病理をもつ患者の生育史にはよく見られるが，しっかりした内的および外的境界の発達にとってとりわけ有害な影響を与えるようである。シーモア・パーカー（Seymour Parker）(1976) が指摘したように，自分自身という明確で分離した概念を発達させるには，人は参与する人間関係のネットワークを徐々に広げていく必要がある。近親姦のタブーは歴史上あらゆる社会文化的集団で普遍的に観察されるが，これは境界を守りアイデンティティ形成を促すためのものであり，それなくして文化的生活は不可能なのだ。

　第2章でも述べたことだが，この文脈でタスティン（1981）やヤリフ（1989）らは，家族内の境界が固く融通の利かないものであってもそれは自他の障壁として働くため，何の区別もなされない場合ほどには子どもの発達に害をなさないようだと述べている。現れ始めた自己は母からも父からも，生物無生物含めた他の対象からも区別されておらず，通常その子の個人的な経験の中で無秩序に混じり合っている。移行対象と移行空間は，遊びの発達を促し，それを通じて遊びが強化されるところのものであるが（Winnicott, 1953），その発達がこうした事例ではひどく損なわれているように見える。女性にみられるBPD発生率の高さとは対照的に，自己愛性パーソナリティ障害（NPD）は男性により広く見られる。ジョン・ガンダーソン（John Gunderson）とエルザ・ロンニングシュタム（Elsa Ronningstam）(1991) は近年，NPDをもつ患者に特有な性格特徴は，誇大的な自己体験（自分の才能・業績・独自性・無敵さ・優位性への無根拠で非現実的な過大評価）であることを確証した。このような誇大的自己体験を発達させ維持するには，ある程度の非透過

性——対人境界の厚さ——が不可欠と思われる。NPDをもつ患者の多くは他人の批判や不承認に影響されにくく，他人から自分や自分の業績に下される評価に対して目を閉ざしているように見える。彼らはまた強靱な（大部分非透過性の）対人境界を通じて，なんら外的な証拠もないのに誇大的な自己体験を維持できているように思われる。

　ここでランディス（1970）の研究が関係するかもしれない。ランディスは自らの研究にジェンダーを変数として組み入れてはいないが，彼の見出した所見はある種のパーソナリティ障害の性別に関連した発生率の差を概念化するにあたって有用であろう。ランディスはこう述べた。

> 　非常に一般的にいって，I優位［非透過性］の人は課題指向的，つまり自分が最初に設定したゴールに達するまである活動に固執するよう駆り立てられる。これに対し，P優位［透過性］の人は，自分のことだけに没頭し課題指向的であることもあるが，より柔軟にかわりのゴールを受け入れられる場合もある。(pp.134-135)

　もちろん境界例患者がしばしば周囲をコントロールし，家族の混乱の中心となるというのは本当だ。しかしそのようなコントロールが生じるのはむしろ，対人境界が取り払われてしまうことによって，境界性パーソナリティ構造をもつ患者の家族によく認められる無秩序が再生産されることによってであり，他者を遠ざけたり自らコントロールしたりという機序を通じてではない。

　逆転移夢（CTD:countertransference dream）の研究から得られた驚くべき所見からは，対人境界の性差を支持するさらなる臨床的証拠が示されている（Lester et al., 1989）。この研究では，カナダ精神分析協会の会員と候補生全員を対象とした臨床調査が，次のような2つの仮説を検証するために行われた（Zweibel, 1985による）。その仮説とはすなわち，①CTDは分析的関係の乱れを知らせているという仮説と，②そうした夢のほとんどは分析家が恐れたり否認している，自らの能力の喪失の指標として働いているという

仮説である。回答によると（調査に対し75%の回答があった）第2の仮説は確証されなかった。つまりそのような夢の出現率には，分析家候補生・訓練終了直後の分析家・上級分析家の間で差がなかった。転移の強まりとCTDの頻度との間には一定の相関があることが見出されたが，これは多かれ少なかれ予想通りの結果であった。検査対象となった夢の**顕在内容**にみられる性差に関しては，想定外の所見が報告されている。男性分析家の場合には，顕在内容が明らかに性愛的-性的であるようなCTDが多数報告された。女性回答者のCTDでは，顕在内容は主に分析家の私的空間への被分析者の侵入に集中していた。つまり分析家の自宅やオフィスやベッドルーム等々である。

　女性には一般に薄い対人境界がみられるという臨床的・実験的見解は，性別に関連した心理社会的差異についての近年の研究により，確かめられたように思われる。そのような差異についての研究は，純粋にフェミニスト的な調査（Jaggar, 1983）から，科学および科学的知識の枠組みを定める際にジェンダーが及ぼす影響についての研究（Keller, 1985），心理学的研究（Gilligan, 1982），そしてより最近の認知機能における性差の観察（Bleier, 1991；Notman & Nadelson, 1991；Witelson, 1985）まで多岐にわたる。

　著書『ジェンダーと科学』の中でエヴリン・フォックス・ケラー（Evelyn Fox Keller）（1985）は，西洋科学における科学的客観性のもつ男性主義的性格について跡づけ，これを説得力を持って確証した。ケラーは，プラトンが知を同性愛的結びつきにたとえた（すなわち知をエロスとして見る）のに対し，ベーコンは知を異性愛的征服として見た（知すなわち力とする）ことを指摘した。ケラー（1986）はこう述べている。「ギリシャ人のように復讐の女神たちを地下に，視野外に追いやるかわりに，現代科学は女性の内面を暴きそれを白日の下にさらし，そうすることによってその脅威を完全に打破しようとしてきたのである」（p.74）。

　ケラーによると現代科学は，主体（科学者，主として男性）と客体（自然界，母，女性）の間に明瞭な区別をもうけたという。ケラーによれば母に抗い母から分離したいという男性の欲求こそが，主体と客体の融合や同一化の

体験をいっさい拒絶することの原因であるという。というのもそうした体験によって，二者間の境界が弱まりかねないためだ。

キャロル・ギリガン（Carol Gilligan）（1982）の有名な研究は，道徳心理学の男性主義的性格に疑義をとなえ，これを同定するために特にデザインされたものだ。彼女に先行する研究では，道徳的発達や論理的な道徳的思考において，男性の研究で測定されたような最高の水準に女性は達しないと示唆されていたが（Kohlberg, 1981），その結果に彼女の所見は異議を申し立てたのである。ギリガン（1982）は有名な著作『もうひとつの声』で，ローレンス・コールバーグ（Lawrence Kohlberg）が道徳的発達という彼の概念を具体的な人間的状況からはかけ離れた抽象的な原理の上に打ち立て，人間どうしの絆の重要性を無視していると指摘した。行われる検査のデザインにそのような点が考慮されていれば，女性も道徳的判断において男性と同等の力を示したのである。ギリガンの研究が明確に示したのは，女性にとってはつながりを保ち人間どうしの絆をよりよいものにすることの方が，道徳的行為の抽象的な原理を理解することより高い優先順位をもつということだった。ギリガンの発見は，道徳的良心（超自我）の発達に関する精神分析的概念の再評価に重要な影響を及ぼした。

ロバート・レヴィーン（Robert Le Vine）（1991）が概説するように，人類学的研究の示唆するところでは，ジェンダーの二形性は生物学的要素と社会文化的要素の相互作用にもとづいて，あらゆる社会において存在し，かつ有史以来存在し続けてきたという。あらゆる文化において女性は，乳幼児や子どもの世話をし，子どもがちゃんと社会で適切に機能できるようにするためのケアを提供することを期待されている。こうした労働の区分は，不可避的に女性に対しての性役割を形成し，限定する。ジェンダーの二形性は，人生早期から目に見える形で顕れてくるとレヴィーンは指摘した。3歳から6歳の男児はどんな環境でもよりアグレッシブでむちゃくちゃな行動を示すが，一方同年代の女児はより人の心を動かすような，コミュニカティブな言動を示すのである。

性別による行動の違いに関する過去の研究では，女性の方が自分の機能する人間関係内で，つながりやコミュニケーションを保つことへのより大きい欲求をもつことが確かめられている。一般的に女性は情報収集にコミュニケーションを用い，また音に敏感で，乳幼児期には母親の声に大変よく反応する。加えて表情やスピーチ・パターンそれに声の調子により大きく反応し，男性よりも社交的な文脈に気を配っている。男性が空間性の検査により高い能力を示す一方で，女性は早くから言語的能力を示す。ワイテルソン（Witelson）（1985）らは一種の神経二形性を提唱し，男性の方がよりはっきりとした大脳両半球の分化（より明確な側性）を有するのではないかと言っているが，この仮説は大いに疑問ともされている（Bleier, 1991）。

　精神分析的素養をもつ研究者らによる直接観察に基づいた近年の乳幼児研究を概説して，マルカン・ノットマン（Malkan Notman）とキャロル・ナデルソン（Carol Nadelson）（1991）は次のように述べた。「概して言えば，女児と男児に二つの異なったパターンが現れた。新生児女児は神経系が安定していて，外界のことがよくわかるようになり，見つめたり発声したりがより盛んになると，養育者とさらにつながりを深める潜在能力を示す」（p.32）。絆の形成とアタッチメント（最初の1年目で達成される画期的出来事）についても，重要な性差が観察されている。

　　男児はよりかんしゃくを起こしやすく，鎮めたりなだめたりしても反
　　応しにくいため，過度な刺激は男児新生児には問題となりやすい。男児
　　のより不安定な神経系には，母親のするおどけた顔や凝視はあまりにも
　　賦活的に体験されるかもしれない……騒いだり泣いたり視線をそらした
　　りといったことが多くなるのは，こういう行き過ぎた賦活によるものか
　　もしれない。(Notman & Nadelson, 1991, p.32)

　絆の形成とアタッチメントがこうした理由である程度遅れたり，ことによってはひどく阻害されることもあるのかもしれない。

## ジェンダーと内的境界

　第1章で述べたように，内的境界の簡潔かつ明確な概念化に最も近づいたのは恐らくフェダーン（1952）であろう。当時彼には限られた理論的ツールしかなかったにもかかわらずである。彼は内的境界を，自我と無意識的ファンタジーや願望等との間の線引き（すなわち自我とイドの間の線引き）として，また自我と超自我の無意識的側面との間の線引きとして描いた。しかしながら現代の理論的前提からいえばこのような概念化は，今日の分析家が理解するところの内的境界の性質と機能を説明するには不適切だろう。

　精神分析における構造論モデルの衰退は，「心的装置」に関しては概念的な空洞を生んだ。対象関係論も自己心理学も間主観的な関係性モデルも，すべて主として相互交流の問題を扱っている。近年の精神分析的文献の焦点は，分析中に生じる相互交流の過程の詳細な吟味や，転移と逆転移の問題に移っている。吟味の対象はさらに，他の対人的出会いへと，また早期の発達過程やそれと認知的・情動的および象徴的機能の病理との結びつきへと拡がっている。近年の認知神経科学熱の高まりの中で，精神分析は臨床的過程や他の交流の過程に焦点をあてるようになった。精神分析的手法の適用と，新たな問いに関する徹底的な観察および研究を通じて精神分析が理論構築に貢献しうるのは，こうした領域においてである。現時点では脳およびある特定の神経生理学的機能の理解は，臨床観察のみにはゆだねられないのである。

　前述したようにハルトマン（1991）は，フェダーンの自我心理学的概念を避けて「精神内の」境界について書いた。しかし境界の概念化を試みるにあたりハルトマンは多くを詰め込みすぎて，定義は結局とらえどころのないものになってしまった。だから「われわれの感覚への入力のごく単純な水準において境界は存在する」とハルトマンが述べる時，彼は知覚の鋭敏さとか場依存性－場独立性（すなわち思考を集中する能力，より正確に言うなら課題指向的な思考をある点に集中する能力であり，また「汚染してくる」思考をさ

けて情緒をもちこたえる能力）を扱ってしまっている。さらに彼が**共感覚**（訳注1）について次のように説明する際にも，同様の傾向は明らかである。「それぞれ異なる感覚様相（センス・モダリティ）から諸知覚が集まること，あるいはより厳密にいうと，ある感覚様相において，別の感覚様相で生じた感覚に反応してイメージが発生すること」(p.23)。彼はさらに意識の変容した状態についても，思考から感情状態，ファンタジー，それにもの想いへの移行として触れた。

　ハルトマン（1991）は自身の思想を練り上げてゆくにあたって，防衛機制を境界に密接に関係するものと見た。たとえば抑圧はつらい記憶や心を乱す衝動を「遮断」する（気づきから遠ざけておく）ことを含み，隔離は思考から情緒を「遮断」しておくことに関係し，知性化は「ある問題を全体的に情緒的に扱うことを避けるために，言葉と抽象概念の壁を築く」(p.39) ことによって隔離を強化しているのだろうと述べている。

　モートン・ライザー（Morton Reiser）（1990）が指摘したように，周囲環境からの情報を含む感覚記録は，処理を容易にするためにまずさまざまな諸要素（大きさ，色，情動的トーン等々）に分解される。こうした諸要素は続いて，知覚され，大脳連合野において蓄えられ，記憶されるために再構成される。再構成の間に，新たに知覚された内容はすでに大脳連合野に蓄えられた関連する知覚内容と結合される。この結合は，覚醒と注意に関わる脳幹中枢や，情動状態を制御している皮質下の構造に影響を受ける。「大脳皮質のシステムと皮質下のシステムは相互に結びつき合って複雑な神経網を作り上げているが，そこには重複した処理ができるように設定された多くのリエントリー路やフィードバックやループ内ループが含まれている。こうした認知機能に必要な計算は，驚くほど複雑なものだ」(pp.132-133)。

　こうした概念的枠組みにおいて見るなら，薄い境界あるいは厚い境界の発達には，生物学的影響と環境的影響の両方が関与しているのだろう。たとえばハルトマン（1991）の被験者では，境界質問票でくわしく調査すると，あ

---

（訳注1）共感覚 synesthesia：ある音を聞いてある色彩を感じるように，ある刺激によって別の種類の感覚（二次性感覚）を起こすこと。

る種の芸術的センスをもつ個人が内的境界のスペクトラムの薄い方に属す結果が見られた。芸術的センスはシナプス結合の複雑さを基盤としているのかもしれない。もっともこのような「複雑さ」だけが高い水準の芸術作品を生み出す十分条件ではないだろうが。

　ハルトマン（1991）はまた，境界の性差についても実証することができた。境界質問票を多数の個人に施行する中でハルトマンらの研究チームは，おおむね女性の方が「男性より顕著に薄い——約20点は薄い」(p.131) 結果を示すことを確証した。この質問票はジェンダー・バイアスを避けるよう注意深く構成され，すべての項目はジェンダー・ブラインドであった。

　また，まだそうとは同定されていない他の生得的要因が，薄い境界や厚い境界の発達に関与しているのかもしれない。ハルトマン（1991）はノルエピネフリンとセロトニンの二つの神経伝達物質が，発達における境界の「成熟」（厚化）に重要な役割を果たしている可能性を唱えた。彼はこう述べている。

　　大脳皮質においてこれら二つのアミンの活動性が総じて高まると，意識の清明な状態と類似したような状況が作られるが，これが境界の相対的な厚化に関係すると考えられる。他方それらの活動が低下すると，REM睡眠により近いような状況が生じ，これは境界の比較的な薄化に関係するのではないか。(p.240)

　臨床的なうつ病はこうした脳内アミンの代謝の乱れと関係し，選択的セロトニン再取り込み阻害剤（SSRI）に属する抗うつ剤はこのような乱れを正すためのものだとされてきた。いくつかの疫学研究でうつ病は女性により広く見られることが示されているが，こうした違いが生得的要因に関係するものなのか，社会文化的影響によるものなのかはまだ明らかでない。同様に，悪夢の発生率が女性に高いという報告があるが，生得的要因と環境要因のどちらにも関係したものかもしれない。

　レヴィンら（Levin et al.）(1991) はこう述べる。「最近のいくつかの調査

によると，反復性の悪夢は比較的よく見られるものの，頻回の発作にみまわれるのは精神科受診歴のない一般人口のうちごく少数に過ぎないこと，そして女性には男性より高頻度に悪夢の報告が見られることが分かっている」(p.63)。著者らは憶測に過ぎぬかもしれないと認めつつも，仮説として「あらかじめ存在する薄い境界という状態，それは恐らく自己表象および対象表象の不完全あるいは断片的な内在化と関連したものであろう……それが一次過程思考への接近を容易にするのかもしれない」(p.72) と述べている。

　内的境界の発達に性差をもたらしうる環境からの影響という点に絞っていえば，そのような要因の存在を立証した臨床所見や研究報告は，少なくとも西洋社会には今のところない。しかし早期の性的外傷は環境によって子どもに加えられるもっとも暴力的で致命的な「侵襲」(Winnicott, 1960) であり，薄い境界の発生に特別な役割を果たす。そのような外傷の被害者となるのは女性の方がはるかに多いが，発育途上の男児への影響もまた同じくらい有害であろう。

　早期の性的外傷（すなわち前潜伏期か潜伏期早期，まだ子どもが外の世界に接し関わることのできない頃に始まったもの）は，その大部分が近親姦と考えられる。早期の性的外傷がもつ近親姦的な性質は，内的境界の発達にとりわけ有害かもしれない。というのも家族内における限界や枠組みの欠如は，その出来事の秘匿や否認とあいまって子どもの中に，自分の知覚している現実の妥当性についての，きわめて原初的で深い混乱と疑いの状態をつくりだすからである。

　早期の性的外傷が子どもの発達に及ぼす影響についての詳細な文献がある（Arvanitakis, Jodoin, Lester, Lussier & Robertson, 1993；Browne & Finkelhor, 1986；LeVine, 1991）。早期の性的外傷と境界性パーソナリティ障害とが結びつくことはしばしば見受けられるが，それに加えて，高頻度で見られる症候のうちの二つは，内的境界の強化における独特の障害に関連したものかもしれない。ここで言っているのは，こうした患者によく見られる解離状態（自己感や時間・空間の感覚が障害された状態）と，悪夢の高い出

現率のことである。

コンスタンティノス・アルヴァニタキス (Konstantinos Arvanitakis) ら (1993) は，早期の性的虐待の成人サバイバーの半数以上が頻繁な悪夢に悩まされていると報告した。こうした悪夢に特有の内容は，内的境界の発達に生じた深刻な障害を示唆するものである (Arvanitakis et al., 1993; McCarthy, 1994)。

こうした悪夢のあるタイプでは，夢の恐怖は体の統合が失われることや，身体機能の完全な障害で表現される。ある女性患者は次のような夢を報告した。

　私の口はピンでいっぱいでした。それは口の中の歯肉に刺さっていたのです。ピンを吐き出そうとして私は前へとかがみました。吐き出せば吐き出すほどピンは増えていきます。ピンは安全ピンに変わり，そしてまた1つずつ連なり合ったペーパー・クリップに変わりました。私はそれをどんどん引っ張り出していますが，自分が引き出しているのが自分の腸であることに突然気づきます。この調子で引き出していたら死んでしまうでしょう。恐怖で目が覚めました。(Arvanitakis et al., 1993, p.578)

父親に性的いたずらを繰り返されていたある女性患者は，次のような夢を見た。

　私の体は腐りつつありました。自分の頭が見えます。黒ずみつつありました，腐敗の色です……その夢の中には，喪失の感じがありました。私は絶望していました，自分には心しかないのです……体のない人間です……境界がありません。私はきっとビニール袋に入れられてそこらを運ばれているのでしょう。(p. 579)

詳細に記録されたある事例でも（McCarthy, 1994），これと似たような境界の欠如と安全な内的現実感覚の欠如が患者の悪夢に観察されている。

　　潜伏期のなかば，［患者は］巨大な駅でトンネルから出たり入ったりする電車の夢をたくさん見た。プラットホームには番号がついておらず，駅の時計の文字盤には数字も針もなく，電車には運転手がおらず，駅には全く人がいなかった。(p.6)

さらに急性不安と結びつき反復して見られたもう一つの夢は，「糞尿がいっぱいの運河で埋め尽くされた月面……人っ子一人いない，まったくの荒涼」(p.7) の夢であった。

　こうした悪夢の頻度や内容は内的境界の「不適切さ」（薄さ）の程度を示しているかもしれない。自己アイデンティティの障害，解離現象それに拡散の恐怖――早期の性的虐待によく見られる症候――も見られうるが，これも部分的には同様の「境界病理」の臨床的表現であろう。早期の性的虐待と結びついた症候は女性により広く認められたが，これは女児の方が近親姦の被害者となりやすいためである。しかしだからといってそうした症候を，一義的にジェンダーに関連するものとは見なせない。他方で女性に悪夢が多いことは，おおむねこうしたことによるのかもしれない。

　この問題の理解において現時点では，こと対人（外的）境界に関しては，信頼できる臨床研究や実験研究に基づいて性差（すなわち女性における透過性の亢進）が報告されていると結論づけてよいだろう。生物学的要因と文化社会的要因の両者が作用しているものとわれわれは考えている。しかし内的境界については，それほど明確な定義がなされていない範疇でもあり，性差の存在を支持する決定的証拠はまだない。

# 第5章

# 精神分析における境界侵犯の初期の歴史

1911年12月31日、フロイトはカール・ユング（Carl Jung）に、懸念している問題について書き送った。

> C夫人はあなたとプフィスターについていろんなことを話してくれました。もっとも彼女のほのめかしを「話した」と言ってよければですが。推察するにあなた方はいずれも、臨床の際に必要な客観的態度をまだ身につけておられないのではと思います。つまりまだかなり巻き込まれており、あなた方自身を相当捧げ、その見返りに患者から何かを与えられるのを期待しているのです。お偉い老師のような口を利いて申し訳ないのですが、そういうやり方はいかなる場合でもお勧めできないのであり、いつでも控えめで純粋に受容的な態度でいるのが一番です。決してわれわれの気の毒な神経症者たちをして、われわれの気を変にさせるように仕向けてはならないのです。「逆転移」についての論文がぜひとも必要です。もちろんわれわれはそれを出版することはできませんが、仲間内でその写しを回し読みせねばなりますまい。(McGuire, 1974, pp.475-476)

80年以上経っても、逆転移性のエナクトメントと性的境界侵犯についての同じような懸念は精神分析の専門家をつねに悩ませている。けれどもフロイトとは違い現代の分析家のほとんどは皆、逆転移についての議論を包み隠す必要はないと考えている。われわれのジャーナルには、著者が仕事の中で経験した逆転移の問題を率直に開示した科学的寄稿論文が、絶えず掲載され

ている。分析家による逆転移性のエナクトメントは不可避であり，かつ過程に有用なものと多くの人々に見なされているのだ（Chused, 1991；Gabbard, 1994；Jacobs, 1993a；Renik 1993）。

しかしながらエナクトメント概念が熱心に論じられるのはほとんどの場合，それが**部分的**にとどまり，分析家はそのエナクトメントが重大かつ非倫理的な境界侵犯につながらぬうちに自制するものという前提あってのことだ。実際エナクトメントは，体の姿勢を微妙に変えることから患者と開けっぴろげな性的関わりをもつことまで，さまざまな程度で生じている。しかし分析的枠組みの著しい侵犯を含むようなより深刻なエナクトメントは，われわれのジャーナル上にも学会の公開フォーラムにも現れてこない。

プロフェッショナルな境界という考え方は，比較的最近になって分析の実践に付け加えられたものだ。フロイトと初期の弟子たちは，相当の試行錯誤にどっぷりはまりつつ精神分析の技法を編み出していった。フロイトの仲間たちの大部分は技法を確立しようと粘り強く努力しながら，重大な境界逸脱を引き起こす立場へと巻き込まれていった。フロイトが1910年の書簡でプフィスター（Pfister）に書き送っているように，「転移は実際，大変な試練」（Meng & Freud, 1963, p.39）なのである。この章の冒頭で引用したフロイトからユング宛ての1911年の書簡が示唆するように，逆転移という概念はまだ体系的に吟味し尽くされていなかったため，多くの分析家は自分に何が起こっているのか理解するためのしっかりした概念的枠組みをまだもたなかったのである。

精神分析の歴史における境界侵犯の研究は，転移・逆転移概念の発展についての研究でもある。アンドレ・ハイナル（Andre Haynal）（1994）が指摘したように，転移・逆転移それに分析家側のちょうどよい情緒的関与の程度についての問題は，すべて境界侵犯を含む三角関係の文脈内で展開していった。初めカール・ユングとザビーナ・シュピールライン（Sabina Spielrein）の関係においてフロイトは第三者であったが，それからほどなくしてシャーンドア・フェレンツィ（Sándor Ferenczi）とエルマ・パロシュ（Elma Palos）の問題含みの関係を解決せざるをえなくなった。最後に，フ

ロイトがアーネスト・ジョーンズ（Ernest Jones）の内縁の妻ロー・カン（Loë Kann）の分析にあたった時にも似たような三角関係ができた。

　最近出版されたフロイトとユング，フロイトとフェレンツィ，それにフロイトとジョーンズの往復書簡は，精神分析における境界逸脱の背後にある力動についてまれにみる洞察を提供した。分析家たちはこうしたものを，ただ歴史的価値やゴシップ的興味だけで読んでいるのではない。われわれは精神分析的状況がもつ基本的な脆弱さを理解しようとしてそれらを研究した。サンタヤーナ[訳注1]をもじって言い換えるなら，境界侵犯の歴史を学ばない者は，自分自身の患者との間でまたそれを再演する運命に追いやられるかもしれないのである。

　ヒステリーの患者たちとの初期の仕事においてフロイトは，患者がしばしば分析家に恋をし，お返しに自分も愛されたいと期待するものであることを学んだ。

　　少なからぬ事例，特に女性で性愛的な思考の連なりの解明が問題になる場合には，患者の協力は私的な犠牲行為となり，それは愛情に対する何らかの代替物によって償われねばならなくなる。医師が労をとり親切をしめすことが，それに対する代替物となるのだ。（Breuer & Freud, 1893-1895, p.301）

　ローレンス・フリードマン（Lawrence Friedman）（1994）が力説したように，精神分析的状況は誘惑の要素を含んでいる。分析家によって患者は愛情を期待するようそそのかされるが，一方分析家は愛情にかわるあいまいな代替物しか提供しないことが多い。その代替物の性格を明確に定義づけることはなお困難だとフリードマンは認めている。

---

（訳注1）サンタヤーナ George, Santayana（1863-1952）：スペイン生まれの米国の哲学者・批評家・詩人。1912年以後ヨーロッパで活躍。彼の言葉に「過去に学ばない者は過ちをまた繰り返すように運命づけられている」というものがある。

愛かその代替物かという迷いは，精神分析的技法を編み出す途上でつねにフロイトを悩ませ続けた。患者に積極的な関わりを維持させるのに転移性恋愛がもつ力を思い知らされたフロイトは，ユングに「治癒は愛によってもたらされる」(McGuire, 1974, pp.12-13) と書き送っている。一カ月あまり後のウィーン精神分析協会議事録に記された発言は，この見方を裏付けるように思われる。「われわれのもたらす治癒は，愛による治癒である」(Haynal, 1994, p.xxvi にて引用)

19世紀末から20世紀初頭という時代において，フロイトの転移理解はかなり初歩的なものであったことに注意すべきである。フロイトにキスされたいという願望をもつに至ったある患者のことを書いた記述で彼は，そのような願望は転移の現象を通じて生ずるものであり，「誤った連想」(Breuer & Freud, 1895, p.302) によるものだとしている。これがフロイトの書いたもののうち**転移**という語が初めて現れるくだりである。エミー・フォン・N夫人についての考察における詳細な脚注でフロイトは (Breuer & Freud, 1895) この概念をさらに詳しく述べている。そこでの記述は彼が転移についてかなり限定した見方をしていたことを反映しており，具体的には，無意識的な連想が浮かんでこない時，患者は自分の行動を説明するために意識的あるいは誤った連想をこしらえ出すというのである。転移性恋愛は本来的に「誤った」あるいは「本当でない」ものというこの発想は20年後『転移性恋愛について』(Freud, 1915b) の中で再び取り上げられ，相当詳細に論じられた。この論文を注意深く読むとフロイトは，患者の過去の重要人物への無意識的な連想からくる面に加えて転移性恋愛には「本当の」面もあると認める方向に，自分の考えを微妙に変えていることが分かる。

転移性恋愛は分析設定外の愛と類似したものかあるいは異なるものかを解明しようと苦闘する中で，フロイトは曖昧なことを言っているようにも見え (Gabbard, 1994b；Schafer, 1993)，それが今日までこの問題に曖昧な空気を残している。ドラの事例報告の補遺でフロイトは (1905a)，転移が過去のドラマの性愛的再演を含むことを認めている。もし過去の経験が肯定的なもの

ならば，患者は転移においても示唆に従い従順にふるまう。もし否定的なものならば患者は抵抗的になる（Kerr, 1993）。

　フロイトはベルネームのような人物たちに影響されていたため，説得や暗示も精神分析治療の積極的な要素と見なしていたものと，多くの研究者たちは考えてきた。しかし実際には，彼の立場はもう少し複雑である。フロイトは治癒が催眠によるものであれ精神分析によるものであれ，本当は性愛的な引力が治癒をもたらすのだと見ていた。ユングとの往復書簡で彼は，患者は分析家に性愛的に引きつけられるがゆえに，分析家の解釈を理解し耳を傾けようとするのではないかと述べている。

## フロイト，ユングそしてシュピールライン

　転移・逆転移そして愛の概念を打ち立てようとしたフロイトの苦闘は，ユングとの往復書簡に垣間見られる。1904年にユングは，彼の初めての分析ケースであったザビーナ・シュピールラインを約2カ月にわたって分析した（Kerr, 1993）。終結後ユングとシュピールラインは，ユングの心理学実験室で職業上の関係を結ぶようになった。シュピールラインが医学部の学生となると，二人の友情はさらに強まった。この友情のさなかにも，かつての分析家−患者関係の面をよみがえらせる面接が間欠的に行われた。初めの2カ月の治療から4年後ユングとシュピールラインは嵐のような情事に陥ったが，ユングが関係を終わらせようとした際シュピールラインがユングを攻撃し激怒させて，関係は終わった。関係を終わらせようとしたユングの努力に対して彼女が示した反応は，このような情事のなりゆきとして珍しくないもので，「中断外傷」（Gutheil & Gabbard, 1992）と呼ばれてきた。

　ユングとシュピールラインの関係は，なぜそれほど多くの「終結後」の恋愛関係が分析中の恋愛関係と同じ難しさを呈するかを，説得力をもって示す実例である。治療は公的には終わったが，その関係がもつ転移−逆転移の次元は，治療の公的な制限の外にある彼ら自身の実生活とともに続いていたの

だ。こうした現象については第8章でさらに詳しく論じる。

　ユングとシュピールラインが実際に性的な交わりに及んだかどうかは，書簡や現存する他の文書からは定かでない。しかし「したか，しなかったか」という細部は，分析後何年にもわたって境界のない関係をもち続けていたことと比べればさほど重要ではない。ジョン・カー（John Kerr）（1993）とアルド・カロテヌート（Aldo Carotenuto）（1982）の学識がユングとシュピールラインの関係を十分詳細に再構成してくれたお陰で，そういう関係がどのように進展するか，その資料から多くを学ぶことができる。

　ユングの最初の患者として，シュピールラインはきわめて特別だった。ユングに魅了されてシュピールラインは，医学部に進み学生かつ友人という役割へと進んだ。二人はお互いを，神秘的でテレパシー的な絆で結ばれた魂の友人(ソウル・メイト)と見るようになった。ユングはオカルトや超心理学に関心をもつ傾向があったが，シュピールラインと自分は言葉にしないでもお互いの考えていることが分かると確信するようになった。

　1905年にフロイトの症例ドラが発表された後でさえ（Freud, 1905a；Kerr, 1993），ユングが明らかに「転移」という用語を避けたことは特筆に値する。彼は最終的には「トランスポジション(トランスファレンス)」という語をかわりに用いている。精神分析における転移という考え方には，そもそもどこかしら屈辱的な響きがある。分析家は自分の魅力を超えるところである力(マグネティズム)が働いていることを嫌でも認めねばならない。もし他の分析家がその椅子に座っていても，似たような感情がわき起こるというわけだ。自分の患者に恋して性的な関係におちいる分析家は，しばしば自分に向けられた患者の気持ちをもっぱら自分に向けられたものと信じたがり，それほどに激しい感情が他の誰かに移し換えられることがありうるなどと考える辛さには耐えられないのである（Gabbard, 1994f）。

　ユングとシュピールラインの関係のもう一つの次元が，カー（1993）による当時の彼らの論文の心理学的なテーマの分析によって明らかにされた。ユングは恐ろしくて破壊的なものとしての母親イメージに取り憑かれていた。

明らかに彼自身の母親に対する激しい怒りのせいでユングは，男性にいまわしい冥界への神話的降下をもたらす，悪意ある近親姦的な母親イメージに拘泥していた。同時にシュピールラインの論文は，愛には必然的に破壊がともなわざるを得ないことを扱っていた。カーが述べているように，「その二つの，つまり彼と彼女のテキストは，忘れられた会話の分断された片割れどうしのように，互いに隣接している」(1993, p.333)。

長らく無視されてきたシュピールラインの主張はさらなる研究に値する。セクシュアリティはいつも暗黙裏に，自己溶解の危険をはらむ。ダーウィン説によると種の保存は，個人への自己愛的な備給より上である。セクシュアリティは解体を含むという彼女の考え方は一部には，快楽よりも融合がむしろ性交渉の目標とするところではないかという彼女の見方に基づいていた(精神分析の臨床家が患者の性的ファンタジーを探索する中で，しばしば間違いないと知る仮説である)。したがって自我はいつもある水準でセクシュアリティに抗していなければならないのであり，シュピールラインは自己の解体への防衛は死と破壊の内的イメージをとることが最も多いと示唆している。

セクシュアリティと死の結びつきは，伝説（トリスタンとイゾルデ）や口語的表現（オーガズムをさすフランス語の**小さな死** la petite mort）や詩（ジョン・ダン<sup>(訳注2)</sup>の詩）の中にも，何世紀にもわたって観察されてきた。しかしシュピールラインによってつくられた結びつきは，彼女がかつての分析家との間で巻き込まれた関係にとって特別な意味合いをもっていたと考えられるのである。事実，その関係はユングの職業人生をもう少しで破壊するところまでゆき，シュピールラインを絶望の淵へ追いやった。ユングはシュピールラインの母親に宛てた長々しい手紙の中で，自分は提供したサービスの対価を彼女に要求したことはないと説明することによって，自分の非倫理的な行為を合理化して言い逃れようとした。

---

(訳注2) ジョン・ダン John Donne（1573-1631）：英国の詩人・聖職者。Metaphysical poets の指導者。St. Paul 寺院の首席司祭（1621-31）。

私は専門家としての責任を負っているとは感じなかったので、なおさら医師としての役割をたやすく降りることができました。というのも私は、料金を課したことがなかったからです……しかし医師は自分の限界を知っており、決してそれを超えないでしょう。というのも医師はそうした労苦に対して**支払いを受けている**からです。それが医師に必要な制限を課すのです。(Carotenuto, 1982, p.94)

　また別の手紙では、彼はシュピールラインの母親に向かってこう言っている。「私はいつも娘さんに、性的な関係などありえないことで、私のしたことは友情の表現のつもりだと話してきました」(Kerr, 1993, p.207)。ユングはのちにフロイトに対して、彼自身がシュピールラインの母親と交わしたやりとりを評し、やや「破廉恥なしわざ」だったと述べている。

　近年の分析家による性的な境界逸脱の多くは、ある意味でシュピールラインの主張を裏付けている。もっとも目立つ側面の一つは、誰にも一目瞭然なのに本人だけは自覚しない、分析家の行動にみられる自己破壊性である。分析家は子ども時代の自己犠牲の願望に関連したマゾヒスティックなシナリオを、無意識的に実演しているように見える。しばしばこうしたファンタジーの細部には、親への近親姦的な願望のままに行動して、禁じられた快楽の行為に対する報復と懲罰を体験することによって「輝かしい栄光のうちに死に」たいという願望が含まれる。患者と性的関係を遂げることは、こうした動機を実現する特別な手段を与えることになる。こうした状況を抜け出すためユングは最終的にはフロイトの助けを求めたが、しかしシュピールラインは自分が利用されたのだという思いを抱き続け、その関係によって深く傷ついたのだった。

## フロイト、フェレンツィそしてパロシュ

　フロイトはのちに、フェレンツィによるエルマ・パロシュの治療でも同じような事態を観察することになる。フェレンツィはそれ以前にエルマの母ギ

ゼラ（Gizella）を分析していたが，彼女は既婚女性で，かつてフェレンツィの愛人であった人である。フェレンツィはエルマを分析するうち彼女に恋するようになり，最後にはフロイトを説得して治療を引き継いでもらった（Dupont, 1988；Haynal, 1994）。その後起こってきたのは，かなり驚くべき境界侵犯の連続であった。フロイトはフェレンツィに，エルマの精神分析療法の内容について，それも特に彼女が今もフェレンツィを愛しているかどうかについて定期的に報告した。彼はギゼラに，フェレンツィについての秘密の手紙を書き送りもした。ついにはフェレンツィはエルマを分析に連れ戻したが，彼女は結局アメリカ人の求婚者と結婚してしまい，フェレンツィはギゼラと 1919 年に結婚した。

　フロイトとフェレンツィの往復書簡から，フロイトがこの状況をめちゃくちゃでひどく苛立たしいものと考えていたことは明らかである（Brabant, Falzeder & Giampieri-Deutsch, 1994）。1911 年のギゼラ・パロシュへの手紙で，彼は次のように述べている。

　　最大の問題はこれです。つまりその男が完全なる意味で母親の愛人であった事実を隠蔽されながら，生涯にわたる婚姻関係を築こうと人は望むものかどうか？　そして彼女がそれを知るに至っても，善意に解釈して申し分のない態度で乗り越えるものと信じてよいものかどうか？（pp.320-321）

　フロイトは，ギゼラの方がフェレンツィにとっては望ましい相手に違いないという自分の思いを隠そうとはしなかった。エルマは父親から溺愛されスポイルされており，愛される資格もないし愛するに値しない等，フェレンツィとのやりとりの中でフロイトは何度もエルマをこきおろすようなことを述べている。ジュディス・デュポン（Judith Dupont）（1994）はこの中立性からの背反を，若い奥さんと子どもたちがフェレンツィの献身を精神分析的「大義」から逸らしてしまうのではというフロイトの懸念の反映であると説明した。

フェレンツィは，エルマの治療を中断して彼女をフロイトに送った際には，この状況についてある程度把握していたようである。1912年の元旦，彼はフロイトにこう書いている。「ここでの問題は結婚の問題でなく，治療の問題であると認識すべきでした」（Brabant et al., 1994, p.324）。同じ年の1月20日，彼はフロイトに宛てて次のように書き送った。

> 彼女から私への愛はほとんどの部分父親転移であり，容易に他の誰かが対象としてとって替われるようなものであったことは，もちろん分かっています。当然のことながらそういう状況では私とて，もはや自分を花婿と思いなすことはできません。（Brabant et al., 1994, p.331）

内的境界（すなわち自己表象と対象表象の間の境界）とフェレンツィの性愛的逆転移との関係が，ここでは問題の核心であったように思われる。フェレンツィはエルマを精神病かあるいは精神病に近い水準と見ており，また明らかに見てとれる自己と対象の融合と，彼に対する彼女の空けっぴろげな態度とに魅了された。同様の現象がのちにユングのキャリア上でもトニー・ヴォルフ（Toni Wolff）との間で起きたが，しかしユングの追想の中でこの出来事を記述した章は削除されてしまった（Kerr, 1994）。

このめちゃくちゃな状況にも関わらず，続いてフロイトはフェレンツィを分析に導入したが，それは1914年から1916年の間に3回に分けて行われた（そのうちいくつかは2〜3週の休暇の間に行われた）。より非公式な分析は1908年や1911年の夏にも行われている。フロイトは分析的な関係を持ち込むことで友情を危険にさらしはしないかという懸念をある程度はもっていたようだが，それでも突き進んだ（Haynal, 1994）。引き続いての分析（われわれはこの言葉を意図的に使っている）は，フロイトとフェレンツィがクラーク大学での講義のためにアメリカに向け共に船旅に出た後に行われた。船上で彼らはちょっとした相互分析をしたのである。ハロルド・ブラム（Harold Blum）（1994）は，続いて訪れた彼らの分析的仕事の時期は「分析的出会い」

と考えられるべきと示唆している。フロイトはフェレンツィに「息子へ」と呼びかける手紙を書き，その中で1日に2セッションをもち，他方一緒に食事もしようと提案している。だから分析的関係は，師と学徒，親友それに旅仲間など他の関係と同時並行で生じていたことになる（Blum, 1994）。そればかりか，フロイトは明らかにフェレンツィが自分の娘と結婚することすら願っていた（Haynal, 1994）。

　フロイトに公正を期すために言うと，このような友人と被分析者との間の役割の曖昧さのために，彼は多少のおののきをもってフェレンツィの分析を行った。実際彼ら二人の往復書簡が示すところでは，フェレンツィはフロイトに自分を分析するようにと随分圧力をかけ，フロイトも相当逡巡したのちついに折れたらしい。他方でフロイトはマックス・アイティンゴン（Max Eitingon）を路上で散歩しながら分析したり，カータ・レヴィ（Kata Levy）を夏休み中に彼女の弟の家で分析したりもしていた（Dupont, 1994）。フェレンツィは明らかに，おもねりの忠誠に隠された恨みを抱いて分析過程に入ったようだ。1919年5月23日の手紙で，彼はフロイトに次のように述べている。

　　エルマはやめたほうがよいという助言を頂いた瞬間から，私はあなたの人格に対して精神分析でさえも乗り越えられないような抵抗をもつようになりましたが，それもひとえにこの私の傷つきやすさのせいでした。この無意識的な怨恨を胸に抱きつつも，私は忠実な「息子」としてあなたのご助言にすべて従い，エルマと別れて現在の妻のもとに戻り，違う方向へと向かおうとする無数の意図にも反して彼女のもとに留まりました。（Dupont, 1994, p.314 にて引用）

　フロイトはフェレンツィの陰性転移を分析しなかったため，フェレンツィは分析後もフロイトへの憤りを抱き続けた。フロイトは1930年1月20日の手紙でこう自己弁護している。

しかしあなたはこの分析が 15 年前に始まったことを忘れています。当時私たちは，このような反応が全例で必ず生じるとはまったく知らなかったのです。少なくとも私は知りませんでした。考えてもみて下さい，私たちの素晴らしい関係のことを思えば，敵対心のしるしが表面化するまで，この分析をどんなに長く続けねばならなかったでしょう。(Dupont, 1994, p.314 にて引用)

同じ手紙から読み取るにフロイトは，以前からの友人を分析することは勧められないという認識に至ったようである。「私は気づいたのですが，物事をわれわれの分析と結びつける中であなたは，私を分析家という役割に押し戻してしまったのです。正真正銘の友人に対して私が二度と取ってはならなかった役割に」(Dupont, 1994, p.314 にて引用)。

エルマと結婚したいという望みは諦めたものの，フェレンツィはその後も他の形での問題含みの境界侵犯に手を染め続けた。フロイトとの仲違いの後，「訓練」分析のことに深い恨みを抱きつつ，彼は相互分析の実験を始めた。4 人のアメリカ人女性患者とともに，彼はまず 1 時間彼女らを分析してから，続く 1 時間で患者に彼自身を分析させるという試みを行った。当時の日記の記載は彼が，患者によって癒されたいという自分自身の欲求に困惑していたことを示している。「われわれの心もまた多かれ少なかれ同じくらいばらばらで断片化しているのであり，特にリビドーの補給なしに非常に多くのリビドーを消費した後では，すでに癒されたあるいは現在癒されつつある好意的な患者から，ときどきお返しを受け取る必要がある」(Dupont, 1988, p.13 にて引用)。1932 年 1 月 17 日のこの記載から数カ月後，彼は相互分析をやめてしまったが，それは当然生じるであろう守秘義務の問題からであったらしい。頭に浮かぶことをすべて言うという基本原則にもし彼が忠実であろうとすると，患者に他の患者の個人的なことを漏らさざるをえなくなってしまうのだ。

愛され癒されたいというフェレンツィの願望がとったもう一つの形は，患

者たちの親が彼らに与え損なった愛情を，患者らに与えようとする努力だった（Gabbard, 1992）。彼は自分の患者たちを実際の性的な外傷や虐待の被害者とみて，それによって生じたダメージを癒そうとした。彼の技法には「自分の都合を斟酌することはすべて断念して，患者の願いや衝動を何とかできる限りかなえる」「愛情深い母親」のように，患者にキスしたり抱きしめたりすることが含まれていた（Grubrich-Simitis, 1986, p.272）。彼は多くの兄弟のいる家族に育ち，望む愛情を母から得られたと感じたことがまったくなかった（Blum, 1994；Grubrich-Simitis, 1986）。母親はフェレンツィの目から見ると厳しく冷たい人で，そのため彼は患者たちに自分が子どもの頃得られなかったものを与えようとしたのである（Gabbard, 1992）。

1931年12月13日，フロイトは有名な書簡の中で，膨らみつつあるフェレンツィの技法への懸念を表現している。

　われわれはこれまで技法上，患者に性的満足を与えるべきではないという結論にこだわってきました……より大きな満足が許されないところでは，よりおだやかな形である愛撫が容易にキスのかわりになります。技法について独自の考えをもつ多くの人々は，「どうしてキスまででやめるのか？」と自問するでしょう。子どもが生まれるわけでないからといって「手で触ること」もやるようになると，もちろんさらに進んだことになります。そうするとさらにのぞいたり見せたりするような一層大胆な連中が出てきて，ほどなくわれわれは分析の技法にいちゃつく男女のあらゆる手管を受け入れたことになり，精神分析に対する分析家と患者双方の好奇心を大いにそそる結果になってしまうでしょう。……父なる神フェレンツィは，自分が創造したにぎやかな光景を眺めながら，きっとこうつぶやくでしょう。結局私は母親らしい愛情をそそぐという私の技法を，キスの手前でやめておけばよかったと。(Jones, 1957, p.164)

明らかにフロイトは，初めは些細で無害に思われた境界侵犯が徐々にエス

カレートして患者に害をなす重大な侵犯にいたるという，よく知られた「滑りやすい坂道」現象にすでに気づいていたのである。

## フロイト，ジョーンズそしてカン

　フロイトはロー・カンの分析にあたった時，もう一つの三角関係に巻き込まれた。アーネスト・ジョーンズとカンは，1905年頃にロンドンで巡り逢って間もなくから夫婦として暮らしていた（法的に厳密な意味で結婚していたわけではないが）。フロイト宛の手紙でジョーンズが述べていることからすると，カンは患者としてジョーンズのもとを訪れたらしい。「患者への性的な牽引力には，私もいつも気づいていました。妻もかつて私の患者だったのです」（Freud-Jones correspondence, June 28, 1910, Paskauskas, 1993）。1908年ジョーンズがカナダに転居したとき，カンはそこで彼に合流した。

　ジョーンズのカナダでの評判は，彼が患者たちにマスターベーションを勧めているとか，若い男性を娼婦のもとに通わせているとか，果ては性的な感情を刺激するために患者たちにわいせつな絵はがきを見せているなどという噂で損なわれていた。かつて患者だったある者は，ジョーンズが彼女と性的関係をもったかどで彼を告発すると脅したため，彼はスキャンダルを避けるため彼女に500ドル相当の金を払った。彼はこの状況をジェームズ・ジャクソン・パトナム（James Jackson Putnam）に，1911年1月13日の書簡で相当詳しく説明している（Hale, 1971）。彼はこの患者に医学的な目的で4回会ったことがあるが，彼と性的関係をもったという彼女の訴えは一切事実でないと釈明した。彼女は銃撃すら企てたため，彼は護身用に武装した探偵を雇った。ジョーンズはその患者のことを，ヒステリーの同性愛女性で，自分の治療を去った後，厳格な道徳主義的見方をもつ女性医師のもとへ行き，その女医に恋をした，と説明している。そしてジョーンズは，同僚の女医がその元患者に彼を訴えるようそそのかしたとほのめかしている。ゆすられて金を払うなんて自分は愚かだ，やっていようがいまいがどのみち自分にとって

悪い状況になるだろうと彼は感じていた。アンドリュー・パスカウスカス（Paskauskas）（1993）はフロイトとジョーンズの往復書簡の脚注で，その女性医師はエンマ・レイラ・ゴードン（Emma Leila Gordon）であったろうと示唆しているが，彼女は女性キリスト教禁酒連合のきわめて信心深い会員で，アルコール消費とだらけた生き方をよく思っていなかった人物であった。

カンを失うのではと心配になったジョーンズは，フロイトに彼女の分析をしてもらえまいかと打診した。彼女は多くの身体症状とモルヒネ依存に苦しんでいた。1912 年カンとジョーンズは，フロイトが彼女の治療を始められるようウィーンに転居した。フロイトは明らかに彼女に相当魅了されたようで，1912 年 6 月 23 日の書簡でフェレンツィにこう伝えている。「自分の多くのリビドーを彼女に費やせるのは大変喜ばしいことだ」（Haynal, 1994）。フロイトとカンの絆は治療が進むにつれますます強くなり，とうとうクリスマス・イブを彼の家族と共に過ごすようフロイトが彼女を誘うまでになった（Appignanesi & Forrester, 1992）。明らかに守秘義務への配慮なしにフロイトは，エルマを分析した時フェレンツィにしたのとちょうど同じように，ジョーンズに定期報告していた。実際フロイトとフェレンツィの往復書簡の主な話題は，ジョーンズ（フェレンツィが分析していた）とカンをそれぞれがどう見るかについてであった。

次第に取り残された感じを（フロイトによってよりもカンによって）抱かされるようになったジョーンズは，メイドのリナと性的な関係になった。そうした中フロイトは，カンが惹かれていた若いアメリカ人ハーバート・ジョーンズの方へ向かうようカンを操った（Appignanesi & Forrester, 1992）。

フロイトは明らかにアーネスト・ジョーンズのことを性的衝動に駆られがちな人物と見なしていたのであり，当時の往復書簡はジョーンズの行いをフロイトが認めていなかったことを示している。1912 年 1 月 14 日の書簡でフロイトはジョーンズにこう言っている。「こんなにも危険な渇望を君が抑えられないでいるとは大変残念です。こうした災いすべてがどこから来ているか重々分かっていながら。こういう危険に陥ったことは君自身の責任と

言わざるをえません」(Paskauskas, 1993, p.124)。ジョーンズの渇望を「危険」と述べたことは，彼の患者との性的境界侵犯に対しフロイトが抱いていた懸念を反映しているとパスカウスカスは示唆する。パスカウスカスはまた 1922 年 4 月 1 日のジョーンズの手紙を引用しているが，これは彼によるジョアン・リヴィエール (Joan Riviere) の分析に関するものである。「こんな風に，また特別な状況下で［性的な］誘惑を感じたのは 12 年以上ぶりです」(Paskauskas, 1993, p.466)。フロイトの技法論が書かれたのも明らかにこれと同時期のことであり，そこで禁欲と客観性が強調されているのは，自分の弟子たちの境界を無視した行動への懸念から来ているのかもしれない (Barron & Hoffer, 1994)。

## フロイトは倫理をどう見ていたか

　女性関係についての男の弟子たちに対する相談役という立場に身を置きたいというフロイトの欲求は，知らずしらず何度も繰り返される，多重決定的な役割であった。フロイトはジョーンズが手に負えないと感じた女性，たとえばロー・カンやジョアン・リヴィエールなどの女性を扱える自分の能力に相当の喜びを感じていたようだとアダム・フィリップス (Adam Phillips) (1994) は記している。彼はジョーンズに対し，こうしたことに関して恩着せがましい態度をとるほどまでに上位者ぶってふるまっていた。

　しかし分析家とその患者との性的関係についてのフロイトの態度は，ジョーンズとの往復書簡や 1931 年のフェレンツィ宛書簡で述べられているほど型にはまったものではなかった。ユングはシュピールラインとの不倫に厳しい叱責をくらうことを覚悟していたが，フロイトは意外にも理解を示し共感的であった。彼はユングにこう書き送っている。

　　そのような体験は辛くはあるが必要かつ避けがたいものです。そんなことでもなければわれわれは人生について本当には知りえず，またわれ

われが何を扱っているのか知らないままでしょう。私自身そこまでひどく巻き込まれたことはないものの，何度もそれに近いところまで行って**からくも**免れてきたのです。私の場合，仕事のあまりにも過酷な状況と，［精神分析に］入った頃には君より10歳年をとっていたという事実のお陰で同様の経験をしないで済んだだけだと思います。でもこのまま害が続いていくことはないでしょう。そうした経験に助けられ，われわれは「逆転移」を克服するための分厚い皮膚をもつようになります。そういう逆転移は結局，われわれにとって永遠の課題なのです。しかしそれはわれわれ自身の情動を，最大限有利な形でわきにやることを教えます。それは「結局は身のためになる不幸」なのです。(McGuire, 1974, pp. 230-231)

フロイトはヴィクトール・タウスクの性的逸脱が明るみに出た時も，同じ寛容の態度を取った (Eissler, 1983)。われわれが今日精神分析においてもっている高い倫理規範とは対照的に，フロイトは性的境界逸脱についておそらくそこまで厳格には思っていなかったろうとクルト・アイスラー (Kurt Eissler) は述べている。フロイトはユングと同じように分析における逸脱について，女性患者を責めているように見える。「こうした女性たちが自分の目的を遂げるまで，考えうるありとあらゆる精神的美点でもって何とかしてわれわれを魅了しようとするさまは，自然界におけるもっとも壮大なスペクタクルであります」(McGuire, 1974, p.231)。この発言の背後には明らかに，女性の超自我は男性のそれよりいい加減なものだというフロイトの考え方がある。しかし女性に対しこのように激しい非難を向けながらもフロイトは，男性分析家には誘惑を避けうるほど充分に熟達することを期待したのである (Eissler, 1983)。

フロイトはどうやら倫理を，自分の新しい科学にとって最優先の関心事とは見なしていなかったらしい。プロテスタントの牧師であり分析家として開業していたプフィスター宛ての手紙でフロイトは次のように述べている。

倫理というものは私にはあまり関係ありません……私は善と悪といった問題にそう頭を悩ませているわけではありませんが，これまでおよそ人間について「善い」ところなどほとんど見出せませんでした。私の経験によると彼らのほとんどはクズであり，彼らがおおやけにどの倫理的教義に与していようがいまいが，そういうことに関係なくクズなのです。……もし倫理について語るなら，私はこれまで出会ってきた人間たちのほとんどが最も悲しむべき仕方で打ち捨てていった，そういう高い理想に与するでしょう。(Roazen, 1975, p.146 にて引用)

　フロイトが欲動の力を手なずけ昇華する能力というものに懐疑的だったことは間違いない。プフィスターに宛てた彼の書簡は，境界逸脱を新しい科学の発展途上における避けがたい失敗として扱っている。またシュピールラインとの間でユングが犯した大失敗をなぐさめようとしてフロイトは，1909年6月18日の手紙でこのような比喩をしている。

　われわれが取り組んでいる事柄の性質からいって，実験中に何度かおこる小さな爆発を避けることはおそらく決してできないでしょう。たぶん試験管を十分傾けなかったか，あまりに急激に熱しすぎたのです。そのようにしてわれわれは，その事にどんな危険が潜んでいるか，またそれをどう扱えばいいかを学ぶのです。(McGuire, 1974, p.235)

　カー (1993) は，ユングのシュピールラインとの関係発覚がフロイトにそれほど大きな懸念を抱かせたのかどうか，率直にいって疑問だとしている。分析家と患者との性的逸脱はフロイトの初期の弟子たちの間でまったく至る所に存在していたことをカーは指摘した。ヴィルヘルム・シュテーケル (Wilhelm Stekel) は「誘惑者」として有名だった。オットー・グロス (Otto Gross) は神経症の健康な解決法は不特定多数との性交だと信じていた人だったが，他の人たちを制止から解放してやる目的で集団的な乱交パー

ティーに参加していた（Eissler, 1983）。ジョーンズは元患者と結婚した。牧師のプフィスターでさえ自分の患者の一人に夢中になった。フロイトにとっては性的な逸脱の問題よりも，自説へ向けられた異論の方がずっと重大事だったのだとカー（1993）は強調している。

　フロイトの態度に対するもっと皮肉な見方は，精神分析が臨床的・科学的試みとして発展することが彼の価値体系の中ではずっと重要であったため，倫理的配慮より優先されたのだというものだった。フリンクの事例に関する最近の議論から，フロイトは結果として分析の大義に資することになるなら，分析家と患者の性的関係への禁止を喜んで撤廃したことが明らかになった（Edmunds, 1988；Gabbard, 1994b；Mahony, 1993；Warner, 1994）。ホレス・フリンク（Horace Frink）というアメリカ人分析家が1921年分析を求めてフロイトのもとにやって来た時，彼はフロイトに元患者のアンジェリカ・ビジュールに心底参っているのだと話した。フロイトはフリンクに対して，妻と別れてビジュールと結婚するよう強く勧めた。さらにフロイトはビジュールに対して，精神破綻を避けるため夫と離婚してフリンクと結婚すべきだと言ってもいた。ビジュールは裕福な銀行家の家の相続人であり，フロイトは明らかにフリンクとビジュールの結婚を，精神分析の大義を押し進めるような莫大な寄付につながりうるものと見ていた。1921年11月に彼はフリンクに次のように書き送っている。

　　B［ビジュール］夫人は彼女の美の一部を失ってしまったというあなたの考えは，夫人がお金の一部を失ってしまったということに変換できるのではないでしょうか。……自分自身の同性愛がわからないというあなたの訴えは，私を裕福にするというご自分のファンタジーにまだ気づいておられないことを意味しているのかもしれません。事情が許せばこの想像上の贈り物を，精神分析基金への現実の寄付金に変えようではありませんか。（Mahony, 1993, p.1031 にて引用）

この結婚の結果は当然ながら散々なものであり，フロイトの行動は言語道断と見るほかない。マホーニィ（1993）はフロイトに適用されている歴史的なダブルスタンダードについて触れ，フロイトの振る舞いも他の分析家たちに用いられるのと同じ基準で裁かれねばならないと論じた。患者が洞察を得たときには，フロイトは喜んで自らの禁欲原則を曲げたようである（Hoffer, 刊行予定）。例えば1918年2月17日，フロイトはフェレンツィ宛の手紙でこう記している。「一昨日ある患者がマゾヒズムの治療に対して1万クローネの謝礼を置いていきましたが，今はそれで子どもたちや親戚のことに関して羽振りよくやれています」（Brabant & Falzeder に引用，出版予定）。彼はまた，かつての被分析者アントン・フォン・フロイント（Anton von Freund）が国際精神分析出版に寄付するのも許容した。

## 現在的視点からの評価

こうした歴史的出来事を振り返ると，こうした諸々のことは新たな分野の誕生にともなう避けがたい産みの苦しみであったとも理解できる。個人的生活と職業生活はほとんど考えうるあらゆる仕方で絡み合っていた。フロイトはマリー・ボナパルトの治療において友情と分析を混合し，その間自分自身について相当多くの個人情報を開示していた。ボナパルトはその後ルドルフ・レーヴェンシュタイン（Rudolf Loewenstein）の治療を受け，結局彼の愛人になってしまった（Appignanesi & Forrester, 1992）。ジョーンズはストレイチー一家を患者として，また同時に将来のフロイト作品の翻訳者としてフロイトの元に送った。ユングはトリガント・バロウ（Trigant Burrow）を何度かヨットに乗りながら分析したことがある。レオ・ランゲル（Leo Rangell）（刊行予定）の見解ではこうした初期の境界侵犯の多くは，自らのパラメーターを決定づけようと奮闘していた新しい科学という歴史的文脈の中で考察されるべきであり，ずさんな技法や不道徳な性質のあらわれと見なされるべきではないという。この見解にももちろん一理はあるものの，精神

分析のパイオニアたちは，逸脱が勧められないものであることをある程度知ってもいた。フロイトとクラインはともにわが子を分析すべきでないことを知っていて，そうした治療を何としてでも隠そうとした。初期の分析家たちは，自分は新しい科学を開発する中で大いに苦しんだのだから，自分だけは他者に適応されるルールの「例外」だと思っていたのかもしれない。

あちこちで見られていたこの手の境界侵犯の理由が何であったにせよ，実害は生じた。分娩にともなって生じた合併症は，子どもに消えない傷跡を残しうるのである。精神分析のパイオニアたちによる初期の境界逸脱はその新たな専門家集団（プロフェッション）の性質を形作ったのであり，これからの世代によって受け継がれる負の遺産と見なされるべきである。

そうした遺産の重要な局面の一つとして，分析状況にまつわる透明性の欠如がある。当然ながら非性的な境界侵犯は，分析家と患者間のあからさまな性的関係よりずっと広範に見られる。アンナ・フロイトは晩年，父親による分析の多くの面で利用されたと感じていたことを認めたが，それには自分の白昼夢についての記述を父親に出版されたことも含まれていた（Young-Bruehl, 1988）。クラインは休暇で訪れるシュヴァルツヴァルトまでついてくるよう被分析者たちに勧め，患者たちをホテルの自室の自分のベッドの上に横たわらせて分析した（Grosskurth, 1986）。ウィニコットはカウチに横たわっているマーガレット・リトル（Margaret Little）の手を何時間も握っていたのであり，さらに少なくとも1回は治療している別の患者のことやその患者への自分の逆転移反応について彼女に話して守秘義務を破っている（Little, 1990）。ジュディ・クーパー（Judy Cooper）（1993）はマスード・カーン（Masud Kahn）の分析を受けていた時，彼が書いた論文を何度も渡されて読むよう言われたことを報告している。実際訓練分析家が分析中の訓練生からの忠誠を期待することは，大きな境界上の問題として精神分析史上一貫した問題であり続けており，時には元被分析者が自分の訓練分析家の老後の世話をしている場合もあるほどである。

米国の精神分析の発展に大きな影響力をもった分析家たちの間でも，性的・

非性的両方の境界侵犯がよく生じていた。マーガレット・マーラーは自分を分析していたアウグスト・アイヒホルン（August Aichhorn）と性的関係をもった（Stepansky, 1988）。フリーダ・フロム-ライヒマン（1989）は自分の男性患者と恋に落ち結婚した。カレン・ホーナイは自分が分析していた年下の男性訓練生と関係をもったと言われている（Quinn, 1987）。シュテファン・ファーバー（Stephen Farber）とマーク・グリーン（Mark Green）（1993）はスターに夢中だった南カリフォルニアの分析家たちの歴史を書いているが，彼らは自分の有名人患者に境界を無視した分析を行っていた。分析家たちは患者の作っていた映画のテクニカル・アドバイザーとして奉仕していたのである。他の者たちは映画のシナリオを共同制作していた。さらに自分自身もつながりをもつ諸々の基金への寄付を，自分の患者から募る者たちもいた。何よりそこでは概して分析的関係と社会的関係の間の境界が曖昧にされていた。

境界侵犯に対して米国内の精神分析諸団体が歴史的にとってきた対応はさまざまであった。多くの場合，いかなるプロフェッショナルな境界の逸脱も，さらなる分析が課されることで解決された。懲戒処分が下された際にはしばしば猛烈な反発があり，内部告発した会員と倫理委員会のメンバーたちは，自分たちが倫理的基準を強いたせいで攻撃を受けていると感じた。

そのようなことの一例が1941年に生じた。ニューヨーク精神分析協会の傑出した会員であるグレゴリー・ジルボーグ（Gregory Zilboorg）が，彼に治療を受けていた作家に非倫理的な行いをしたかどで訴えられたのである。訴えによると，彼は分析を行いながらその患者に仕事関連のアドバイスを与えて患者と二重関係に入ったという。ビジネス・コンサルテーションに対し，ジルボーグは分析料金に加えさらに謝礼として毎月一千ドルを受け取ることになっていた（Farber & Green, 1993）。

訴えを審理したのち，委員12人のうち9人が譴責を求める票を投じた。ジルボーグは，自分は同僚の悪意ある略奪的行為の犠牲者だとアピールして，相当の同情を喚起した。この件がニューヨーク精神分析協会の全メン

バーに対して公表された時，ジルボーグは自分に譴責の票を投じた一人ひとりすべての委員を訴えると脅した。ジルボーグを支持する情熱的な手紙の中で，当時アメリカ精神分析学会の会長であったカール・メニンガー（Karl Menninger）はこう述べている。

　もちろんあなたは過ちを犯しました。他の分析家たちもみな犯すようにです……けれども一方で，もしある患者があなたが間違いを犯したと思って1, 2の，あるいは5, 6人の同業者をそのように説き伏せて，さらにそのうち1, 2の同業者があなたの過ちを不当な意図，いわば犯罪的意図をもつものとして学問上の組織に訴えるにおよび，またその組織がこのような訴えを真に受けて何カ月にもわたって審理するとしたらどうでしょう。そんなことがあれば悪趣味で，公序良俗にも科学的原則にも良識にも反する深刻な事態だと思います。ニューヨークでの事態は多くの非常に悪い先例を作ってしまいました。あなたがどんな過ちを犯されたにせよ（私はあなたが過ちを犯されたなどと金輪際思ってもいませんが，私がこの主節をここではさんだのはあなたが実際にされていようがいまいがそれにかかわらずと言いたかっただけです）このような過ちが告発されたのは，あなたに私的な怨恨を抱く同業者たちが私欲にかられてこの機会を利用し喰いものにしようとしたために違いないなどと周囲に広まるのは大変な恥辱であり不名誉であります。患者を学問的組織に召喚して医師に不利な証言をさせるなどというのは，私の考え得る限りもっとも危険で悪い先例の一つであり，あらゆる医学的先例を乱すものです。(Fraulkner & Pruitt, 1988, p.357)

　訴訟の脅しと同業者たちからの抗議に直面して，訴えは程なく取り下げられた。当時「倫理」の意味するところは，しばしば同業者たちの保護も含んでいた。さらにまた他の分析家たちは自分の患者からの告発にさらされかねないと恐れ，かつそんな目に遭いたいと思う者はいなかった。

分析的境界の領域における歴史的展開の重要性を強調するもう一つの理由は，境界概念についての態度の世代間伝達が，並外れて強力となりうるためである。1960年代の中頃，あるインスティテュートの訓練分析家が性的不品行で告発された。20年後，彼が分析した2人の分析家も，同じ都市で性的不品行で告発された。ある分析家世代の盲点が次の世代の盲点にもなることは大いにありうるのだ。しかし歴史的な負の遺産を強調することは，問題を引き起こしかねない。つまり時代や地域を超えて分析状況に根本的に備わる挑戦的課題に取り組むためでなく，分析の先駆者たちを責めるという間違った目的でそれを強調するとしたらである。

　もし分析家たちが境界侵犯の破壊的なエナクトメントを防ごうとするなら，われわれはまずそのようなエナクトメントがどのように展開するかを分析的に理解することから始めねばならない。加えてそうした侵犯がわれわれの患者に及ぼす衝撃について理解を深めねばならない。あまりにも長い間，インスティテュートや協会は分析的治療を奪われた患者よりも，むしろ逸脱を犯した分析家の保護に関心を示してきた。「同窓生連帯主義」ともいうべきこの遺産は，今や患者の苦しみや適切な償いにより大きな注意がはらわれることによって正されようとしている。

　この章で詳述された歴史はもちろん網羅的なものではない。百科事典的にやろうとするとこの本一冊すべて埋まってしまうだろう。むしろわれわれが意図したのは，代々の分析家たちに影響を与えた強力な歴史的文脈を描き出すことである。今後の章では，こうした歴史的出来事がもつ今日的意義が明らかになるであろう。なぜなら歴史は繰り返しがちだからである。

# 第6章

# 性的境界侵犯

　分析家－被分析者間の性的関与という形でのプロフェッショナルな境界の逸脱は，分析家が自分自身のニードを分析状況の外に置いておくことがいかに難しいかを描き出す，特に痛ましい実例である。第5章でフェレンツィを論じた際に述べたように，精神分析家や精神療法家という職業を選ぶ多くの人たちは，子どもの頃十分に愛されなかったと感じており，自分が患者に愛情を注ぐことにより結果的にお返しとして理想化され愛されることを無意識的に望むことがある。このようにして分析家たちは，患者たちとの仕事を通じて自分自身の自尊心を保っているのかもしれない（Finell, 1985；Gabbard, 1995d）。患者たちのニードを満たそうとして分析家たちは，実際には自分自身のニードを満たしているかもしれないのだ。ロバート・ワイナー（Robert Winer）（1994）が見て取ったように，癒したいという欲求と癒されたいという欲求は「非常に薄いコインの表と裏」（p.186）なのである。

　性的情熱は，分析家患者関係という領域外でも，本来的に境界横断に結びついている。カーンバーグ（1977）が力説したように，性的な交わりの際に主観的に経験される超越の基礎となっているものは本質的には自己境界を越えることなのである。カーンバーグによれば性愛の逆説は，はっきりとした自己の感覚を維持しながらも，愛の対象との同一化の中で自己境界の超越を経験するところにある。

　分析家－患者間の性的関与の場合には，もう一つの境界が逸脱されている。分析過程の転移－逆転移の次元においては，分析に関与する二者は禁じられた対象どうしを表しているため，分析家と被分析者の性的関係は象徴的に近親姦的なのである。言い換えれば逸脱された境界は，自己と禁じられた近親

姦的対象との間の境界なのだ。1905年にフロイトが記したように,「対象の発見は,実際には対象の再発見なのである」(1905b, p.222)。この定式化はもちろん,患者と分析家についても同様に当てはまる。

精神療法家に搾取されやすいハイリスク患者群の一つは,近親姦の既往をもつ患者であることはよく知られている(Feldman-Summers & Jones, 1984；Gabbard, 1994a；Kluft, 1989；Pope & Bouhoutsos, 1986)。こうした患者では,子ども時代の無境界の状況が分析状況の中で再演される。しばしばこうした患者たちは,ケアされることを性と分かちがたく結びついた現象として常に経験してきている。ハルトマン(1991)が描写し,また本書第3章でも論じたように,多くの者は「薄い」境界を特徴としてもつといえる。彼らはハルトマンの流動性と自己凝集性の欠如(多くは境界性パーソナリティ障害か解離性障害をもつ),人との関わりにおけるオープンさと傷つきやすさ,強固な防衛の全般的欠如という概念的枠組みにぴったり合致する。自他の内的区別はファンタジーと現実の区別と同様に,彼らには難しいかもしれない。彼らは養育者の快楽のために,他者であるその養育者の身体の延長として扱われてきた。分析家の非倫理的な逸脱について当の患者を責めることは決してできないが,こうした患者たちは意識的あるいは無意識的に分析家に,もともとの近親姦的な関係の繰り返しこそが助けになるのだと伝えてくることが多い。

性的な境界逸脱の議論ではふつう対人境界について議論されているが,「滑りやすい坂道」を下る過程の早いうちから,自己表象と対象表象の間の内的境界は浸食されている。分析家と患者の最初の身体接触が生じるずっと前から,一般に分析家は患者に特別な親近感を抱き始める。しばしば患者は分析家に非常に似たところのある,あるいは分析家を完璧に理解することのできる「魂の友人（ソウル・メイト）」と見なされる。第5章で述べたユングとシュピールラインの場合のように,分析家と患者は声に出さなくても相手の考えが分かりさえすると信じるかもしれない。こうしたテレパシー的な伝達のファンタジーは,プロフェッショナルな境界あるいは対人境界の逸脱以前に生ずる,早期の

内的自他境界の浸食を反映している。

　組織としての精神分析は，分析家とその患者間の性的関与という事柄に対して実際的な反応を取れるようになるまで長い葛藤を経てきた。インスティテュートや協会はしばしば麻痺状態に陥ってきたが，それは分析界の重鎮の一人が告発されている張本人であって，審理を行っている側もかつて自分の分析家やスーパーバイザーあるいは師であったようなその人物に対して，さまざまな未解決の転移を抱えていたためであった。この問題を吟味することへの抵抗は次のような形をとることもある。つまりそのような逸脱は一握りの「損なわれた専門家」の問題に過ぎず，そういう者はしばしば薬物依存かサイコパスであったものと片付けられるのである。このようにすれば分析家は，そのようなエナクトメントを行いかねない自分たちの潜在的可能性についての不安を一時取り去ってくれる便利な「われわれとはまったく違う連中」的シナリオを創り上げて，患者とセックスするような者は自分たちとは何の共通点もない，と自らを安心させることができる。人間の相互交流の複雑さと多重決定的な性質を支持しているはずの精神分析家が，患者と性的関係をもつに至った同業者を前にすると突然びっくりするほど単純な説明に依拠する還元主義者になってしまうのである。

　この現象をある程度詳細に研究した者は誰でも，心を落ち着かなくさせるような真実を早晩知ることになる。われわれは誰でも性的な逸脱を含め，多種多様な患者との境界逸脱の可能性にさらされているのだ（Gabbard, 1994a, 1994b；Margolis, 1994；Schoener, Milgrom, Gonsiorek, Luepker ＆ Conroe, 1989）。個人分析も何年にもわたる分析的訓練も，このような災難に対する確実な対策とはならない。歴史上であれ同時代であれ，職業上最も傑出している分析家たちの多くが患者と性的に関わったのであり，ある者はそうした患者と結婚している。こうした醜聞を免れているインスティテュートや協会はなく，大概が傑出した会員が手を染めたそのような行為についてさまざまな「ファミリー・シークレット」をもっている。われらが精神分析インスティテュートのクローゼットは，骸骨でいっぱいなのだ（Gabbard, 1994c）。

分析家と患者の性交渉というのは，まじめな研究に値する複雑な現象である。患者と性的関係を結んだ分析家たちの評価と治療は，そのような行為に固有のさまざまな精神力動的テーマを明らかにする。同様に，いろいろな臨床家が人生のいろいろな時期において，無数の理由によって患者のとりこになる。たいていの場合には重大な逆転移の問題が絡んでいるが，もっとも悪名高い事例でも逆転移にほとんど何の関わりもないこともある。搾取的で人を喰い物にするような重い自己愛の病理をもつ男性分析家であれば，単純に魅力的な女性患者を潜在的なセックスの相手と見なしてそのようにするかもしれない。同様にそういう患者たちの多くは近親姦被害者であるものの，それより多数を占める患者たちはそうではない。ある研究では治療者と性的関係をもった患者のうち，子ども時代に性的虐待の既往があったのは32％に過ぎなかった（Pope & Vetter, 1991）。分析家と患者の性的関与も他のあらゆる症状行動と同じように，複数の要因によって支配されているのである。

　精神分析の専門家らは，分析家が性的関係をもつことで患者に与えた被害をできる限り過小評価することにかけては驚くべき能力を見せてきた。「［患者］にとっては大きな勝利だろうが，治療にとっては完全な敗北である」（p.166）というフロイト（1915a）の警告にもかかわらず，長年にわたって多くの分析家はそのフロイトの発言を「患者と恋に落ちたら分析は終わりにせねばならないが，そうすれば二人は恋愛関係に乗り出してよい」という意味に解釈してきた。こういう結果に気がついた同僚たちは，しばしばこうした成り行きを驚くべき無関心さで容認してきた。このような患者が引き続き分析治療を受けていくのは非常に難しいというフロイトの主張は正しかった。次の分析家が分析的枠組みを守り，願望やファンタジーを探索するための安全な環境を作ってくれるであろうと信頼する患者の能力は深刻に損なわれる。それでもそのような関係を耳にした同業者たちも，ただ頭を振って「肉体は弱い」などというそっけないコメントをするだけのことがしばしばだ。他の者たちの多くは『文化の中の居心地悪さ』におけるフロイト（1930）の醒めたペシミズムを踏襲して，欲動の恐るべき力について語る（Gabbard, 1994c）。

愛は分析家−患者間性交渉についての倫理的考察とはもちろん何の関係もないが，「真の愛」が働いているという考え方に基づいてこうした行為を言い逃れようとする分析家たちもいた。たとえばマーガレット・マーラーは，彼女の分析家であったアウグスト・アイヒホルンと自分は「お互いに愛し合っていて，そのため分析家と被分析者の古典的な関係を続けていくことができなくなった」（Stepansky, 1988, p.68）と報告した。フリーダ・フロム−ライヒマン（1989）は自分の被分析者に一目惚れしたことについて書いている。「私はエーリッヒを分析し始めたでしょう。すると二人とも恋に落ちたから，やめたのです。そのくらいの分別はありましたから！」（p.480）。

そのような所感は当事者の主観的な感情を正確に言い当てていようが，そこには「真の愛」が転移性の愛や逆転移性の愛からどうかして見分けられるはずという含みがある（Gabbard, 1994d）。チャールズ・ブレナー（1982）は転移性の愛は分析設定外の恋愛と本質的に何ら変わるところはないと強調した（ただしもちろん前者は分析されるが）。

分析家の愛の受け手である患者は自分をきわめて特別と感じるかもしれないため，状況は複雑である。実際マーラーの自叙伝での発言は，こうしたことの帰結を物語っている。

> アイヒホルンは私を自らの庇護のもとに取り込み，私がウィーンの精神分析のエスタブリッシュメントに再び気に入られるよう取りはからうと誓った。しかしそれによって彼は，私は「例外」だという私の自己イメージを強化したに過ぎなかった——ドイッチュ夫人に植え付けられた否定的な意味ではなく，今度はまったく正反対の肯定的な意味でだ。アイヒホルンの分析的ケアのもとで私は一種のシンデレラ，すなわち美しい継母（ドイッチュ夫人）に気に入られるよう取りはからってくれる美しい王子様（アイヒホルン）の愛の対象となった。同時に彼との私の治療は，エディプス状況をそっくり反復したものに過ぎなくなってしまった。(Stepansky, 1988, p.68)

マーラーがこの記述の中で苦しげに述べているように，自分は特別だ，例外だという感覚は，結局患者にとって多大な犠牲を払った上での勝利でしかない。というのもそれはエディパルな願望を，分析的に理解することもワーク・スルーすることも避けたまま満足させることを表すからである。分析家と性的関係をもった患者たちは，しばしばその関係が解消するまで傷つけられ裏切られたという自分の気持ちを認められないが，その時点に至って尋常でない怒りがわき，自殺から訴訟までさまざまな結果が生じてくることがよくある。近親姦の被害者とちょうど同じように，彼らは分析家を堕落させたと自らを責め，そのため深い罪悪感あるいは恥辱に苦しむことが多い。

　倫理規範が設けられるのは，害がなされる**可能性のある**状況を防ぐためである。害の実証が難しい状況もたまにはあるものの，治療者－患者間の性的関与についてこれまで蓄積されてきたデータからは，それが害と関連をもつことが強く示唆される。この主題に関する包括的な概説の中でマーチン・ウィリアムズ（Martin Williams）(1992) は，そうした諸研究にまったく瑕疵がないわけではないが，そのような性的関与を禁止する倫理規範をつくる十分な論拠は確かにあると結論づけた。

　性的な境界侵犯と呼ばれるものの中には，分析家がとりうる多種多様な行為が含まれる。その一方の極には，患者に麻酔をかけた上でのあるいは完全な覚醒下での暴力的なレイプや，患者への辱めを含む高度に倒錯的な性行為がある。またその対極には，言葉の上での性的不品行がある。ある男性治療者は女性患者に，あまりにセクシーなので彼女の前では勃起を抑えられないと言った。また別の分析家はある女性患者に，彼女について自分が抱いている自慰のファンタジーを事細かに話した。この両極の間にさまざまな逸脱が存在するが，それにはオーラル・セックス，胸や性器の愛撫，情欲的な全身の抱擁，さまざまな程度に服を脱がせること，身体開口部に物を挿入することなどが含まれ，その際の相互の合意の程度もさまざまである。大半は男性治療者と女性患者が関与するケースであるが，4 通りの性別の組み合わせすべてが一般的である。2,000 例の治療者－患者間性交渉の事例からゲアリー・

ショーナー（Gary Schoener）ら（1989）は，その約20％に女性治療者が関与し，20％が同性同士のものであったと観察している。

## 分析家の類型学

　分析家－被分析者間の性的関与は非常に複雑な現象であるから，そのような状況で持ち上がってくる主な心理的問題の理解を助けるために，性的境界を逸脱してしまった分析家についての精神力動論に基づいた類型学，それも読者自らの発見的学習に役立つような類型学を提示してみたい。この章における所見と定式化は，主に著者の一人（ギャバード）が患者と性交渉をもった70例以上の治療者を評価し治療した経験に基づく。われわれはまた，こうした臨床家たちについて注意深く研究することが予防策を編み出す鍵となるかもしれないと考えている。患者と性交渉をもつに至ったほとんどの分析家や精神療法家たちは，次の4種の障害の一つに属する。（1）精神病性障害，（2）搾取的サイコパスと性倒錯，（3）恋わずらい，そして（4）マゾヒスティックな服従（Gabbard, 1994a, 1994b）である。

　こうした分類を作成するにあたって強調しておきたいのだが，これらを具体的なものと見なしすぎたり，強固な線引きをもつものと見なしすぎてはいけない。一つ以上のカテゴリーにあてはまる特徴をもつ臨床家もいるし，また独特の個性をもつ臨床家ではどのカテゴリーにも収まらないことがあるだろう。またわれわれの同業者たちを，刑務所に閉じ込めて免許を剥奪されるべき犯罪者として忘れ去るより，むしろ**理解**し援助することの必要性も強調したい。治療者－患者間性交渉を刑事罰の対象とする州が増えているが，これはどうも治療と理解は有罪判決と投獄より後回しということのように思える。われわれは懲戒的手段を避けるべきだと言いたいわけではなく，たとえどんな懲戒的手段が適切であったにせよ，それと同時に個々の臨床家の理解に基礎を据えた人間的なリハビリテーションが進められなければならないと言いたいだけだ。この問題は第10章でまた取り上げる。

■精神病性障害

　臨床家が正真正銘の精神病性障害の結果として患者と性的関与をもつことはまれである。自分は愛や性的な関係を通して他者を癒せる力をもつに違いないという臨床家の万能感に，双極性感情障害の躁状態のエピソードが関与していることはときどきある。精神病性の器質性脳症候群にはしばしば前頭葉が関係しているが，これが時に性的不品行のケースに関与することもある。こうした重篤な障害によって性的境界侵犯が生じている場合には，病んだその臨床家はふつう他にも精神病的ふるまいをしており，同僚らや家族に相当心配されているものである。しかしこうしたケースはかなりまれなため，われわれもこういう患者についての系統だったデータを蓄積できておらず，またそれはわれわれの研究の主眼でもない。

■搾取的サイコパスと性倒錯

　搾取的サイコパスというカテゴリー内にわれわれは，真の反社会性パーソナリティ障害のみでなく，顕著な反社会的性格をもつ重篤な自己愛性パーソナリティ障害も含めている。言い換えれば，搾取的でサイコパス的なのはその性的**行為**なのである。必ずしも性倒錯を病むすべての臨床家がサイコパス的な搾取者なのではないが，**患者**に対して自らの倒錯的衝動にのっとって行動する者は，通常「自己愛性」から「反社会性」への連続体上に位置する性格病理と関連した，ひどく弱い超自我をもつことが見受けられる。

　こうした臨床家は一般に男性で，たいてい生涯にわたり明白に見てとれるような搾取的性的行為をもつ。精神保健の専門家集団や精神分析のインスティテュートはこのような臨床家を同業者集団からふるい落とすものと考えたくなるが，残念ながら実はこういう搾取的な臨床家はまれでない。実際，彼らの逸脱は多くの被害者を出し奇妙でサディスティックな行為を含むことが多いので，性的境界侵犯のメディア報道に極端な形で表現される。こうした分析家は訓練プログラムの中で，さまざまな風に不正直だとか非倫理的だ

と同定されてきた経歴をもつことが多い。多くのケースでは誰かが警告を発して訓練プログラムから追放しようとしているが,「もし追放が実行に移されれば訴える」と脅す弁護士を訓練生側が雇って妨害している。こうした者たちは法制度の操作に長けており,しばしば重い法的あるいは倫理的制裁を何とかして首尾よく免れている。訓練委員会は裁判に持ち込まれることを恐れ,その臨床家をすんなり卒業させて他州で開業してくれることを祈るという最も安易な道をとることもある。

　搾取者のもう一つのパターンは,キャリアの頂点に登りつめた,深刻な自己愛を抱えた分析家である。彼は地域や国内,はては国際的組織において主要な責任を担うポストについていることもある。著書で世界的に有名であったり,師として崇拝されていたりするかもしれない。追従があだとなり,ついには自分だけが他とは違う,他より上なのだと信じだす。彼の誇大性はあおられ,境界を無視した自分の行動を,単に自分はこれほどの者なのだからという理由のみによって許されるものと合理化し始める。普通の倫理規範は彼には適用されない。業界における威信ゆえに,他の者には免れられないような事からも彼は免れられる。彼は自らの患者との性的関与について悔いを感じない。というのも自分の寵愛を勝ち得た患者たちは幸運だと思い込んでいるからである。

　性的逸脱が暴露されると多くの同僚らは,懸念されてもよかったのに無視されてきた他のいくつもの出来事を思い出す。彼が通常の分析技法の枠をこえるような行動や介入を創造的に用いるのだと吹聴していた際に,同僚らはその分析家の「非因襲的な」柔軟性を讃えることによって,何度も彼の万能感と共謀してきたのである。上級者の理想化は「裸の王様」の話を思い起こさせるような状況を作り出すことがあり,そこでは他の点では知的なはずの分析家が,ふつうに見れば見えるはずのものを信じなかったり合理化したりするのである。

　この範疇に属する分析家や治療者は,患者を自分の満足のために利用するモノとみなす。被害者への共感や関心を欠くために,彼らは概して患者に

なされたかもしれないどんな害についても悔いや罪悪感を感じることができない。自己愛的性格病理の多くの場合において，分析家は魅力的に見え多様な分野で専門的力量を発揮しそうに見えるが，超自我のひどい欠落により腐敗した行為が良心の呵責なしに行われてしまうのである。もっと深刻な形のサイコパスでは，子ども時代の発達における内在化の深刻な障害に関連した，超自我の発達の甚だしい欠陥がある。こうした臨床家のあるものは子ども時代に深刻なネグレクトや虐待の既往をもち，彼らが知っているらしい唯一の対象関係のかたちは，破壊性と力の行使を介した他者とのサディスティックな関わりである（Meloy, 1988）。

### 事例：G医師

　G医師は，彼にセックスされたと6人の患者からそれぞれ訴えられ，性的不品行で告発された48歳の分析家である。どの患者も同じパターンを語った。彼は初めは温かく理解的であったが，対人関係がひどく問題だったと彼女ら全員が口をそろえたのである。数週間の治療や分析ののちG医師は彼女らに，あなたの主な問題は男性を信じられないことであると告げる。「あなたは多分，ブラウスを脱いでみせることもできないほど，私のことも信じていないでしょう」と言うのだ。もちろんあなたの前で脱いだりはしませんと患者がむっとして応じると，彼は「ほらね？」と答えるのである。

　相当の魅力と説得力をもって，彼は次のようなことを手を変え品を変え言っては，性的に患者を追及し続けた。「私とセックスできるほどこの*私*を信用できなければ，どうして治療外で男性を信頼できるというのですか？　この関係はあなたのセクシュアリティとあなたの信頼の問題を探索するに安全な場所です。あなたはどこかで思い切らねばなりません」。こういう具合にして彼は，彼との性的関係に入っていくことへの患者の躊躇を最終的にはすべてはぎ取ってしまった。とうとう彼女たちが交際の申し出に合意すると，彼は彼女らに自分のもっとも恐れている性的ファンタジーを打ち明けるよう頼んだ。そうしておいて彼は患者が自分の恐怖を「ワーク・スルー」できるように，

それを彼女らと実演(アクト・アウト)したのである。

　彼は当初訴えを否認していたものの，開業の免許を失った後には訴えられた内容にも真実があることを認めた。しかし悪いことをしたとは決して認めなかった。全例においてセックスは合意の上であり，女性たちは自分との性交渉によって益するところがあったと主張した。何であれ悔いはみじんもないと言い，害がなされたというどんな指摘をも完全にあざ笑った。

　彼の背景を調べてみると次のようなことが明らかになった。すなわち彼は訓練を受けていた精神分析インスティテュートから追放されかけたが，スーパーバイザーの一人が擁護し訓練プログラムに残らせるよう主張した。こういう状況ではよくあることだが，更なる分析が勧められ，G医師もそれに従ったのである。

　こうした事例のほとんどが男性臨床家と女性患者によるものと見られる。しかしながら女性治療者が女性患者を計画的に誘惑して，侮辱的でサディスティックなやり方で辱めるような性的活動に巻き込む例も少数ながら見られる（Benowitz, 1995）。同性愛や両性愛の搾取的男性治療者もまた，同性の患者を誘惑することがある（Gonsiorek, 1989）。

■恋わずらい

　患者と性的関係をもつ分析家の大半はこの範疇に入るように思われる。恋わずらいの分析家には共通する多くの特徴が見出されるが，そうした特徴には自己愛的な傷つきに非常に弱い反面，超自我的な統合は典型的搾取者に見られるそれより強いことなどが含まれる（Gabbard, 1991a, 1994d, 1994g；Twemlow & Gabbard, 1989）。分析家が男性の場合，典型的な筋書きは中年の臨床家がずっと年下の女性患者に心底参ってしまうというものである。こうした惚れ込みは通常，分析家の人生上の非常なストレスという文脈の中で起こる。ストレッサーには離婚，別れ，子どもや配偶者の病気，家族の死あるいは自身の結婚生活やキャリアへの幻滅などがありうる。

こうした臨床家は専門家集団の中で孤立していることもある。また，たった一人で開業していて朝早くから夜遅くまで顔を合わせるのは実質上患者だけという状況のこともある。もし分析家の情緒的なそして性的な欲求が，家庭で慈しみと愛情あるパートナーによって満たされていないと，彼は患者にそういう欲求の満足を求めるようになる。性的境界侵犯は，彼が面接の場で自分自身の問題を患者と共有し始めたところから始まる滑りやすい坂道が，最終的に行き着く先かもしれない。愛に飢え傷つきやすいものとしての自分自身の提示が，患者の世話したい欲求に訴えかけるのかもしれない。

　恋わずらいの分析家には自己愛的なテーマが目立つが，時に彼らの自己愛的な傷つきやすさは深刻な人生上の危機が訪れるまでは，比較的よい機能や社会的支持によって覆い隠されている。また自己愛的な傷つきやすさが外からも容易に見てとれ，何年も前から同僚たちや友人には明白であったという場合もある。恋わずらいの治療者にみられる自己愛的なテーマには概して，患者から認められたい必死の欲求，愛され理想化されたいという渇望，自分自身の自尊心を満たすために患者を使う傾向が含まれている。ある者は急速に患者を理想化し，のぼせ上がった感情のまま衝動的に行動するようなボーダーラインの特徴すらもっている。アーノルド・ゴールドバーグ（Arnold Goldberg）(1994) は恋わずらいに関して性的境界侵犯の枠外で論じる中で，**恋わずらい** lovesickness という語は間違った名称かもしれないと示唆した。というのも問題の核心は愛の問題というよりむしろ，自己愛的な不安定さだからである。

　実際，**恋わずらい**という語はこうした分析家や治療者たちが語る酔わされるような経験の**顕在内容**を反映した語である。「恋わずらい」はその経験を現象学的な水準でよくとらえてはいるが，その状態は多様な潜在内容へと分解することができる。そうした内容とは構造的な性格，発達的また対象関係的なこと，自己愛的な問題，それに精神力動的テーマ等である。この節でわれわれは，分解によって得られた恋わずらいのこうした構成要素を体系的に吟味し，こうした要素のそれぞれ違った組み合わせが，患者に恋したそれぞ

れの分析家や治療者たちにあてはまることを確かめていく。

　非倫理的な治療者についての議論では超自我の欠落から多くのことが理解できるが，恋わずらいの臨床家の場合「自我の欠陥」について語った方がよいかもしれない。何世紀も前から詩人たちの知っていたように，激しい情熱は合理的思考を超えることがある。特に自我機能のうち二つがよく損なわれる。判断（すなわち自分の行動の帰結を予測する能力）と現実検討である。後者は「非精神病的な現実検討の喪失」と命名するとうまく言いあてられる（Twemlow & Gabbard, 1989, p.83）。その損傷には，分析家の通常の逆転移体験が特徴として持っている「アズ・イフ」性の喪失が含まれる。言い換えれば逆転移性の願望がその場の現実から区別できていないため，分析家は過去からの何かが反復されておりかつ分析家の過去の重要人物への感情がその患者の上に置き換えられていることを十分認識できない。その逆転移は，ある種の近親姦被害者やボーダーライン患者が性愛化された**転移**を発展させるのと同じように，性愛化されてしまっている（Blum, 1973；Gabbard, 1991a, 1994b；Lester, 1985）。この二人組精神病（フォリ・ア・ドゥ）にともなう洞察の喪失は，必ずしも他の治療関係にまで拡がらない。恋わずらいの分析家が特定の患者と性交渉をもっていても，その間他の治療はちゃんとした分析的あるいは治療的枠組みの中で行われ，そこに関与する患者たちは治療に満足していることが普通だからだ。

　判断力の喪失にはしばしば，その行為のもつ自己破壊性と患者に害をなすかもしれない可能性とを分析家が十分認識できないことが含まれる。たとえばある若い女性の分析家候補生は，男性患者に抱いた惚れ込みの感情について上級者にコンサルテーションを求めた。彼女はその愛は相互的なものだと言い，二人にとって一体なぜ害になるのか分からないと述べた。相談を受けた上級者は，もしその感情にまかせて行動すれば彼女に降りかかってくるだろう一つの具体的な実害を彼女に直面化した。すなわち彼女は医師免許を失うのである。候補生はどことなくうぶな調子で，考えてもみませんでしたと答えた。

　この自分の行動の帰結に気づかない忘れっぽさには，一般に多幸感がとも

なっている。恋わずらいの分析家は気もそぞろで，恋する相手のいる前で酔ったような感じになったりする。性的な情熱と愛の結果である自己へのリビドー備給の増加は，幾人かの著者たちによって観察されてきた（Chasseguet-Smirgel, 1973；Kernberg, 1977；Van der Waals, 1965）。フロイト（1914a）は自我理想の投影によって，親だけでなく自己も愛の対象とされると述べた。患者に心底参っている分析家は，患者に対面すると自分自身の理想化されたイメージを見ることによって患者の現実の性質をぼかしてしまうことが多いが，それはちょうどナルキッソスが水面に映る自分自身の姿(イメージ)に恋してしまったのと同じことである。この高ぶった自尊心は非常にバランスを崩しやすいが，それはこれが自己と対象間の境界の，持続的障害の上に成り立っているからである。

　自己と対象の混同の大半は，分析家の精神がどの程度の象徴思考のレベルで働いているかという文脈で理解することができる。ハンナ・シーガル（Hanna Segal）（1957, 1994）は具体的象徴化——象徴と象徴されるものの直接的な同等視があることから誤認や誤った信念が生じる状況——を高度な形の象徴思考，つまり象徴とそれが表す対象物との違いが明らかであるような思考から区別した。具体的象徴化における認知過程は，投影同一化に大きな影響を受けている。自分のもつある側面が外在化されたものとしての患者にぞっこん参ってしまう多くの分析家たちは，妄想－分裂モード(パラノイド スキゾイド)（Ogden, 1986）で機能しているが，これについては第3章で説明した通りである。つまりこのモードでは対象は，主体の投影された一部分として具象的に認識されており，分析家は患者に，あたかもその患者が自己の一部であるかのように関わるのである。

　自分の患者と性交渉をもった臨床家の分析では，多くの反復的な精神力動的テーマが現れる。この章の冒頭でも述べたように，多くの分析家は自分の患者から，自分が親から受けられなかった愛を引き出そうと試みている。こうした愛への願望は他に与えることによって防衛されており，彼らの職業選択の一つの無意識的決定要因となっている。分析家たちは意識の上では他者

の欲求に応えている点で自分は愛他的だと信じながらも，自分自身の欲求を満たしているのかもしれない。

　もう一つのよくあるテーマは，二人のうちいずれかの過去からくる近親姦的な願望，あるいは実際にあった近親姦的関係の再演である。分析家・患者間の性交渉の禁止は，エディパルな対象が願望をあおるのと同じように恋わずらいをあおるだけのこともある。恋わずらいの男性分析家が年下の女性患者に私的な問題を打ち明けるようになると，互いに絡み合った救済願望のエナクトメントが生じることもある。この場合女性患者は，結婚生活に失望した父親のために自分がどうにかして奉仕するという子ども時代のファンタジーを抱き続けてきたのかもしれない。幼い少女のこの救済願望は，父親との近親姦あるいは疑似近親姦的な情緒交流として顕在化したのかもしれない。一方分析家は，自分の患者を癒そうとする試みの中で，無意識的に抑うつ的な母親を救済しているのかもしれない（Apfel & Simon, 1985）。男性分析家と女性分析家どちらの救済願望も性的興奮に密接に結びついており，最終的には分析設定における性的境界侵犯に結びつくように見える（Gabbard, 1994a, 1994f）。

　子どもの頃に虐待とネグレクトを受けた女性患者たちは，救済に熱心な恋わずらいの分析家たちにとりわけ魅力的にうつるようである。彼女らは分析の枠組みを超えるような世話を陰に陽に求めることがある。男性分析家は母性的ないつくしみへの希求を，性器性愛的な誘いと勘違いしてそのように応じてしまうかもしれない（Lester, 1990, 1993）。患者たちは分析家の性的な誘いにしぶしぶ同意することがある。というのも近親姦の被害者である彼らは，自分の受ける世話には性的関係が当然ついてくるものと考えがちだからだ。

　精神療法や精神分析に職を求めようとする人のほとんどは，愛が癒しになるという意識的あるいは無意識的なファンタジーを抱いている（Gabbard, 1994d, 1995d）。ハリウッドによる精神療法の描き方も，愛が治すという観念を強化するから，多くの患者が分析や治療に入る際にそうしたファンタジーを抱いている。実際分析に入ってくる患者たちによくあるファンタジー

は，子どもの頃親から不十分な愛情しか受けていないことが自分の問題の根本であり，分析家が親よりも十分に，より完璧に愛してくれることによって治るというものだ。この治癒のパラダイムこそまさに，多くの分析家が捕らわれる逆転移の罠である。特に境界性パーソナリティ障害と解離性障害の患者はしばしば，愛だけが自分を救うのであり言葉など役に立たぬと主張する。

このファンタジーの特殊な形が，男性患者との性的関係に陥ってしまう女性分析家や女性治療者のケースによく見られる。このシナリオでは患者は，衝動性や行動化の傾向それに薬物乱用の特徴をもつパーソナリティ障害の若い男性であることが多い（Gabbard, 1992, 1994d, 1994g）。反社会的活動や自己愛的な他者の利用といった履歴をもつ事実にもかかわらず，女性の臨床家は自分の愛によって「彼をなだめる」ことができると考え始める。若い男性患者は相当な対人的魅力をもち，女性治療者に対して，彼女が彼を「ほんの赤ん坊」だと考え始めるような具合に振る舞うかもしれない。女性分析家は，子ども時代によい母親的世話を受けていさえすればこの若者も違った風に育ったのではというファンタジーを抱く。この修復モードが全開で動き出すと，その女性は患者を育て直しにかかり，それが結局性的関係へと行きつくのである。

アメリカの文学や映画には，「無頼漢」の若者にはただ彼をなだめてくれる「よい女性」が必要なだけだという文化的神話があふれている。バーバラ・ストライサンドの1991年の映画『サウス・キャロライナ／愛と追憶の彼方』を観ると，観客にはトム・ウィンゴの治療が成功したのは治療者の専門的技量に関わるどんな洞察や理解よりも，何より治療者との情事のためであるとの印象が残る。子ども時代の外傷と冷たくよそよそしい母親の被害者であるトムは，レーヴェンシュタイン医師との修復的治療の中で，ついにしかるべき愛といつくしみを与えられたというわけだ。クリント・イーストウッドの1992年の映画『許されざる者』の冒頭では，いかに自分が冷血漢の殺人者で呑んだくれであったかを主役が繰り返し口にするが，その後うってつけの女性が彼をまともな夫に，父親に，大黒柱にと変えるのである。こうした女

女性治療者と男性患者の組み合わせにみられるもう一つのテーマは，男性患者の生活スタイルに表れている危険と冒険から，女性の方が代理的な楽しみを得ることに関係したものである。

### 事例：H医師

　H医師は34歳の女性治療者であるが，そこに29歳のヘロイン依存者が治療のため紹介されてきた。法にふれ逮捕されたために，裁判所から命じられた治療であった。H医師のその患者に対する初めての反応は，彼は「社会病質のヘロイン依存者」だというものであった。けれども彼との精神療法を始めると，彼女の見方は変わり始めた。彼は過ごしてきた自分の人生のあり方に抑うつ的になり，自分の生き方を変えようと考え始めたように見えた。彼女は彼のことを，子ども時代いつくしみ深い母親的世話を受ける経験を逸してしまった赤ん坊であり，女性の愛と気遣いを必要としていると考えるようになった。

　H医師はじきに彼女の「悪い子(バッド・ボーイ)」に魅了されるようになった。他の誰にも気づかれなかった，柔らかく優しい面をもっているように彼女には思われたのである。彼女はある男性と5年間暮らしてきていたが，だんだん幻滅しつつあった。実際に彼女はハンサムで魅力的なヘロイン依存者を診はじめてから，パートナーとほとんど性的関係をもたなくなった。白昼夢で彼女は自分の患者を，通常の「感情的負担」なしで平然と女性を楽しむことのできるすばらしい愛人であると想像した。

　あるセッションで患者は，お金がなくてアパートから追い出されるのではないかととても心配そうに言った。H医師は家賃にあてる金をいくらか貸すことを提案し，彼は非常に感謝してセッションの終わりに彼女を抱擁した。H医師は彼の強い抱擁の中で，あたかも自分が溶けていくかのように感じた。彼女は自分の感情がコントロールできないものであることを知り，プロフェッショナルな関係を打ち切った。しかしながら彼女は彼のアパートを訪ね性的な関係をもって，積極的にさらなる関係へと入り込んでいった。

彼女はこの関係を同棲中のボーイ・フレンドには内緒にしていたが，患者との関係のせいでボーイ・フレンドが去るのを自分は望んでいたのかもしれないと思った。**実際**彼は彼女が患者と関係をもっているのを知り，その結果彼女を捨てて出て行った。一方で患者は彼女に金銭的な要求をつのらせるようになり，彼女は自分のクレジット・カードの一枚を持たせるのが一番ではと考えるまでになった。彼女は患者に起こった災難について聞くのを大変好んだが，それがこれまで行動で表現できたことのない自分の内の「荒々しい面」に触れていることも分かっていた。彼女は彼の衝動にみちた人生や触法行為について聞くことで代理のスリルを得ていたのである。その関係の性的な面は非常に刺激的で，ここ何年も経験していなかったオーガズムを初めてもたらした。

　それでもやはり彼女は，自分が長期的に繰り返されているパターンにはまっていることが心配になり始めた。彼女は彼から，かつての精神保健専門家二人とも性的関係があったことを聞かされた。経済的に利用されているとも感じ始めた。彼女が彼の支出に制限を設けようとすると彼女の元患者は暴力的になり，彼女を壁に叩きつけ，言う通りにしないと叩きのめすぞと脅した。

　H医師は生命の危険を強く感じて働いていた診療所を辞め，元患者には行く先を告げずに別の街に引っ越した。居場所を突き止められ危害を加えられるのではないかと何カ月かはおびえながら暮らした。この頃に彼女は分析に訪れたが，自分がひどい間違いを犯したことに気づいており，自分に何が起こっているのか理解したいと願っていた。

　H医師は分析家に，セックスがその関係における本当の問題ではなかったと話した。彼は見捨てられた赤ん坊で，自分がしなければ誰も世話する人はいないと感じた。彼女は自分が患者のもつ唯一の希望であると感じた。分析の過程で，彼女は自分自身を見捨てられた赤ん坊のように感じて，患者と過度に同一化していたことを認識した。患者を救うことで，彼女は自分自身を救おうとしていた。彼女の母親はあまり世話がうまくなく，H医師は母ができないのだから3人のきょうだいの面倒は自分が見なければと，人生この方

ずっと思ってきたのだった。H医師は自分の愛情がきっと患者を癒すだろうと固く信じていた。彼女は愛が薬物問題やかんしゃくやその他の虐待的行為を癒せると思っていたのである。

　H医師は分析の初期に次のような夢を見た。彼女は分析家のオフィスにやってきたが，彼は疲れ切り黄疸で黄色くなっていた。彼女がカウチで連想していると，彼はすぐ眠り込んだ。H医師は分析家を眠るままにさせておいたが，セッションの終了時間がくると彼が次の予約を取り損ねることのないように，最終的には起こした。

　夢への連想でH医師は，自分は分析家から助けを得ているというよりむしろ分析家を助けているような気でいるのかもしれないと述べた。分析家は，**彼女**の患者とも同じような現象が起こったのだとコメントした。つまり彼女は自分のために用心するより彼の世話をしたかったのである。H医師は，自分にとっては受け取るより与える方がずっと居心地よく，そのせいで他人から奪うことに何のとがめも感じない人たちには弱いのだと言った。自分か分析家のどちらかが病気でないといけないのであって，病気なのが分析家の方であれば自分が世話できるから，その方が気が楽なのだと続けた。もし分析家が病気になって分析が終わりになっても，彼女は彼の世話を続けるだろうと想像した。

　H医師は治療の中で，自分が社会病質に惹かれる気持ちを分析するのに相当の時間を割いた。自分はこの手の病理をもつ男性には容易に操られ欺されるので，法律違反を取り締まるような仕事には決して就けないと述べた。彼らがルールを破ることへのあこがれがあるから，彼らにやすやすと欺されてしまうのだという。自分は倫理的な原則について頼りない理解しかしておらず，何が明らかに正しくて何が明らかに間違ったことなのかという内在化された感覚より，むしろ外から課せられたルールについての知識を基盤にして道徳的な行為のうわべを繕っていた気がすると言った。情緒的な親密さの領域になると特に，自分は適切な境界とはどういうものなのか分からなくなるのだと言った。自分は親密さを性から切り離すことができないのだと言い，

きっと自分は誰かに近づくと相手と性的な関係になってしまうのだろうと述べた。この同じパターンが転移の中でも現れた。彼女はなぜ自分と分析家が性的な関係を持ってはいけないのか分からないと言ったのである。

H医師はこのパターンを自分の子ども時代と関連づけたが，当時彼女の母親は少しでも性的と映るような行為があれば権威主義的に上から抑えつけようとした。H医師の父親はいつもはよそよそしい人だったが，娘の足が痛むとときどきマッサージをすることがあった。父親とH医師の間には近親姦的な関係はまったくなかったが，母親はそれを勘ぐるようなことをしょっちゅう言った。母親はH医師にませたところがまったくなかったにも関わらず，彼女が12歳の時お前は娼婦になると言ったりもした。自分の患者との情事は自己実現的な予言で，自分は母親がした予言をそのまま実演したのだと彼女は内省した。

子ども時代から思春期にかけてずっと，母親に反抗することで自分の自律性を主張したい強い願望をもっていたことにH医師は気づいた。彼女は母親が自分に敷いた支配(コントロール)を，あたかも母親がH医師自身の独立したアイデンティティをもつことを認めない暴君であるかのように経験した。彼女は大学時代，母親の逆鱗に触れるようなボーイフレンドをわざと選んだ。似たパターンが分析家への転移でも生じてきた。彼女は分析家を支配的(コントローリング)とみて，公然と反抗したいと思ったのである。

H医師の事例は彼女が恋の相手として選んだ患者の明白な犯罪行為のせいでいくらか極端であるが，恋わずらいのパターンは性的境界を逸脱した女性治療者にきわめて典型的にみられる。愛を求める自分の欲求を患者に投影し，その患者を過酷な子ども時代から救おうとするおなじみのパターンがH医師にははっきり見てとれる。しかしながら恐らくもっとも興味深いのは，彼女がもつ超自我の病理の性質である。H医師は明らかに，内在化された道徳的あるいは倫理的基準の感覚をもたず，外的なルールに依って自らの行動を律していた。母親は少しでも性的なニュアンスのある行為をみとめたら過剰反

応する，過酷で太古的な超自我として内在化されていた。

　H医師が患者ともった衝動的行為は，レオン・ヴァムザ（Leon Wurmser）（1987）が依存薬物使用者にみられるものとして描写した精神力動的パターンに多くの面で似ていた。薬物使用という衝動的行為は，特に過酷で肥大した太古的な超自我構造への公然たる反抗，あるいは一時的な打倒を表しているのかもしれないと彼は報告した。患者の反社会的行動に感じた興奮，および彼との秘密の性的関係の中でH医師は，暴君的で支配的な母親を打倒する強力なファンタジーを実演していたが，その母親は彼女の超自我の中核的な構成要素として内在化されていたのである。彼女は罪悪感や恥を感じる能力をしっかりともち，子ども時代から思春期にかけて母親からの侮辱という尋常でない重荷を経験したが，ついにそれは窒息させるような内在化された情動となるところまで行き着いたのだった。

　彼女の罪悪感は一部には，患者のために自分を犠牲にするという自己破壊的行為を通して対処されていた。性的関係をもったことは妥協形成であり，そこにおいて彼女は窒息させるような超自我の圧力からわが身を守るとともに，自らを罰することでそうした圧力を満足させたのであった。その処罰は死や資格の喪失まで行きかねなかったが，彼女は大惨事が起こる前にその関係からわが身を解き放つだけの判断力はもっていた。

　破滅的な関係へ向かった自分の無意識的動機について分析的探索を続ける中で，H医師は自分が心理的な死の状態を寄せ付けないようにしていたことを認識するようになった。危険な患者と関係をもつことで彼女は，活気づけられエネルギーを与えられるように感じた。幼い子どもの頃ずっと，彼女は母親を自分には近寄りがたいよそよそしい人物として経験していた。ちょうどアンドレ・グリーン（Andre Green）（1986）が描写したような具合に，彼女は無意識的にこの「死んだ」母親と同一化して，自分を生へといざなってくれる他の誰かへの必死の欲求を感じていたのである。同棲相手との関係も同じように生気がないものであり，患者は彼女の耐え難い心理的な死の状態からの脱出路を表していた。父親が情緒的に応じてくれない人であったこ

とも，この内的な生気のなさに拍車をかけた。

　患者への自分の激しい愛は世俗的な約束事を超越するのだから，自分だけは通常の倫理規範の例外だとH医師は想像していた。また別の治療者たちは自分たちの行為を，性器的性交を実際にしたわけではないのだから性的搾取に本当に手を染めたとは言えない，と述べて合理化する。オーラル・セックスや性器への愛撫があったにもかかわらず，こうした臨床家たちはその関係において限界を守ってきたのだと自分に言い聞かせて，自らの良心をなだめすかすのである。

　何年も前に，ハロルド・サールズ（Harold Searles）(1979) は次のような見解を述べていた。

　　私が長年抱いてきた印象では，治療者が実際に患者との性的関係をもつにいたる最大の理由は，治療者自身の強い治療意欲が昇華の力を奪われ幼少期に機能していた時の水準にまで引きずり下ろされて，彼を患者とのこうした関係へと駆り立てるためであるようだ。成人期の訓練と実践によって習得されたはるかに洗練された精神療法的技法にも執拗に抵抗してきた患者の病が，魔術的な治癒力をもった性交によって解決されるという錯覚に，彼は屈したのである。(p.431)

　愛と思いやりの宣言は，分析家の万能的な治療意欲をくじこうとする患者の性癖に対する無意識的な絶望と怒りの感情を，しばしば覆い隠す。アンドレア・セレンザ（Andrea Celenza）(1991) は，治療が行き詰まったときに患者を誘惑し始めた治療者の事例を報告している。治療者は負の力価をもつ逆転移感情にも，患者から向けられる陰性転移にも耐えきれない。セレンザは誘惑を患者の中の陰性感情（そしてまた彼自身の中のそれ）を迂回し，患者と治療者の両者が耐えられるような理想化転移を育てようとする無意識的試みと見る。患者に対する怒りと憤懣は，しばしば恋わずらいの分析家の表面下すぐのところにあり，分析家はそのような感情をエスカレートしていく

反動形成で防衛しているのであるが，そうすれば性的逸脱行為を支えているサディスティックな根拠を意識的な気づきの外に閉めだしておけるのである。

　セックスが魔術的に患者を癒すというファンタジーは，精神分析の源にまでさかのぼる。ウィーンで医師になったばかりの頃を振り返ってフロイト（1914b）は，フローバク（Chrobak）から不安発作をもつ患者を引き受けたことを書いている。患者の不安は，彼女の夫がインポテンツで18年間の結婚生活で一度もセックスしたことがないという事実に関係したものだとフローバクは説明した。フローバクはフロイトに，患者の問題への唯一の処方箋は「penis normalis dosim repetatur!」だとほのめかした（p.15）。ざっと翻訳するとこの処方箋は，正常なペニスを連続して服用，ということになる。フロイトはこうした手段による治療には，保留の態度を示した。

　治療的な性交というファンタジーのサディスティックな起源はあまりにも分裂排除されるか抑圧されているため，患者が性的関係によって傷つけられたとか裏切られたと感じたと聞くと分析家はしばしば仰天する。こうした場合，分析家は，自分は患者に恋していたのであって彼女の望むとおりのことをしたまでだと主張する。分析家にはこの行為に本来的に含まれる敵意や搾取性を見てとることができないようである。この点で分析家と患者の性的関係は，フェティシズムのような倒錯によく見られる力動に似ている。というのも経験の一面の真実はパーソナリティのある部分には知られているが，別の部分には否認され分裂排除されているからである。フェレンツィは子どもとの近親姦関係を「憎しみをはらんだ愛」の一型と見ていた。同じことが治療者−患者間のセックスにも言えるのかもしれない。

　重篤な自己愛的治療者は，彼らの性的な技量は相当なものだから患者は自分とセックスすることで性的な不安を癒されると文字通り信じている。セックスが治療的だというこの文化的神話は非常に広く信じられているので，多くの女性たちもそれを信じているほどである。ジェームズ・エイマン（James Eyman）とグレン・ギャバード（1991）が報告した事例ではある中年女性患者が，自分の助けとなるのは治療者との性的活動によって引き起こされた

オーガズムだけだと主張した。二人の男性治療者が彼女とこの方法を試みても彼女の状態はまったく変わらなかったのに，彼女は自分の確信を強固に主張しつづけた。フェミニスト映画である『テルマ・アンド・ルイーズ』の中でほのめかされているのも，テルマが不幸な主婦から充実した女性に変わるのに必要だったのはただうってつけの男性とのセックスだったということである。この男性は彼女が道で拾ったヒッチハイカーで，のちに彼女から金品を強奪するのであるが。

　フェティシズム的な線にそって経験を隔壁化するこのやり方は，恋わずらいの分析家が超自我からの圧力を扱うやり方にもあてはまる。カーンバーグ (1977) はほとんど自明のこととして，性的情熱に本来的に備わる性質は超自我の賢明な働きを凌駕してしまうと主張した。いつもは倫理的な行動をしている恋わずらいの治療者のある者に見られるのは，超自我の禁止を隔壁化する能力であり，そうした禁止を患者とのその特定の関係には無関係であるかのように扱う能力である。またある治療者たちはH医師のように，支配的な親と子ども時代に体験したことから身につけた規範に対して，果敢に反抗する。そうした親を彼らは，自立性を保つために振り払わねばならないと感じていたのである。

　もう一つ恋わずらいの治療者にしばしば見られる精神力動的なテーマは，喪と悲嘆をめぐるものである。患者との性的関係は，それ自体として喪失のつらい感情に対する躁的防衛を表しているのかもしれない（Gabbard, 1994d）。臨床家は私生活で目下喪失を経験中で，これ以上の喪失を職場で扱うなど耐えられないと感じているのかもしれない。この点から，終結は特にやっかいな時期になりうる。どの治療者もみな治療の終結時には避け得ない喪失を扱わねばならない。分析家と患者は昼食時に会ったり，社交的につきあおうとしたり，共通の趣味を追求したりして新しい関係に乗り出すことによって，ともに共謀して悲嘆の感情を追いやってしまうことがある。二人は滑りやすい坂道を下っていって，とうとう完全に性的な関係にまで至りかねない。分析家と患者の双方が，新たな始まりに乗り出すことによって終わ

りを否認するのである。スタンレー・コーエン（Stanley Coen）（1992）が強調したように，性愛化がつらい感情をより肯定的で刺激的なものに変えるのかもしれない。

ジュディス・ヴィオースト（Judith Viorst）（1982）は，患者との終結時にもつ感情について20人の分析家にインタビューした。これらの分析家たちは，喪失の痛みを扱うのに患者と同じ防衛を用いていた。喪失が永続的となることを否認するために，分析終了後も接触をもつというファンタジーが顕著だったのである。実際，ある分析家はそれぞれの女性患者と結婚することを想像することによって，終結をめぐる感情に対処していたと認めた。

喪失に対する防衛のもう一つのバリエーションは，患者がよくなるのを分析家が許容できない時にみられる。というのも，それは患者とのつながりの耐えられない喪失を表すからである。ワイナー（1994）は治療者患者間の性交渉を，このような患者を改善させ手放すことの失敗の著しい例と見た。もちろんそれはまた，分析家の欲求が患者の欲求を押しのけてしまうことの派手な例でもある。

もう一つの幻滅が，恋わずらいの分析家の中では働いているかもしれない。往々にしてこうした分析家たちは，自分のインスティテュートや訓練分析家に対して，しかるべき扱いをされなかったとひどく激怒することが見受けられる。自分にふさわしいはずの訓練分析家や管理職のポストに昇格できないことに怒っている場合もある。訓練分析について言えば，彼らは治療の中で自分の心のある面が探求されないまま，あるいは分析されないまま残されたと感じていることがある。たとえばフェレンツィは自分の陰性転移をまったく分析してもらえなかったとフロイトを恨み，フロイト宛の書簡でもそう書いている（Dupont, 1988）。彼はフロイトの技法を拒絶して，患者をより甘やかす独自の技法を開発することで自分の怒りを表現し，その技法において患者が子どもの頃受けられなかった母性的愛情（それに身体的な情愛）を患者らに与えようとしたのであった。

その分析家あるいは治療者が何らかの組織に雇用されている場合，その組

織への憤りや怒りが患者との性的逸脱の決定因になっていることがよくある。思春期の若者が非行で親を困らせようとするのと同じように，治療者は無意識的にその組織を困らせることを望んでいるのかもしれない。したがってこうしたケースの多くでは，復讐という動機もまた働いているのである。

　性同一性と性的指向にまつわる葛藤が，分析家－患者間の性的関係の重要な焦点となっていることもある。男性分析家のある者は自分の男性性に自信がないために，女性患者たちに自分の男性としての魅力を認めてほしいという強い欲求をもっている。患者との性的エナクトメントはその分析家が，自分は確かに男であり女性から性的に求められるのだと自分自身を納得させようとする試みの一つかもしれない。

### 事例：Ⅰ医師

　Ⅰ医師が分析を受け始めたのは，別の街で患者と一緒なのを見たある同業者から，性的な不品行を告発されてのことだった。彼は思慮が足りなかったことを認めたが，彼と患者がお互いに感じている愛は「限りない愛」だとも言った。これまでのどんな関係でもこのような愛を感じたことはないと言う。関係が始まった時，彼は48歳，患者は34歳であった。

　彼はどんな風に関係が始まったのかを説明した。分析の終わり際，患者はカウチを降りていつになく彼の方に向き直り，彼をまっすぐに見た。そして言った，「苦しんでいるのね」。彼はその言葉に深く心を動かされ，自分の妻にはこれまで決してできなかったような仕方で，自分のことを気にかけてくれていると感じた。彼女はひととき彼の肩に触れ，彼を見つめた。そのまなざしに，Ⅰ医師は彼女が男として認めてくれていると感じた。

　Ⅰ医師と妻は，もう何年も絶望を隠しながら暮らしていた。彼は患者についての考えに昼も夜も取り憑かれて過ごすようになった。彼女の愛に報いることができさえすれば，彼女が直観的に見て取った自分の苦しみも癒されるような気がした。彼は夕刻われしらず彼女の自宅周辺に車を走らせている自分に気づき，短い手紙を書いたが投函することはなかった。彼女が現れるの

ではと期待しつつジムで集中的なトレーニングをした。彼はウェート・リフティングをしながら，通り過ぎる女性たちの目の中に，患者との間で経験したのと同じまなざしを探し求めた。

　患者に触れられた出来事があってから，I医師は自分が寄せる関心を彼女が温かく受け止めてくれるものと確信していた。彼はとうとう面接中に，もう自分を抑えることができない，彼女に激しく恋していると打ち明けた。「知っていたわ」と彼女は答えた。彼女は立ち上がり彼を抱擁し，ともにカウチに腰掛けた。彼女は夫と別れ彼と一緒になると言った。I医師は，自分たちが性的な関係をもつことは倫理に反することになるのだと答えた。そして続けて，身体的には自分を抑えることができるが，気持ちはもう抑えられないのだと言った。

　その時から何度となく，彼らは面接中カウチで横になり過ごした。抱擁はついには情熱的なディープ・キスと性器への愛撫へと変わった。I医師は自分が性的にうまく機能できないのではと心配して，性器の愛撫とキス以上の関係はもてなかった。

　彼らはI医師が仕事上の会議に出かける時に，よその街で，オフィス外で会うようになった。そのような時彼らはよく同じ部屋に泊まったが，彼は自分は倫理的に行動していると自らを納得させるために，性的関係は控えるようにしていた。患者は彼の性器を勃起するまでマッサージしたが，彼はそれ以上には進まないよう彼女を押しとどめた。ついには彼女は，彼が射精するまでフェラチオするようになった。この時点に至って彼は彼女が自分の性的機能の問題を「癒して」くれたと感じ，性器的性交にまでおよぶようになった。

　分析でI医師は，これまで女性の手でひどい目に遭わされてきたことを頻繁に語った。母親は彼にまったく注意を払うことなく，二人の兄弟たちの方をかわいがった。母親の前で泣いても，自分の部屋に行って泣き止みなさいと命じられるだけだったと彼は訴えた。自分の窮乏を思うと胸がむかつくほど嫌になると彼は言った。患者との関係を思い起こすたびに（関係は彼が分析を受け始める頃には終わっていた），彼女にどれほどのことをしてやったか

を思った。自分が弱く，彼女から何かを求めていたのだとは考えたがらなかった。関係が露見した時，彼はそこから生じるだろう結果にふるえあがり，起こったことを妻に打ち明けた。妻が非常に理解を示してくれたことに彼は驚き，母の胸にとりつき乳を吸う赤ん坊のように妻の腕の中で丸くなった。彼は生涯でその時ほど愛に飢えていると感じたことはないと言い，妻がそれほどの救いを与えてくれたことに驚き，かつ感謝した。そこにははっきりと感じ取れる，ほとんど味わえるほどのいつくしみの感覚があったと彼は言った。

　I医師はフェレンツィのように，自分の患者に自分自身が母から受け取れなかったものを与えようとした。H医師と同じように患者との情事でさえ，彼自身のどんな欲求が満たされたかというより，彼が彼女に何を与えたかという意味合いで語られた。I医師の葛藤は，乳房で養われたいという退行的な願望が受動性と弱さへの圧倒的な恐怖を生じさせた時に現れ，その願望を過度に男らしくなろうとすることで防衛する方向へと導いた。患者に抱かれたいという願望を感じると自分をあまりに弱く感じてしまうので，まだ自分自身をコントロールできるのだと自分に言い聞かせるために，その関係を性愛化してしまったと彼は述べたことがある。

　受動性に対する彼の恐怖は一つには，同性愛不安と自分の男性性への自信のなさに関係していたことが分析の中で明らかになった。自分は女として生まれることを期待されていたという事実を，これまで決して否定し去れなかったのだと彼は言った。母親は彼の男性性は受け入れられないものだというメッセージをいつも伝えてきたし，彼に男か女か分かりにくいような名前をつけていた。患者と関係をもつたびI医師は，自分は去勢されていないし女でもない，魅力ある男だと自分に言い聞かせていた。

　分析初期のころI医師は，患者との関係に含まれる敵意にまったく気づいていなかった。しかし治療が進むうち，子どもの頃ネグレクトされた母への恨みが問題となっていることに気づき始めた。母親が二人の兄弟たちにあれこれと世話を焼く間に閉め出されていた経験は，彼自身の状況において正反対のものに転じていた。つまりその状況において彼は，妻を閉めだして患者

に愛情のすべてを向け，子ども時代の屈辱と排斥の状況を，大人としての勝利と復讐のそれへと変えていたのである。

　倫理的に許容される女性でなくむしろ患者にI医師が恋してしまった理由は，彼が分析の中で父親との関係を吟味した時に明らかになっていった。彼は父親についてはあまり話すことがなかった。というのも父親は子ども時代を通してずっと情緒的に応じてくれない人であったからである。分析を始めて2年になる頃，I医師はふとした拍子に衝撃的な事実を明かした。彼の父親はある時期聖職者をしていたが，教区民の一人と情事をもって，自分の教会から追放されたらしいと述べたのだ。分析の作業は彼が父親のパターンを無意識的に再演していると自覚するのを助けた。I医師はその予想外の事実に恐れおののいた。というのも父親と同じになることだけは避けようと努力してきたからである。彼は患者との性的関係が，禁じられた近親姦的対象を占有したいというエディプス的願望の成就と，父親との同一化との妥協形成であったことを理解するようになったが，父親との同一化の結果彼は自らの名誉をけがし，父親を超えられないことを確証してしまったのだった。

　I医師の状況は主に男性的なアイデンティティへの自信のなさを中心とするものであったが，他の事例では性的指向についての葛藤を含むものもある。同性どうしの組み合わせでは患者との関係を，自分自身の性的指向の探索に利用する分析家や治療者もある。女性治療者－女性患者の性的関係15例の研究では，治療者の20％が患者に対して自分は異性愛だと告げ，20％が両性愛と，そしてたった40％のみが自分をレズビアンだと告げていた（Benowitz, 1995）。20％がこれまで女性と性的関係をもったことはないと言い，33.3％が自分の性的指向や女性との性的行為に関する内的葛藤を示していた。ジョン・ゴンシオレック（John Gonsiorek）（1989）は男性治療者－男性患者の組み合わせにおいても同様のパターンがあることを記している。

　恋愛性の転移感情や逆転移感情は，ジェンダーや性的指向の点で相当流動的であるという特徴をもつ（Gabbard, 1994f）。多くの女性治療者が，患者

に性的魅力を感じたわけでもなく自分自身同性愛だとも思えないのに，女性患者と性的関係をもつに至ってしまったと報告している。患者にあまりに魅了されたため，その患者と一緒に居たい一心でその関係の性愛化に喜んで従ってしまったのだろう。

　子ども時代にあったエディパルな布置の禁じられた側面と成人してから生じた治療者-患者間の境界侵犯との間に類似をみたくなるところだが，そのような治療者や分析家との臨床的作業に基づきこの章で報告した素材からは，原初的なプレエディパルのテーマは，恋わずらいのケースでより顕著であることが示唆される（Gabbard, 1994d；Twemlow & Gabbard, 1989）。そうしたテーマの一つは患者によって変えられたいという願望である。母親は初めは分離したひとりの人として体験されてはおらず，変容の過程として体験されているとクリストファー・ボラス（Christopher Bollas）（1987）は述べた。「大人の生においては，探求は対象を所有するためのものではない。むしろ対象は自己を変える媒体として，それに身をゆだねるために追い求められる」（p.14）。だからもっとも基底的な水準で治療者や分析家は，患者が魔術的変化を生じさせてくれる愛の対象になるだろうというファンタジーを抱いているのかもしれない。実際 I 医師の経験は，患者との愛情にみちた性的な関係がこれまでは知らなかった幸福をもたらし自分を「新しい男」にしてくれるかもしれないというものであった。彼はまたもっと原初的な願望に対する防衛として性愛化を使ってもいた。

　分析家と患者間でもたれる性的接触は，相当機能不全であることが多く，インポテンツ，射精不能，女性側のオルガスム不全，早漏などがみられる。しかしながらそうした関係に陥った治療者の多くは，必ずしもセックスが一番大切なことではなかったと繰り返し強調する。ゴールドバーグ（1994）は恋わずらいについて書く中で性愛化を，一種の偽セクシュアリティを通じて自己対象とつながりを保っておこうとする努力と見ている。彼の見解では性的行為は，統合喪失や空疎な抑うつを感じないための防衛なのだ。そのような状況にある治療者は重篤な自己愛の不安定さに悩まされており，「その平

衡をとりもどすために太古的な自己対象をサディスティックに無理矢理コントロールしようと」(p.162) 試みているとリチャード・チェシック (Richard Chessick) (1992) は見る。男性の治療者や分析家と関係をもった女性の多くは，自分は治療者の欲求を満足させるため性的に利用されたと感じる。彼女らは最終的に，自慰の道具として利用されていると思うようになるとの報告もある。このような患者の感じ方はもちろん，治療者は患者の上に投影された，理想化された自分自身の姿に恋しているという定式化にも合致する。

## ■マゾヒスティックな服従

自分の苦しみにひどく浸りきっているように見える分析家たちもいる。他からは「難しい」あるいは「どうしようもない」患者と見られている者たちを治療することは，他の同業者たちが諦めてしまった状況で「頑張れ」ているその分析家にとって，相当のマゾヒズム的満足の源泉になりうる。こういうマゾヒスティックな傾向を建設的な方向に向け変えて，最終的に手に負えない患者の治療に成功する分析家もいる。しかしながらそうでない分析家の場合，苦しみたい欲求はいやおうなく自己破壊の道をたどり，性的境界侵犯にまで行き着いてしまう。

ある分析家たちは難しい患者との関係で幾度となく，患者の要求によって責めさいなまれていると感じている自分に気づく。このパターンは悲劇的な帰結を生じかねないマゾヒスティックな関係のあり方を反映している。こうした治療者たちは仕事ばかりでなく私生活でも，辱めをうけ被害者となることを追求しているように見える。多分一番よくある筋書きは，男性治療者が要求がましい患者に脅かされ操られるままに，自殺を防ごうとして徐々にエスカレートする境界侵犯を強いられていくというものだろう (Eyman & Gabbard, 1991)。そうした患者はしばしば，解離性障害やPTSDあるいは境界性パーソナリティ障害をわずらう近親姦被害者である。

こうした臨床家たちは特徴として，自らのアグレッションの処理にまつわる問題を抱えている。自分の権利を主張したり，患者に限界設定したりする

ことは残酷でサディスティックなことと見なされるため,あらゆる怒りは自滅的な行動や態度の形をとり内に向けられる。患者の要求がエスカレートしてゆくと,分析家は患者への怒りや嫌悪を防衛するために反動形成を用いるようになる。分析家の怒りがとてつもない程度にまで達したその時,患者は分析家を思いやりがないと責めるかもしれない。そのような直面化に分析家は,自分の陰性感情が暴かれたと感じる。結果として生じる罪悪感から彼らは患者の要求を受け入れ,この二人それぞれの当事者のうちにあるアグレッションはぎりぎりのところで食い止められる。

　この範疇に入る分析家たちとの分析作業では,患者との過度の同一化が明らかになることが多い。恋わずらいの治療者たちのように,この範疇の者たちは自らの子ども時代に親から受けた虐待の体験を再演していることがある。彼らにはアーノルド・クーパー(1993)による自己愛性マゾヒスティック・パーソナリティ障害の記述がよくあてはまる。クーパーはこう言う。「こうした人たちは自分の身近にいる対象が,欲求不満と悪意の源として存在していると思い込んでいる。実際彼らは外界における関係を,拒絶的で残酷な前エディプス期的母親を無限に増殖させるために用い,それによって内的世界を支配されてしまう」(p.55)。

　こうした特徴をもつ分析家は,子ども時代に体験させられた苦しみを分析家に償ってもらって当然の被害者として自分自身を提示してくるような患者に,特に弱い。表面的にはこうした分析家らは,患者が抱いている「償ってほしい」という欲求を満足させる方向に引きずられる。しかし表面下では,彼らは苦しむことで自分に価値を見出している。彼らはしばしば自分の苦しみは他人のそれよりずっと深刻で長きにわたるものであり,それゆえ自分は特別の評価に値するという確信を心に隠しもっているのである。クーパー(1993)が記したように,こうした人たちは自分自身を無垢な幼い被害者と見るような,秘められたファンタジーをもっているかもしれない。彼らの親は悪意に満ちているが,もし彼らが十分服従的であるなら愛してくれるのだ。

　この範疇に入る分析家たちはしばしば,性的な行動が起こってしまってか

らその非倫理性に気づき，治療をやめて自ら助けを求めようとする。免許認定審査会や倫理委員会にマゾヒスティックに自首することもある。訴訟ということになると，彼らはサイコパス的搾取者の同業者たちよりはるかに困ったことになるが，それは彼らの方がずっと操作的でなく，馬鹿正直な態度で訴訟にのぞむからである。

## 事例：J医師

　J医師は44歳の男性分析家で，子ども時代の身体的虐待と性的虐待の体験に関わる外傷後ストレス障害（PTSD）を長く煩う28歳の女性を治療していた。治療初期に虐待の体験がフラッシュバックしてきた時，患者はしっかり抱いてくれと要求してきた。抱いてもらいさえすれば自分は「錨が下ろされたように落ち着」けるのだと言った。最初は気が進まなかったもののJ医師は彼女の肩に手を回し，フラッシュバックの間彼女を抱いてやった。こういう介入によってフラッシュバックを乗り越えられ，父親とともに過去にいるのでなく彼とともに現在にいると感じられるのだと彼女は言った。

　J医師はこうした身体的境界の逸脱が心配になって，精神療法では接触よりも言葉を用いねばならないのだと患者を説き伏せようとした。しかし患者は憤然としてこう言った。「言葉なんて私の役には立ちません！　子どもの頃まったく気持ちの支えを得られなかったのだから，私には抱きしめてもらい愛してもらうことが必要なんです！」J医師は「気持ちは分かるけれど，そういう願望にのっとって行動し続けるより，それについて語る方が大事だろう」と言った。すると患者は彼を突き刺すような目で見てからこう言った。「あなたは私の話にちゃんと耳を傾けていませんね。**自分が**いいと思うように私を扱うだけで，私があなたに何を望むかということには，耳を傾けていないのです」。

　J医師は患者が真剣に自殺を考えていると感じ，自殺をくい止めるために自分の支えが必要だと思った。彼は彼女の要求に黙って従ったが，肩を抱いてやるだけでは不十分なことをじき思い知らされることになった。夜更けに

電話してきては，自宅まで来てくれないと死ぬ，と要求するようになったのである。J医師は彼女に，そんなに死にたい気持ちが高まっているなら入院が必要だと説いて聞かせた。すると彼女は保険には入っていないから入院はできない，自分の自殺を思いとどまらせるのは彼の存在だけなのだと言った。彼は不承不承彼女の家に出向いたが，気持ちの上ではいつも自分は越えてはならない境界を越えていると感じていた。彼は，自分は彼女の命を救っているのであり「非因襲的で」，精神療法の融通の利かないルールに縛られないだけだと自分に言い聞かせて，自分の行為を正当化した。彼はまた真夜中に１時間も彼女と話し込んだので，「夜中にベッドで長ったらしい電話をして私を眠らせない」と妻を怒らせるほどだった。

　患者は，もう精神療法の料金を払えないから無料で治療してくれとも要求してきた。彼は譲歩して１回分の料金で２回の面接を提供したが，それでも彼女は彼のことを，金をもらうためだけに相手を気にかける売春婦のようだと言っておびやかし続けた。彼はとうとう料金を課さないことに同意し，こうして滑りやすい坂道を下っていった。面接内では抱擁はキスへと，ついには性器の愛撫へとエスカレートしていった。ここに来て分析家は，自分たちのしていることは非倫理的だからやめねばならないと言った。彼が患者を同僚に紹介しようとしたところ，患者はすぐさま彼を医療過誤で訴えた。

　治療の中でJ医師は，自分がどれほど患者に丸め込まれていたかを認めたが，彼女を救うために自分が苦しみを甘受することには何か「気高い」ものがあるようにも感じると述べた。彼は子どもの頃キリストと同一化していたことを打ち明けたが，キリストとは他者の罪のために苦しんだ者である。彼はいかに自分が患者とともにいやおうなく渦の中に巻き込まれていったかを内省したが，それはしばしば，彼女と性的関係をもち専門家としての自分を犠牲にすることによって彼女を自殺から救うというファンタジーによってあおられてのことだった。彼は言った，「彼女が生きられるなら自分は死んでもいいというくらいの気持ちだったのです」。

この種の考え方は，90年前にザビーナ・シュピールラインが詳細に論じたエロスと死の関係を強く思い起こさせる（第5章参照）。愛他的に「輝く名声に包まれて死ぬ」というこのファンタジーは，治療が進むにつれ明らかになった明白なエディプス的基盤を有していた。つまり，この禁じられた女性とのセックスは彼自身の死へとつながったが，それは父親の手によってではなく**彼の**手によってもたらされたのである。

　クーパー（1993）によると，自己愛性およびマゾヒスティック・パーソナリティ障害は典型的にある種の超自我病理をもつという。つまり超自我がいくらか堕落していたり，あるいはひどく過酷であったりする。こうした人々は行動規範を無視することがあるが，しかし一般にいつも見つかって罰される結果に終わるようなやり方をする。彼らの超自我は，自己破壊的行為や有害な行為を防ぐべく割って入るのでなく，ことが起こってから懲罰に荷担するような形で現れてくるのである。

　J医師の事例はまた，マゾヒスティックな服従の筋書きでよく生じるようなある種の投影－取り入れパターンを例示してもいる。一連の出来事は次のような主要な登場人物三者を含むドラマが展開しているものと考えると，もっとも理解しやすい。つまり虐待者，被害者，万能的救済者である（Davies & Frawley, 1992；Gabbard, 1992）。分析家－患者関係は当初救済者－被害者パラダイムとして始まるが，分析家は滑りやすい坂道をくだることにより「もう少し先に進」んでしまい，患者から情け容赦なく苦しめられるまでになる。この時点で役割は入れ替わり，患者は虐待者に，分析家は被害者になっている。ついには，患者を救おうとする中で分析家は早期の虐待の再演に共謀してしまい虐待者となり，患者は再び被害者となってしまう（Gabbard, 1994c；Gabbard & Wilkinson, 1994）。

　J医師の逸脱についての報告に示されているもう一つの要点は，マゾヒスティックな服従の事例の多くに底流する対象喪失への恐怖である。患者が精神療法をやめてしまうのではないか，自殺してしまうのではないかという心配は，治療者につきまとっている過去のファンタジー上の，あるいは現実の

対象喪失に共鳴したものかもしれない。こうした臨床家たちは失った過去の対象の代替物を，患者という形で見つけることによって喪失を否認する。どんなに不合理な状況でも治療者は患者にしがみつくかもしれない。というのも，対象を失うより治療者が苦しむ方がましだからである。

　マゾヒスティックな服従に陥りやすい分析家や治療者は，良心の欠如したサディスティックでサイコパス的な特徴をもつ患者に特に弱いことがある。散見されるいくつかのケースでは，そのような患者は（男性であれ女性であれ）治療者に自宅にくるよう依頼し，やりとりを録音しつつ治療者を誘惑しようとする。しかるのち彼らは弁護士に連絡し，多額の示談金を勝ち取ろうと治療者を訴えるのである。けれども指摘しておかねばならないのは，患者の病理がどうあれ，適切な境界を維持する責任はつねに治療者や分析家にある点である。

## 共通してみられる基盤としての自己愛

　性的な境界侵犯をおかしてしまう分析家たちを理解するための分類を作成する中でわれわれは，ほとんどすべての事例に何らかの自己愛の問題が関わっていることに気づいた。自己愛的な問題は，サイコパスの構造をもつ分析家から傷つきやすく愛に飢えている者まで幅広く生じうる。ハーバート・ストリーン（Herbert Strean）（1993）は患者と性的関係をもった4人の治療者を治療した体験について論じ，そのいずれもが愛する能力に深刻な問題を抱えていたという結論に達している。彼らはみな共感を維持しながら他者に関わることを難しく感じる，幼稚なほど自己愛的な人間であった。どのケースでも彼らは両親それぞれと満足のいかない関係を経験してきており，身体的・情緒的接触を求める強い願望が満たされなかったことに相当の怒りを抱いていた。

　その分析家たちの奮闘にみられる主な徴候は，こうしたケースのほとんど全例が生来的に有している誇大性である。繰り返し現れるテーマは「この患

者を救える（あるいは癒せる）のは自分だけだ」という確信である。救いたいという愛他的な願いは，癒そうとする万能的な奮闘に姿を変えている。自分の愛や無私の犠牲的行為が患者を治すと信じる分析家たちは基本的に，自分の技法と知識より**人柄**そのものが救いとなるのだというファンタジーに捕らわれている。関係性はもちろん精神分析の治療行為の一部だが，その関係性をどう維持管理するかということが分析技法のかなめなのにである。

　もう一つ共通する特徴としてこの現象を観察する者すべてを圧倒するのは，こうした臨床家たちが有するひどくサドマゾヒスティックな心の核である。ある場合には患者へのサディズムがより表面に立ち，また他のケースでは分析家の自己破壊的傾向がより目立つ。しかしどんなケースでも，その両方ともが何らかの形で存在している。ストリーン（1993）は，彼が治療した4人の治療者全員が相当の自己嫌悪を示し，それがしばしば自己卑下を裏付けるような行動化の形を取ることを見出した。

　第3の共通点は，内省よりむしろ行動へ向かおうとする何らかの傾向である。患者と性的な関係をもつに至る分析家や治療者の多くは，自我のうちファンタジーにたずさわる能力の領域に損傷をもつ（Gabbard, 1994f）。H医師はこの困難を体現していた。「私の中には思考やファンタジーが消え失せ，内的葛藤を解決するためにとにかく何か行動しなくてはならなくなる一点があります。この種の行動は，現実の外的葛藤を解決するために必要な理性的なタイプの行動とは違い，またしばしばまったく正反対ですらあります」。ヘレン・メイヤーズ（Helen Meyers）（1991）もある種の性倒錯患者を観察して同様の所見を述べているが，そういう人たちでは行動がファンタジーに取って代わるという。他の臨床家たちはファンタジーを生産的に利用することによって，強烈な性愛的逆転移をワーク・スルーできているのかもしれない。ファンタジーを抱く能力のこうした障害は，性的境界を逸脱する治療者や分析家に普遍的に見られる特徴では決してないが，頻繁に見られるため注意を要する。

　ファンタジーのかわりに行動へと向かうこの傾向が，第1章および第3章

で論じたハルトマン（1991）の「厚い境界」という概念と重なっているケースもある。厚い内的境界をもつ治療者や分析家は患者と分析空間に入るのを難しく感じるが，分析空間というのはそもそもファンタジーや思いつきにまつわる行動を想定しないで，それでもって遊んだり，それを考えてみたりできるような場である。こうした治療者たちは転移的願望とその現実的満足との違いを理解できないがゆえに，患者の抱くファンタジーに具体的な行為で応じてしまう傾向をもつのかもしれない。H医師もI医師もこうした困難を抱えていた。治療者患者間における性交渉事例の多くでみられる特に問題含みの状況とは，薄い内的境界をもつ近親姦被害者の患者と，厚い内的境界をもつ行動に傾きがちな治療者あるいは分析家からなる状況である。この状況は，自己愛的な男性治療者がボーダーラインの女性患者と性的関係に陥るケースと重なっているかもしれないが，これは第4章でとりあげたような境界にみられる性差を反映している。

　厚い内的境界をもつ分析家や治療者は逆説的なことに，より投影同一化の危険にさらされやすい。彼らは象徴の領域で遊ぶ能力を欠いているために，投影の対象である患者と自分との間に切り離せない絆を認知（より正確に言うなら誤認）しやすい。その患者が子どもの頃の外傷体験による傷を受けていたとすると，きわめて厚い内的境界をもつ治療者ならその償いを非常に具象的な形でできると思い込むかもしれない（Segal, 1994）。患者が誰か他の人物を象徴的に表していたり，分析家が患者の転移の中で他の誰かとして表されていたりもしない。象徴化の失敗のために，行動へと駆り立てる切迫した圧力を感じるのである。こうした力動は，なぜ患者と性的関係をもった分析家や治療者のそれほど多くが，自分はただ「よい父親」となって患者を愛することで健康に戻そうとしただけだと主張するのかを説明する。その父親というのは文字通りのその人物なのではなく，むしろ象徴的な表象なのだという点を彼らは認識できないのである。

　ある種の臨床家たちが厚い境界を特徴として持続的に有するのは事実だが，妄想－分裂モード（パラノイド　スキゾイド）の精神機能はわれわれ皆の中にもある程度存在するという

のもまた事実である（Ogden, 1986）。どんな治療者も投影同一化が支配するような，より具象的な活動モードへと退行しうるのであり，喪失のような過酷な人生上のストレスと関連した強い欲求や切望の圧力下ではなおさらである。

第4の共通点はある種の超自我障害である。この障害はサイコパス的な搾取者では深刻であろうが，恋わずらいの分析家ではほとんど気づかれぬ程度である。しかしたとえ恋わずらいの治療者であっても，倫理的な行いを命じ他人を利用することを禁ずるような，完全に内在化された価値観をもっていないこともある。こうした臨床家のある者は，外からの明確な指針の必要を感じ，就業規則や同業者たちからのフィードバックに助けられて専門家としての適切な境界を維持してゆけるような，組織の一員という設定の中で働くかもしれない。また別の者たちは，禁止的な親をまさに打倒する行動化へと彼らを導くような，暴君的で太古的な超自我をもつ。こうした理解は恋わずらいやマゾヒスティックな服従の範疇に入る治療者たちによく見られる，次のような所見を説明する助けになるかもしれない。つまり彼らは，禁欲的なまでに道徳的かつ倫理的な素行が続いてきた生活史をもつのだ。このような治療者が患者との性的境界を逸脱してしまうと，その臨床家を非常に統合された人間だと思っていた同僚たちの内部にひどい認知の不調和をつくりだす。もっと重篤な人たち，つまり恋わずらいの分析家やマゾヒスティックな服従にあてはまる人たちの一部は，罰されたり免許を失ったりする恐怖が動機となり，倫理的に振る舞う必要を意識する。それでも激しい情欲にさらされると，道徳的禁止や倫理的禁止を隔壁化してしまう者もいる。彼らはある種の行為が患者に対して破壊的影響を与える可能性をどこかで知っていながら，それに気づいている面を情欲的な面から切り離しておくので，そういう情欲的な面は行動や性的満足へと駆り立てられるのである。

第5の共通点は分析家が患者の中に，ある種のエナクトメントを行わねばならないと思わされるような，何らかの欠損を見ていることである。この面が役割の混乱に密接に結びついて，分析家は分析家である代わりに恋人か親

になってしまう。ワイナー（1994）はこの境界線を，コンサルタントであること（こちらの方がより正確に分析家の役割に合致する）と親であることの違いと表現した。患者を子ども時代に何かを逸してしまった人と見ることによって，分析家の中に強力な救済ファンタジーが呼び起こされ，分析家は患者が受けた養育体験によって残された空白を埋めるためにもっともっとしてやらねばと感じるのだ。

　このような共通するテーマを同定するにあたってわれわれは，こうした諸要素が性的な境界侵犯に手を染める分析家とそうでない分析家を，決定的に分け隔てると言いたいわけではない。分析家も生身の人間として人並みに経験するような離婚のストレス，愛する者の死，経済的打撃や職業上の打撃，その他の痛手は，自我・超自我それに自己の円滑な機能をむしばむとともに，対象関係の典型的なパターンをもむしばみかねない。徹底した個人分析が，分析家 – 患者間の性交渉のような逸脱に陥ってしまう弱さから守ってくれるものとわれわれは考えたがるが，経験からはそうでないことが示唆される。フロイト自身，成人のライフ・サイクル上の出来事に引き続いて深刻な困難が起こってくるのを防ぐ力が分析にあるかという点では悲観的であった（Freud, 1937）。

　患者との性的関係に陥ってしまった分析家たちを詳細に検討した際に繰り返し現れるテーマは，愛に対する過大評価であり，愛が治療者と患者の両者を癒す力への過大評価である。愛は癒し手となりうると同様，虐殺者ともなるのだ。自分の方が患者の親より患者をよりよく愛せるのではないかと感じ始めた時には，自分が神話的な愛の力をもつセイレーンの歌に屈する危険にさらされていると自認すべきである。まさにそうした力に対して詩人たちは，何世紀にもわたって警告を発してきたのだから。レオン・アルトマン（Leon Altman）（1977）はこう記している。

　　憎しみを否認したい欲求こそが，われわれが愛に力点を置き，それほど多くの愛を求めたくなる根本理由かもしれないのだ。愛が達成できる

以上のものを愛に求めることによって，われわれの分析家としての仕事がめちゃくちゃになることもある。……この方向への治療的熱意は，他のどんな治療的熱意にも劣らぬほど愚かで非分析的なものだ。愛がすべてを癒すわけではないのである。(p.43)

# 第7章

# 非性的境界侵犯

　近年精神医学や心理学内で，非性的境界侵犯についての文献が増えてきている（Borys & Pope, 1989；Epstein, 1994；Epstein, Simon & Kay, 1992；Frick, 1994；Gutheil & Gabbard, 1993；Lamb, Strand, Woodburn, Buchko, Lewis & Kang, 1994；Simon, 1992；Strasburger, Jorgenson & Sutherland, 1992）。こうした文献の多くは性的搾取の事例をさかのぼって研究する過程で生まれたのだが，そこで観察されたこととして治療者−患者間の性交渉は，非性的な境界が徐々に侵された結果，最終的に生じていたのである。非性的な境界が徐々に侵されるとはつまり，6章で述べた「滑りやすい坂道」現象である。性的関係が起こる前に坂道を転げ落ちるのが止められたとしても，当該患者とその治療過程に相当の害がおよびうることがほどなく明らかになってきた。

　一方精神分析の文献は，もう一つ別の方向からこの薄暗い領域に分け入っていった。つまり具体的には，転移−逆転移のエナクトメントに関心を深めたのである。腐敗した，サイコパス的な分析家を考慮の対象から除外すると，たいていの非性的境界侵犯はエナクトメントとして理解できる。近年エナクトメントに力点がおかれるようになったが，これは分析過程を二者間の営みとして見，その中で内的なものと対人的なものが分かちがたく結びついているとする精神分析界の大きなトレンドから生じてきている。愛や憎しみなどの激しい感情は，相互的影響の結果として双方の人間に生じるのである。分析家の主観がその行動に影響を及ぼすことは避けられないと認識されるようになり，それとともに「客観的な」ブランク・スクリーンとしての分析家という実証主義者の見方は支持できないことが受け入れられるようになった。

人間的な応答性が高いことがよい技法の一要素だという意識が，分析への「型どおり」のアプローチを避ける結果をもたらした（Mayer, 1994a）。アーウィン・ホフマン（1994）は，最近多くの著者が伝統的手法や，より広く受け入れられた手法からの何らかの脱線を報告するようになってきたと記し，それを「本を投げ出す」感覚と名付けた（p.188）。彼はこの現象を，分析家の主観が分析過程に進んで取り入れられるようになったことと関連づけた。大局的にいうなら，分析家は進行していく一連のエナクトメントを通じて患者の世界に「吸い込まれ」，静かに内省しつつ耳を傾けるという伝統的な態度を取れなくさせられてしまうのだという認識が広まりつつある。

逆転移性のエナクトメントはどこにも普遍的に存在するという認識をとると，境界侵犯というものの定義は複雑になる。純粋主義者なら，分析家は患者からの喚起的な転移に反応してあちこち引きずり回されるのだから，境界侵犯というものは四六時中起こっているのだと論じかねない。けれどもそこまで広い用語法を採用すると，**侵犯**という言葉のより狭義の保たれるべき意味合い，つまりとんでもない害を及ぼしかねない逸脱という意味合いを損なってしまう。第3章で述べたように，比較的無害でおそらく有用ですらあるような境界**横断**を，深刻で有害な境界**侵犯**から区別しておくことにはメリットがある（Gutheil & Gabbard, 1993）。両者とも逆転移性のエナクトメントから現れてくるものとして理解できるだろうが，前者の方が後者よりマイルドであり，分析家によって，分析に携わる二人によって，あるいはまたその両者によって注意深く吟味されやすい。ある特定の境界逸脱が境界横断なのか境界侵犯なのかという判定を下すのは，分析過程がその意味をおのずから解き明かすまで待ったほうがよい場合が多い。ロバート・ワルディンガー（Robert Waldinger）（1994）が記したように，「境界横断が心の中でもつ意味こそが，侵犯が起こったのか否かを理解する唯一の手がかりであろう」（p.226）。したがってわれわれが非性的境界侵犯を検討するにあたり有用な出発点となるのは，エナクトメント概念の詳細な検討である。

## 逆転移エナクトメント

　ジェイコブス（1986）は**エナクトメント**の概念を，互いに連動しあう転移－逆転移の次元の微妙な出来事を理解する手段として導入するという貢献をしたが，こうした出来事はしばしば体の姿勢のような非言語的な手段を通じて，意識的な自覚の外で作動している。ジェームズ・マクローリン（James McLaughlin）（1991）はエナクトメントについてエレガントな総説を書いたが，その中でこの語の語源は，ある役を演じるとか何かに扮するという概念にあるとともに，対人間の領域で誰か他人を説得したりその人に影響を与えたりするという概念にもあると述べた。マクローリンは**エナクトメント**を次のように広く定義した。「分析関係に参画する両者のあらゆる行為。たとえ言語的なものでも，分析のルールや枠組みによって誘発された緊張や退行の圧力によって，自分の言葉で何らかの行動を起こそうとする意図が高まった結果生じたものは含まれる」（p.595）。また彼は次のような，より厳密な定義も示した。「その二者間で生ずる退行的（防衛的）交流であって，他方のなした行為の結果として互いに経験されているもの」（p.595）。

　ここで**逆転移**エナクトメントに焦点を絞ると（というのもこの議論でわれわれが問題にしているのは分析家の行為であるから），その概念は投影同一化というクライン派の考えと多くの共通点をもつことが明らかになる（Gabbard, 1995a；Gabbard & Wilkinson, 1994）。たとえばジュディス・チューズド（Judith Chused）（1991）による次の定義を考えてみてほしい。「エナクトメントは，転移ファンタジーを現実化しようとする試みが，逆転移反応を引き出す時に起きる」（p.629）。ボースキー（Panel, 1992）はエナクトメントと投影同一化の類似性を指摘し，エナクトメントを詳細に研究すれば投影同一化の機序についてのよりよい理解が開けるかもしれないと示唆した。またチューズド（Panel, 1992）は，患者の示すある特定の行為や素材に対しては，どんな分析家もほぼ同じように反応するという含みが投影同一化とい

う概念にはあると強調した。一方逆転移エナクトメントでは，分析におけるある相互交流が精神内でもつ意味は異なる分析家ごとにまったく違ったものになりうるから，異なる分析家は同じ患者から同じ素材を提示されても違った行動を示すかもしれないと想定されている。マクローリン（1991；Panel, 1992）は，投影同一化では分析家は実際上空っぽの存在であり，患者の投影してくるものに対する単なる入れ物か容器（コンテイナー）と見なされていると示唆する。

チューズドとマクローリンが行った区別は，実際のものというより見かけ上のものだろう（Gabbard, 1995a）。エリザベス・ボット・スピリウス（1992）やベティ・ジョセフ（Joseph, Feldman & Spillius, 1989）などの現代クライン派たちは，分析家の抱く感情をすべて患者から来たものとするのは不適切かもしれないという懸念を共有している。彼女らは，個々の分析家は異なった逆転移エナクトメント（あるいはさまざまな投影同一化）を示しうるというチューズドの見方に賛同している。

より古典的な分析家たちはエナクトメントについて論じる時，狭義の逆転移にかなり焦点を当てていることが多いのは事実である。狭義の逆転移とはすなわち，患者との交流の中でよみがえった過去の体験である（Jacobs, 1986）。しかしながらほとんどの者は，分析家の逆転移は患者についての重要な情報を伝えているかもしれないというクライン派の考え方に賛同するであろう（Abend, 1989）。ジェイコブス（1993a）が記したように「分析家の内的体験は，しばしば患者の内的体験を理解するための重要な道筋を提供している」（p.7）のだ。同様にオーウェン・レニック（Owen Renik）（1993）は自分が動けなくされたように感じた逆転移エナクトメントについて語り，そのエナクトメントは部分的には彼自身が子ども時代に抱いていた「母を救いたい」という願望によっても，また彼から救済反応を引き出したいという患者の欲求によっても決定づけられていたと強調している。

ラルフ・ロートン（Ralph Roughton）（1993）も逆転移エナクトメントと投影同一化を非常に似通ったものと見なした。しかしながら彼は，単に経験を行為にすることを意味する**エナクトメント**と**現実化 actualizagion** とを

区別した。彼はその**現実化**を，下記のようなものと見ている。

　被分析者側からの微妙な形での操作。この操作は分析家を誘って，しばしば知らぬ間にほんの少し特別な仕方でふるまったりコミュニケートするようしむけたり，あるいは被分析者に対してその転移的願望を密かに満足させるかあるいは逆にそのような願望を防衛するようなある種の役割をとらせようとする。この相互交流的な面は，現実化の効果をもつエナクトメントとも呼びうる。(p.459)

　ロートンも認めているように，エナクトメントを分析家の内に生じた逆転移反応を現実化することであるとするこの見方は，ジョセフ・サンドラー（Joseph Sandler）(1976) の**役割対応性**やオグデン（1979）による**投影同一化**の理解と事実上同じである。彼によると**投影同一化**という用語が一般に使われるのは，分析治療の間やや退行した状態にある，より原始的な患者についてである点が主な違いかもしれぬという。

　まとめると，**逆転移エナクトメント**という用語が現代精神分析の文献で用いられる場合には，**投影同一化**という用語と同じように分析家の逆転移は患者と分析家の**合作**であることが含意されている（Gabbard, 1995a；Gabbard & Wilkinson, 1994）。被分析者が分析家の中にある特定の反応を呼び起こし，一方分析家自身の葛藤および内的な自己と対象の表象群とが逆転移反応の最終的な形を決定するのである。

　このような逆転移エナクトメントは，精神分析治療の過程においては避けられないが有用でもあるというコンセンサスが，文献内で形成され始めている。モリス・イーグル（1993）は，転移－逆転移エナクトメントそれ自体が自然に症状を治癒させたと見られるケース・ビネットを提示した。彼はジョセフ・ウェイス（Joseph Weiss）とハロルド・サンプソン（Harold Sampson）(1986) のマスタリー・コントロール理論を説明の枠組みとして引き合いに出し，中核的な無意識の病原信念が正しくないことを患者が確か

めた結果,洞察なしに症状消失が生じたものと推測している。

　チューズド(1991)は分析の枠組み内である種の衝動を実演(エナクト)することの価値を記しているが,それはあくまでも自分のしていることに気づき,何が起こったのか事後的に吟味するためにである。しかしながら彼女は,分析にとっての価値はエナクトメントそのものにではなく,観察およびそうしたエナクトメントから最終的に引き出される理解にこそあると力説した。われわれもすでに述べたように,エナクトメントのさなかで自分のしていることに気づき行為を事後的に吟味することは,有用な境界横断を境界侵犯から区別するためにも役立つかもしれない。経験と洞察の両者はともに働くのであり,互いを本当に切り離してしまうことはできないのだろうとジェイコブス(1993b)は述べている。

　逆転移への気づきはいつも逆転移エナクトメントの**後**に生じてくるとレニック(1993)は論じた。ボースキーの見解,つまり分析家が思いもよらなかったような仕方で情緒的に巻き込まれない限り分析は進展しないという見解を,彼も共有している。レニックは,分析家の主観がある程度不可避的に介入に入ってきてしまうとしても,分析家の自発性を許容する技法を採用してきた。この点で彼は,分析的交流を理解するためには主観をもち込むことが避けられないとの認識をもつホフマン(1983, 1992, 1994)のような構成主義者と同じ立場をとる。構成主義的な見方でも,分析家の振る舞いがある程度は患者からの影響で形作られていることを認めている。こうした見方では転移と逆転移の両方ともが合作と見なされるだろう。

　構成主義者(あるいは社会構成主義者)の見方の中心にあるのは,次のような考え方である。エナクトメントは分析設定の中で絶え間なく続いており,分析家は自分が無意識に患者の書いた内的な筋書きに参加してしまっている可能性に対して,絶えず自らをモニターしていなければならない(Gill, 1991 ; Hoffman, 1992)。そればかりでなく,分析家の実際のふるまいが患者の分析家への転移に影響するという意味で,過程は両方向性である。構成主義者による転移-逆転移エナクトメント理解に含まれるもう一つの要素は,

分析的二者関係において，内的な領域と対人的な領域は互いに切り離せないとするものである（Hoffman, 1991a, 1991b）。この見方はコーエン（1992）によっても強調されたもので，彼はこの問題により古典的な方向から迫っていた。

逆転移エナクトメントをどこにでもあるもので有用なものと見なす現代的な見方は，分析家にジレンマをもたらす。ちゃんとした分析の仕事と搾取的な境界侵犯を分ける線はどう引けるのだろう？　決定的な線引きはもちろんできない。しかしながら，あまたあるガイドラインが，分析家がその判断を下すにあたっての助けにはなる。まず，すでに述べたように，エナクトメントが生じつつある時に自分のしていることに気づくことは，境界横断を境界侵犯にしないために役立つかもしれない。さらにまた，起こった出来事を話し合い分析する分析家と患者双方の力量が，その行為が生産的なものとなるか破壊的なものとなるかを決める。反対に，あるエナクトメントが何らかの理由で話題にできないようなら，それはその分析過程にとって悪い兆しである。第3の原則は，そのエナクトメントが反復性でありその分析家の自己分析の努力にも反応しないものかどうかで見分けるというものだ。最後の原則として，患者や分析過程への害がどの程度のものか確かめることが，分析家がそのエナクトメントの搾取性を判断するのに役立つだろう。

第3章で述べたように，あるエナクトメントが境界横断か境界侵犯かを判定するのは厄介な問題になりうるが，特にそのエナクトメントが分析家の比較的微妙で自発的な反応を含む場合にはなおさらである。次に示すビネットはそのようなケースを描き出している。

## 事例：Bさん

Bさんは第2章にも描かれている女性患者であるが，独身で知的な，成功した30代半ばの学者で，男性との関係を保つのが難しいために分析に訪れた人であった。性的には活発だがひどく貧しい，彼女より社会的にも知的にも幾分格下の男性を，彼女は選ぶ傾向にあった。彼女はつきあい始めた当初

しばらくは非常に親密でほとんど溶け合わんばかりの関係をもつが，あとは恋人に興味を失い，放り出すのも時間の問題になるのだった。融合への欲求を満たすことを一義的な目的として性的関係を利用するこの反復的なパターンに対して，非常に多くの分析的とりくみがなされた。ひどく貧しく彼女自身の属する社会的環境からはよそ者でもあるような男性という選択は，近親姦的な恐怖を払いのけるばかりでなく，彼女が自分自身の「男っぽさ」と呼んでいたものを兄たちや威圧的な父親に主張することを可能にしていた。

　分析4年目の頃，Bさんは抑うつ状態に陥り，その状態は夢見がちで無能な流れ者であった恋人と別れてから数カ月間続いた。その終わり頃，離婚歴のある男性同僚から夕食に誘われた。彼女はその誘いを受けて取り乱したが，それは彼女の活発な男性遍歴からすれば，やや奇妙な反応であった。結局は誘いに応じたが，食事中もずっと緊張し不安を感じていた。おなじみの近親姦的な恐怖とあいまって，ちょうど母親がそうであったように，屈服し夫や子どもたちの「ドアマット」のような存在になり下がる恐怖が食事中に頭をもたげてきた。求婚者を追い払うために，彼女は「タフで男っぽく」振る舞ってさらなる誘いをあからさまに妨げようとした。この素材を聞いていて，分析家はBさんに苛立ちと失望を感じた。彼女がふさわしい男の対象との持続的な関係を築くための前向きな機会を捨ててしまったと感じたのである。その女性分析家は自らのうちに苛立ちといくらかの不安を感じ取ったが，その逆転移反応を理解するための意識的努力はしなかった。

　偶然分析家は，ちょうど予定していた数日の休暇に出かけるところだった。彼女が分析に戻ってくると，Bさんは無気力になり落ち込んでいた。Bさんは好きな姉と一緒にいる夢を報告した。彼女はひどく泣いていたが，姉は彼女を慰めることができなかった。続く数セッションで患者と分析家は，分析家の不在に対して患者が感じた失望について話し合った。けれども分析家は，自分の苛立ちが患者の抑うつに寄与したかもしれない可能性についてまったく検討していなかった。

　何日か後，あの男性同僚も所属している勉強会にBさんが参加する機会が

生じた。Bさんも参加に興味を示したが，そうすると複数の分析面接のうちある回の変更が必要になるのだった。分析家も患者もかなりのタイト・スケジュールだったので，これまで面接時間の変更はいつもきわめて複雑だったのだが，にもかかわらず分析家自身も驚いたことに，気がつくと彼女はBさんの要求を受け入れるためにいくつかの予定変更を頭の中で算段しつつ，別の時間を求めるBさんの要望に即座に応えてしまっていた。

　Bさんは分析家の提案を受け入れたが，その同じ日に電話してきて新しいスケジュールを2週間にわたってキャンセルした。休みの期間が終わって初めての回，Bさんは髪を常にないほど短い，挑発的なほどの髪型にしてやってきた。Bさんはそんな髪型の提案を受け入れてしまったなんて愚かだったと話し，そんなことをしてしまった動機を自問した。すると，髪をそんな風に短く切ってしまったのは勉強会への参加を遅らせようとする彼女なりの手段だったことが明らかになってきた。Bさんは髪がもう少し伸びるまで，少なくとも2週間は待たねばならないのだった。髪を短く切ることはまた，彼女の「男っぽさ」を主張する手段でもあった（つまり男たちを喜ばせるのを拒絶するということ，通常男性は女性の長い髪を好むものなので）。分析家はまた，自分がスケジュールをやすやすと変更したことが，患者の心の中に分析家の動機についての疑問を呼び起こしたのかもしれないと示唆した。

　患者は肯定し，分析家が予定変更に喜んで応じたことを，患者の恐怖を分析しようとする前に例の男性同僚との関係に入るよう促していると経験したのだと言った。分析家は中立性から離れてしまっただけでなく，患者の不安を思いやることに失敗した。そして患者のニード，つまり過去に関わった大部分の男たちとは違うある男性との新たな関係について自分が感じている恐怖に対処するために時間を割きたいというニードに共感しそこねたのだ。分析家は逆転移における自分の焦りと不安が，治療的熱意という形をとって表現されたものの，患者には一種の境界横断あるいは境界侵犯として経験されていたことにだんだん気づき始めた。Bさんと分析家はこの出来事を話し合い分析することができ，そうすることで繰り返しのパターンを避けることが

できた。患者がこのエナクトメントによって害を受けたかどうかについては，もっと判断が難しい。Bさんは結局勉強会を避けてしまったが，そこでは彼女を夕食に誘ったあの男性との関係が発展していく可能性があったのだ。しかし患者はその相互交流の結果として，永続的あるいは回復不能のダメージを受けたわけではなさそうであった。

＊　＊　＊

　分析家が知らぬまに自然に枠組みを侵すことは，潮の満ち引きのようにくりかえす分析過程の日々の営みにおいてよく起こることの一例である。長い沈黙に質問で介入することも，もの想いに浸っていた患者にとっては分析家による一種の侵害として経験されるかもしれない。一方で沈黙に介入しないでいることもある種の患者にとっては，分析家が非協力的な患者や腹を立てている患者それに頑固な患者と，距離を取ろうとしていると経験されるかもしれない。分析家が知らぬまに自然に若干の自己開示を行っても，ある患者には人間らしく思いやりがあると経験され，また別の患者には境界侵犯と経験されるだろう。ある程度厳密な分析の枠組みを遵守してもらうよう分析家が主張することさえ，ゆるい対人境界をもった敏感な患者にとっては境界侵犯と経験されかねない。第3章で述べたように，分析治療を行っている二人組は，それぞれ自分たちの分析的境界を打ち立てるものである。

　ここでみられたような微妙さは，もっとひどい非性的境界侵犯のケースではまったく欠けているが，そういうケースでは繰り返されてきたパターンが分析的精査の対象となることもなく続き，患者の弱さを明らかに食い物にしている。次のケースはある種の患者がこうした深刻な侵犯に直面した場合，どのように反応するかを示している。

### 事例：K医師

　K医師が分析を受け始めた時，彼女はちょうどレジデントを終えたばかりの29歳の精神科医であった。自分が開業している街の非常に評判の高い分

析家に受けたにも関わらず，彼女の分析はすぐに境界侵犯によって悪夢のような状態になってしまった。徐々に進んでいく逸脱を彼女が経験したとおりに伝えるために，起こった出来事を彼女自身に一人称で語ってもらうことにする（もちろん彼女の許可承認を得ている）。

「分析を始めた時，私は自分を『理解し』『知って』くれる誰かを切実に求めていました。それは私にとっては，私の感情の激しさにうんざりせずに，私の複雑な思いのいくらかを知的にたどることのできる誰かを意味していました。一見外向的だけれど，私はずっと内面的には一人を好む人間で，情緒的には孤立を感じていたのです。

私は最初から分析家に魅了されました。彼は情緒的にも温かく，中立的な立場を取っていても，なおそうでした。知的な面でもとても鋭かった。私が伝えようとしていることの機微をわかってくれた。彼は自分自身の連想を伝えてくれましたが，それは豊かなイメージと治療中の患者への思いやりにあふれ，風変わりで奇妙なことも受け入れる寛容さに満ちたものでした。彼は趣味の絵画や，直接会ったり読んだことのある芸術家について知っていることを比喩(メタファー)に織り込んだものです。私はとうとう，やっとのことで魂の友人(ソウル・メイト)を見出したという気持ちになりました。彼は私を理解してくれたのです。これまで何年も抱えてきた淋しさがあふれ出して，わたしは面接中に何度も泣きました。やっと分かってもらえた，認めてもらえたという気がして，感謝のあまり泣いたのです。

最初一年間の分析は比較的型どおりに進みました。つまり面接後には直接会うことも，電話で連絡を取り合うこともありませんでした。面接は時間通りに終わりました。分析家からプレゼントや物をもらうことはありませんでした。面接外で通りがかりに，また遠くから分析家を見かけたときの気持ちは詳しく分析されました。私は分析過程によって，また彼によって『抱えられている』と感じました。私はさらに多くを望み，ときにはそういう切望がうずきに近いほどに感じられましたが，それはファンタジーの世界でのこととして受けとめられました。私は治療のルールを承知していました。境界

がどんなものであるかも知っていました。私は自分が彼に何を求めているかについて話しました。彼の方は，こういう願望が花開くことを許容してくれました。振り返ると確かに彼は自分に向けられた陽性の希求を，過去に抱いた願望の再来としてもさらなる成長に対する防衛としても，ほとんど解釈しなかったように思えます。多分そうするには早すぎたのでしょう。分かりませんが。けれども彼はとにかく，彼の中にユニークで特別な何かを見出した私の経験を，事実として受け止めていたようでした。彼はこのことについて，自分たちが解釈する必要のない事柄と言っていました。人生のたぐいまれな『贈り物』だと。彼は私と同じように無意識的なコミュニケーションの存在を信じていて，私たちは時々私の連想が彼の無言の連想によってキャッチされる（この逆も）という経験をしました。

　このように私たちは，言葉なしにお互いを理解することができました。私には彼との間でそういうことを行う能力があると彼は断言しました。こういうあらゆることが，この上ない，魔法のような，現実生活の中で可能とは想像もしていなかったことでした。それはこれまで経験した中でもっとも特別な関係であり，次第にその関係は私の人生にとってかけがえのないものに思われてきました。面接の中で私が彼に感じている情緒的なつながりは，あたかも毎日必要な命の水のようでした。私がこうしたことを感じ，彼に向かって語ることを彼は許容しました。そういう形で『退行』することを許したのです。『成熟』せよという期待に応えるために，私は人生この方ずっと自分の中のそういう感情をまじめに（時には憤慨しつつですが）押し殺してきました。私は若くして学校に入りました。優秀な成績を修めました。私は容赦なく完成に向かって突き進み，それはまるで早く成長して子どもじみた面倒を起こすなという命令に従うかのようでした。私は成熟によって賞賛され，情緒的親密さを求めるとあたかもそれがおびやかしであるかのように遇されました。だから彼が私に達成を求めず，私が彼を求めることを許容したとき，彼に親密な関係を求める私の気持ちをはぐんでくれたとき，私はこれまで癒えることのなかった乾きがやっと癒やされつつあると感じました。そうし

て多分一番大事なこととして，私は分析過程によってでもなく，私の中の何かによってでもなく，**彼**によって癒されていると感じたのです。私はあたかも，こんなにもたぐいまれな経験を生じさせる何かおかしなところ，尋常でないところが私にも彼にもあるに違いないかのように感じました。彼が私のこういう感じ方に，疑問を投げかけることはありませんでした。

　彼が自分の個人的な考えや感想を私と共有してくれたとき，それは贈り物のように感じられました。分析家はブランク・スクリーンのようなものだということは理解していました。彼はある程度中立的でしたが，ブランクではありませんでした。彼はときに私生活からのビネットを私に話してくれました。私は自分を特別に感じました，あたかも他の人たちが知らない彼についてのことを知っているかのようにです。彼が私に贈り物をしてくれているのだと思いました。少し密輸品のような感じでした。私は嫉妬深く，そしてちょっぴり罪悪感を感じながら，こうした自己開示のプレゼントを護（まも）りました。彼のことは分析外の誰にも決して話さず，彼が話してくれたことを決して漏らさなかったのです。そうすることによって，それらはますますかけがえのないものになりました。そればかりか，それによって私は自分を特別に感じ，密かに彼への忠誠を守っている気持ちになったのです。

　彼と私は，小さな秘密の生活をもっていました。こうした一切のことは，私が声に出して言うことも，彼が探索のためにとりあげることもありませんでした。私はそのことを，意識的に分析から隠していたわけではありません。むしろそれは私たちの分析の仕事の，自我親和的な構造の一部でした。私たちの関係の性質だったのです。というのもそれは私たちの間で展開したことでしたから。こういう注意深い観察は，今振り返ってこそできることです。過去を手探りすると，当時彼から言われたことを自分がこのように感じていたのを自分でも意識していたのがはっきり分かります。けれどもそれが私に及ぼしている影響について少しでも口にすれば，彼はそれをやめてしまうかもしれないと私は恐れていたのでしょう。それに私はそのために自分を特別と感じられていたのだから，彼にそれをやめてほしくありませんでし

た。だから私は心の中で，彼がどんなに特別か，また彼の技法がどんなに特別かを強調していました。彼は分析界で高く評価されたメンバーではないのか？　私たちはものごとを分析しているのではないのか？　私との間でのこのやり方，誘惑的なまでに感じられるこの優しさ，彼の自己開示とそれが私の内面に及ぼすインパクト，それらはしかし彼の『特別なスタイル』の一部に過ぎないのだ，と。それらは分析の領域外のことにされていたのです。

　一線が越えられたのは分析2年目のことでした。関係の質，そしてその関係を分析することに抗(あらが)う防衛の質は変わっていませんでした。むしろ，変化はファンタジーから行為へと向かうもので，それは私たち二人ともに該当することでした。ファンタジーから行為へと一線を越えたことは，ある種の解放を生じました。あらゆるたぐいの行為が実演へとなだれ込み，雪だるま式に膨れ上がっていった気がします（実際にはこの雪だるま式の拡大は数年かけて生じているのですが）。

　一線を越えたのは，私が最初でした。父が他界したという知らせに狼狽して，ある晩彼の自宅に電話したのです。会話は短いものでした。彼は支持的でしたが，私からの電話を表立って勧めるようなことはありせんでした。けれどもその週私が葬儀から帰ると，彼が私の自宅に，手書きの手紙一枚とともにお悔やみの花を贈ってくれていたのです。私は仰天しました。圧倒されました。私の分析家が，私に花を贈った。手紙付きで。それも手書きで。この私に！　彼は死についてや，命の尊さについての自分の考えを書いていました。彼が自分の内なる自己を私に明かしたのだ。気が遠くなりそう。それが私の感じたことでした。13歳の頃，2歳年上のハンサムな男の子に高校の特別なダンス・パーティーに誘われた時みたいに。なぜ私なんかを選んだの？　私って本当にきれいなの？　私は何もしていないのに，突然王子さまが現れた。これは一体どういうこと？　これはやっぱり私が感じているように，驚くべきことなのかしら？　それともありふれたことで，少しも特別なことではないのかもしれない。

　私の内面には一種の分裂がありました。私の夢が叶い王子さまに選ばれつ

つあるという，夢の世界。けれどももう一つの水準では，私たちは何も特別なことなど起こらなかったように振る舞っていました。なぜ私はそんなに仰天し，興奮したのでしょう？　どちらの世界が『本当の』現実であろうが，私は夢を台無しにしてしまわないように完璧に動きを止めていなければなりませんでした。もし私が，それが私にとってもった意味を打ち明けてしまったら，彼は二度と出てきてはくれないでしょう。私は平静を装い，完璧に動きを止めていなければなりませんでした。私はその手紙を宝物のように大切にしました。何度も読み返しましたが，そこに含まれている安心や憩いを感じることしか自らに許しませんでした。恋愛めいたファンタジーや連想は許さなかったのです。これを書いている今になって，当時感じていた気持ちにとても自然に伴う，明らかに恋愛的な連想に気づきます。人生で一番大切な男性が逝ったまさにその瞬間に，王子さまが現れて彼に取って代わったのです。

　気がつくと1週後，私はまた分析家に電話していました。夜，父のことで泣き続けて眠れなかったのです。彼はお互いの自宅から等距離にあるレストランで会おうと提案しました。私たちはそこで人々や雑踏から離れた個室を見つけ，私は自分の淋しさや父の死後残された空虚感について，自分の心情を彼に吐露しました。彼は手を伸ばし私に触れました。自然な動作でした。私の手に彼の手を重ねたのです。けれども振り返ってみると，私の心は再びじっと動きを止めていました。その個室，照明を落としていたそのレストランの薄暗さ，彼の手の感触を今でもありありと思い出せます。それがターニング・ポイントでした。私は自分自身を彼に押しつけてはいません。私は狼狽し，泣いて電話をかけはしました。彼が私たちが会うことを提案しました。どの分析家でも同じようにしたでしょうか？　その時それが必要だったでしょうか？　私には分かりません。また彼が電話を通して私に，拒絶された感じを与えずに力づけるようなやり方で，受けとめ『共にいる』感じを伝えることが可能だったのかどうかも。できたはずだしすべきだったと，今になって言うのはたやすいことです。でも正直に言うと，分かりません。ただ

はっきりと分かるのは，その出来事に対する私の反応を彼は後から分析できたはずでありまたそうすべきだったし，また私もそのことについて治療同盟を断ち切られるのではとおびえたり，拒絶されたと感じたりせずに話せたはずだということです。

　私はより安全感をもてたはずです。もし彼が私の感じていることを何であれ彼に行動で示すよう奨励するのでなく，そのかわり自分の気持ちを抱えておく手助けをしてくれていれば。彼がこの出来事を分析するよう私に促したことは一度もありませんでした。彼はその出来事が私に及ぼした内的なインパクトについて，一度も尋ねませんでした。それはあたかも，『リアルな関係』の中での，必要な介入であったかのように扱われました。それは私たちの作業(ワーク)にあらわれたこの新しい側面に対して，彼が命名した名前でした。リアルな関係に含まれることは何であれ，分析の領域外に置かれました。リアルな関係は分析される必要がありませんでした。それはそれ自体として治療的な要素でした。それはただ存在したのであり，それを分析に供することは，その有効性を頑迷に否定することだったのです。そのかわり，私たちは自分たちの間にあるリアルな感情におびえてはなりませんでした。グリーンソンは，リアルな関係は常に分析家と被分析者の間にあると指摘した。フロイトはネズミ男に食事を提供した。こういうお題目のもとに，その時もその後の治療でもずっと，行動につぐ行動，感情そして言語化が，分析からのがれ分析の必要をあざ笑って放置され続けたのです。

　分析家が私にレストランでのことを分析するよう促さなかった時，私は徐々に膨らんでいく重荷を背負わされたような気がしました。私は自分の反応を秘密にしておかねばなりませんでした――その出来事がもつ意味をです。私が私の内なる衝動を制御すべき人間でなければなりませんでした，それも一人で。彼はファンタジー上の衝動と行動との間の安全な境界を提供しようとはしませんでした。行動を勧めていました。私が**ストップ**と言う側に回らねばならなかったのです。私は自分自身になりきることができませんでした。私は限界に体当たりしてこれを試すことができませんでした。私は限界に体

当たりするけれども、そこに跳ね返してくれる安全な壁を見出せないでいる思春期の若者のような気持ちだったのだと思います。そのかわりに限界を設定するという重荷は、私自身へと突き返されてきたのです。その時以来、私は何でも望むものを与えられました。ある水準で、私は彼にとても腹を立てていたと思います。彼は私の衝動について援助してくれていない、そういうものを扱う成熟したやり方を学ぶ手助けをしていないと。彼が私に与えていたのは二つの選択肢でした。願望を口にしないか、さもなければ願望を行動化するかです。私はそのことにとても腹を立てていました。行動化の第1の時期には、感情ははっきりとそこにあったものの、私は自分に対してもそれを明確に言いあてていませんでした。行動化の第2の時期には、私は彼に対する怒りや彼がしていることに対する苛立ちをあからさまに言葉にするようになりました。しかし彼はあいかわらずまったく同じやり方を続けました。

　彼が何か新しいことを試すたびに——私がよく話していたグルメ向きのリコリスを見つけ、選りすぐりの一箱を私のオフィスまで届けてくれたり、写真から描き起こした私の絵に何日も費やして取り組んだり（そして私の家まで自らわざわざ運んできた）——私は複雑な気持ちを抱きました。いつも仰天するような気持ちでした。言葉にするとすると、彼はこんなことをしていてはならないはずだ。こんなことはありえない。一体どういうことなのか？　こんな風に境界を破るほど、そんなにも私は彼にとって特別な存在なのだろうか？　何故かよりによって私を選んだ高校の先輩のときの、許されない恋愛沙汰のニュアンスが、また繰り返されているようでした。

　すると今度はまた急に、知性化された合理化が働きました。彼は人とは違う。彼はよい人だ。これが彼の治療のやり方なのだ。彼はとにかく特別なのだ。彼だって自分のしていることはよく分かっている。彼は上級分析家〔シニア・アナリスト〕なのだ。彼はたくさんの人たちから愛され、尊敬されている。彼は他の人たちより上手に分析がやれるのだ、自分の感情を恐れず優しさを示すことを恐れないから。何より彼は、このことで神経質になったりたじろいだりしていない。ということは、不安があるとしたらそれは何であれ私の問題なのだ。そし

て実際，不安はそこにありました。主として不安は私たちが，また彼が見とがめられることについての恐れとして現れました。私の自宅まで彼が来ているのを見られたら？　他の分析家たちが同じ界隈の，ほんの幾筋か先に住んでいました。もし彼らに，私の家の真ん前に停まっている彼の車を見られたら？　もし私たちがレストランや美術館で一緒のところを見られたら？　仮にそうだとしても私たちは大都市圏には立ち寄らないようにしながら移動していたのですが，分析家や分析関係の専門家たちは隣接する界隈にやってくることも多く似たような興味の対象に向けて集まってくる傾向があったので，私は自分があるいは自分たちが見つかる危険につねにさらされていたのです。

　それからまたそこには，特別であるという感覚もありました。誰にも明かされていない秘密とともにそれは膨らみました。彼は私を愛していました（とはいえ私はそれを，あらゆることが実際それを指し示しているにもかかわらず，どうしても恋愛と考えたがらなかったのですが）。彼が私を愛していること，それが私を世界に対して武装させました。誰から何を言われようが，私は自分の周囲に彼の愛という見えない防護壁をもっていました。それは私しか知らないものでしたが，それを知っていることは私を，他人の群れの中にあっても強くさせました。私は自分の秘密を守ろうとしました。他人の口から彼のことを一切聞かされたくなくて，私の前で彼の噂話をしそうな相手にそれはしないでと直接頼みもしました。私は自分の分析のことを誰にも話しませんでした。関係を秘密にし，自分の胸のうちに秘めるほどに，何となくそれはますます純粋で特別なものに感じられてくるのでした。思春期の初恋に似ていなくもありません。

　彼の行為が意味することについて，怖くなったことはあったでしょうか？　彼の精神的な安定性や分析の実効性についてそれが物語っていることを考えて，怖くなったことは？　彼の精神的な安定性についての自分の恐れに，直接向き合うことはほとんどできませんでした。しかし数年にわたって行動化が起こってしまった後になって，私はこうしたすべてが治療に及ぼしている影響についての不安を意識することに，少しは耐えられるようになり

ました。私は治療の妥当性についての自分の不安を話題にしてみました。私の懸念は無用のものであり，彼の行為のもつ意味を誇大視しすぎていると彼は感じました。彼は，信頼のおけるある同僚と内々で定期的にケース検討をしているが，すべてうまくいっているといつも言われているからと，私に請け合いました。そう聞かされて安堵と落ち着かなさの入り交じった気持ちになったのを覚えています。安堵したのはなぜかというと，彼のしていることやその私たちの仕事の性質について誰かが耳にするようなことでもあれば，彼は私の治療から手を引くよう言われ，私は別の分析家を見つけなくてはならなくなるだろうと私はどこかで確信していたからでした。けれども私は同時に，私たちがこういうことをしていても誰も不安にならないらしいということの意味について，落ち着かない気持ちになりました。もし私の反応が当時深いところまで探索されていたら，私の内部のたくさんの分裂が明るみにされたでしょう。私はこうしたことのすべてが間違っていると感じました。

あいかわらず続いている秘め事の数々は，私にとっては性的な興奮を生じるものではありませんでしたが，しかし彼は自分にとってはそうだと何度も言っていました。かわりにそれらは私の内なる『善良なユダヤの少女』に，何かが間違っていると告げる警告でした。しかし私が自分の感じている気のとがめを彼の前で持ち出しても，彼は私を優しくからかって，かまととぶっていると私を間接的に過小評価しました。分析の面接中にはこうした反応は，私の超自我がいかに過酷かについての解釈という形を取りました。面接外では彼は私に甘ったるい手紙を書くようになり，その中で愛情らしく装った軽視の意味で『君の慎み深さはホロリとするほどかわいらしい』と書いたりしました。彼がしていたことは，贈り物や彼の個人的な考えや君には僕が必要だという主張を，たとえ私が違うと言ったりそんなことは嬉しくないと言っている時でも，休みなく私に押しつけてくることでした。

悲しいことにそれは私の中にある，ある弱点を突いていたのです。子どもの頃の私には，誰かに何かをされるのが嫌だと告げる権利が自分にはあるというはっきりした感覚がなく，そればかりか自分はそういうことをされたく

ないんだという自分の判断の正しさについての感覚さえはっきりしなかったのでした。そのかわり自分が「かまととぶる」,「堅苦しい」,「座をしらけさせる」馬鹿者であるかのように感じさせられました。すでに大人になった今,私の分析家はいろいろな言葉でもって同じことを私に言っているのでした。そうして,また私は自分を疑いました。自分の認知を疑ったのです(私は融通の利かない超自我かあるいは抑圧された性的衝動のせいで,実際は純粋に親切や支持的な優しさでしかない行為から性的な意味合いや非道徳的な含意を読み取ってしまっているのだろうか?)。私は自分の気づきを分裂しました。

　一度分析家が私に,お香の匂いのする紙に注意深く包まれた丈の短い赤い絹の着物をくれた時には,自分の目を疑いました。露出度の高い,絹の着物であることは分かりました。でも分析家はそれを私に贈ろうとしているのです。もし仮に着物が性的なものならば,私たちの関係は本当に非道徳的であったことになるし,そうであるなら彼の中で何かが精神的なバランスを失っているのかもしれませんでした。私が求めたのではない。いやあるいは,求めたのだろうか? 　私の心は,こう私を欺きました。私がそれを性的と見てしまうのは,単に私のある種の倒錯の露呈ではないか? 　したがって,それは性的ではありえない。彼はそれが性的であるようには振る舞っていない。彼は父親が娘にするようにそれを贈るのだと言っている——どこか年上の男性らしいような慈愛に満ちたやり方で,私の女性性を肯定するために。女になってもいいんだよと私に告げているのだ。彼はいつでも私に本当のことしか言わない。嘘をついたことなんてない。彼は十分に分析を受けてきたのだ——自分の動機については自覚しているに決まっている。彼を「誘惑的」だとか私欲のために私を利用していると責めたら,彼を傷つけることになる。彼は身を引いてしまうだろう。実際他のたくさんの贈り物を拒んだ時も,いつもそうだったから。彼は傷ついたように振る舞って,私に罪悪感を抱かせました。そうして何日か後には,またひっきりなしに贈り物をし始めるのでした,まるで私の言ったことはすべてどこかに吹き飛んでしまったみたいに。私は贈り物攻勢をうまく微調整するためのすべを学びました。折に触れ少しは受

け取るようにするのです。そうすればきっと彼が手をゆるめてくれるだろうと期待して。

　分析中私は何度か，自分が念頭からしつこく追い払おうとしているある考えについて自問しました。それは，もし彼が病んでいたらという考えでした。もしそうなら私は自分の心を，病んだ男の前に裸でさらしていることになる。病んだ人間に，魂を託していることになるのだ。脳の手術を受けている最中に，突然術者が資格ある外科医であるかのように偽っているニセ医者であることに気づいたような感じでした。彼が病んでいるという見方は恐怖をもたらしました。またそれは，突然絶望にとらわれ身動きできなくなる瞬間をもたらしました。自分の進路上で足止めを食っている，瞬間的な感覚です。英雄だと思っていた人が，実際には不安定だったのです。あらゆる感覚をおびやかすと同時に麻痺させるような，サイコ・ホラー映画でよくあるあれです。私は「彼は病んだ行動をしている」というような考えを，一切脇に押しやりました。そういう認知は手に負えなかったのです。彼のかけてくる重み，夜中に自分が階段を助け上げようとしている酔った父親のような重みは，わずかないとまでさえ耐え難いものでした。彼を他人の目にさらし，自分が理想化していたこの男性のイメージが目前で粉々に砕け散るのを見るということは，とても考えられないことでした。

　信頼のおける同僚とやらは，なぜ事態を見て取ることができなかったのでしょう？　分析家が夜更けに患者と会っていることを，彼は（興味深いことに私はいつもその同僚は**男性**に違いないと思い込んでいました）おかしいと思わなかったのでしょうか？　患者の手を握るのを？　おでこにキスするのを？　こういうことを一体どうやってその信頼のおける同僚は合理化し去ったのでしょう？　自己懐疑が再びパラノイアと戦いだしました。私のせい？　私の認知がおかしいのだろうか？　それとも世の中には自分たちのしていることの意味をちゃんと見つめようとしないで，そのかわりに自分たちのしてやっていることを評価しない女性患者らの「病的さ」を主張するような，男どうしの卑劣な兄弟愛が存在するのだろうか？　しかしまたしてもこ

のパラノイアは恐ろしすぎてとても受け入れられませんでした。また私の自己感や一女性として守られるべき個人的境界の権利についての意識は，子ども時代から私の中で充分に鍛え上げられてこなかったので，私は自分の認知に自信をもち，一個の成人としてはっきり主張する権利を確信することができませんでした。

　こういう一切のどこに**私**の願望があったのだろう？　私がこうした一切のことを自ら招いたのだろうか？　私の内なる確信は，違うと言っていました。私は分析家を求めたのであって，恋人や父親を求めたのではない。役割にとどまっている間は，彼は素晴らしい分析家だったのに。私からそれを奪っている彼に，激しい怒りを感じました。それでも自己懐疑がしつこく残っていました。他人はこういう一切について私を責めるか，あるいはこうしたことのどの部分が私自身の荷担によるものなのだろうと考えるだろう。私はそう思いました。ついに意を決して精神医学会地方会の倫理委員長に苦情を申し入れた時，彼女はなぜもっと早く誰かのところに行かなかったのかと何度も尋ねました。混乱しそうになるほど入り交じった認知，隔壁化され分裂した心，それに複雑な思いはあいまって，私が起こっていることにおののきつつも分析の中で生きることを可能にしていたのでしたが，そうした事情を自分自身にもうまく説明できない私が彼女に説明するのはどんなに難しかったでしょう。

　私の分析家さえもが，私から直面化された後，こう尋ねました。「じゃあ僕に言ったことや僕にくれたものも，みんな偽物だったというわけか？」彼とはもう終わりにしようとしているのだと，一体どうしたら彼に説明できるというのでしょう？　彼の自尊心を傷つけないようにしていることを？　分析は問題なかったと，あの５年は逸脱の年月ではなかったと，何万ドルものお金をドブに捨てたわけではないと，私が何とか信じたままでいようとしていることを？　自分の笑顔やこびへつらいの言葉を，自分自身に一体どうやったら説明できたでしょう？　いったいこうしたものがどうやって私の恐れと，私の罪悪感と，私の心配とそして（今になって気づいた）私の怒りと，

同じこの世に存在できたのでしょう。一つだけ確かなことがあります。私は彼と分析をしている間に，こういったことをすべて彼に話しました。自分の中にある矛盾した諸々のすべてを，彼の前に差し出しました。しかし彼は，それを整理する手助けをしてはくれなかった。まったく扱われなかったも同然でした。彼がそれに示した配慮を，私が抑圧したのでしょうか？　それとも彼は（私はこれが事実だと思うのですが）自分の内なるシナリオを行動化し続ける邪魔になりそうなことは，何であれ一切扱わなかったのでしょうか。

　気づいて何よりぞっとしたのは，彼が自らの欲求に駆られて進んでいたことでした。私を愛していると言い続け，私のためなら死んでもいいと何度も宣言したにも関わらず，それは彼の内なるある種の専制的な衝動から出た言葉でした。彼は私を見てはいませんでした。彼のために存在するよう強いていたのです。彼は自分の自慰のために私を利用し，次のように自分に言い聞かせていたように今では思います。つまり私がそれを求めているのであって，それによって気持ちが楽になるばかりでなく，それを必要としているのだと。

　分析が終結に向かうまでの一時期，私の人生における現実の存在に彼がなると言ってきかないことに，私は自分でも意識できるほど苛立っていました。振り返ってみると，私のこの苛立ち，この不快感と怒りが，ついに結婚することにしたという私の宣言と時を同じくしていたことに気づきます。私は成人してこのかたずっと結婚を避けてきました。ものごとに深く関わる能力は，それまでの長い間もなかなか芽生えてきませんでした。私は自分の達成に誇りを感じていました。しかし私の分析家は違った風に感じていました。あたかも彼が感情表現がごく豊かとはいかないものの愛情深い父親であり，私がその愛娘であるかのようでした。しかし今や私は彼から自由になることを求め，にも関わらず彼はまだしがみついて，比喩的に言うなら私の部屋の窓からのぞき込んで私の動きを逐一うかがっていました。小説に出てくるロリータになったような気分でした。私は私たちの関係の性愛化された性質には奇妙に無頓着でいて，そのかわり丁重に溺愛的な世話をしてくれる腕と感じられるものの中に憩っていました。やがて私は，ロリータがそうであったよう

に思春期に達しました。発達的にいうなら，私はそろそろ出発したくなっていました。これまで包まれているように感じられていた腕は，今や制限を与えてくるように感じられました。これまで私を温めてくれていた溺愛的な笑顔は，今や私を閉じ込めるものになりました。私は抜け出したかったのです。

　私が性的ファンタジーについて持ち出すと，彼はそれを男性がどんな風に私を扱うべきか，自分ならどう扱うだろうという私見をのべるためのスプリングボードとして利用しました。私が結婚相手に選んだ人に対して，彼は機会があれば飛びつくようにして辛らつな批評を加えました。私は怒りをつのらせ，じき彼が嫌いになりました。けれども私はそのことを，決して自分自身に完全に気づかせようとはしませんでした。ただ彼に私の背後から離れてほしかったのです。彼が私の後をどこまでもつけてくる中で，『ロリータ』の登場人物ハンバートのように，よろよろした馬鹿な老人みたいな姿をさらしていると私は感じました。アンビバレンスでいっぱいになった私は，彼のもとをどうやって去ればいいか分かりませんでした。彼も私を終結に向けて援助してはいませんでした。分析はずるずると続きました。

　激しい怒りがわいてきたのは，次のようなことに気づいた時点でした。彼にとってこのドラマに欠かせないピースは，私に対する彼の行動を正当化するために，私を病気と見，私に自分が病気であることを確信させ，私たちの間でそういう認識を生き長らえさせておくことだったのです。私がいかに欠損を背負った人間であるかということを理由に，彼は自分の行為を必要なこととして合理化していました。私は彼の同僚の一人に分析前コンサルテーションを受けていたのですが，彼はその記述の一部をとりあげて，私には分析を貫徹するために尋常でない手段を要するという証拠としてうまく利用していました。彼は私を自殺から救っているのだと考えるのを好みました。私に対する治療を，欠損を負った何者かを変化させて強い人間にすることと見ていたのです。公式な苦情を申し入れている自分の肉声を聞いている時，私の意識の中に初めて割り入ってきたのは，私は自分と彼をもう一つの選択肢から守るために自分を情緒不安定で落ち着かない人間として提示してきたの

だというぎょっとするような認識でした。もう一つの選択肢とはつまり，不安定なのは彼の方だと暴露することです。彼が本当はいかに病んでいるかをやっと認められた時，思いがけないその新事実は恐ろしく，また悲劇的なものでした，まるで私が『王様は裸だ』と言っているかのように。私は彼を辱めてやりたいと欲する自分の中の怒りと格闘しました。なぜ彼は私にこんなことをしたのか？　なぜ彼は病んでいたのか？　アブラハムが寝台に裸で横たわっていた時，息子の一人は恥ずかしく悲しい気持ちで彼を覆い隠そうとしました。もう一人の息子は彼を笑い馬鹿にしましたが，それは恐らく彼がそんな意外な弱点をもっていたことに対する，不安の入り交じった怒りからでしょう(訳注1)。私はそれぞれの息子たちのような気持ちを同時に感じていました。分析家を世界中の人の目から隠したいと思うのと同時に，見る人すべてに対して彼をさらし者にしたいと，怒りにみちて願ったのです。

　私は彼を嫌悪していますが，しかし彼は今や自分の内にあり，私は自分の中の**彼**をどうしていくかという問題を解決せねばなりません。私にとって彼は一体何だったのでしょうか？　何のためになったのでしょうか？　彼に対する私の愛情は本物だったのでしょうか？　私の感謝には多少なりとも根拠があったのでしょうか？　こうした疑問に私はまだ答えられていません。それを整理しようとしています。彼が与えてくれたものとして私がはっきり自覚しているのは聞いてもらう機会であり，聞いてもらうことで自分を知る機会でした。今では自分の中にあるものを言葉にすることもほとんど恐れません。でも同時に私は今ではシニカルで簡単に自分を卑しめる人間に，奥底では厚顔無恥な人間になりました。私は怒っているのです。私は一度も分析されることのなかった転移と分析にともなう医原性の転移とに苦しめられています。起こったことについて話す時，私はまだ内心打ち震え，話し終わると恥ずかしさと罪悪感でいっぱいになります。こうしたことを他人には隠し，消し去ってしまいたい。というのもあたかも「傷もの」として人目にさらされるように感じるからです。

---

(訳注1) 旧約聖書。一般には洪水後のノアとその息子たちの物語として知られる。

5年の精神分析の後で，私はもう一度すべて整理し直さなければならない状態で放り出されました。私は彼に命を捧げたのに，彼は私を搾取しました。私を利用したのです。彼は実際には外見とは違う人間でしたが私はそれを知らず，また私の一部がそれを知った時にも，声を上げて誰かに告げるだけの強さを持たなかったのです。こうしたことのすべてを忘れたい。でもそうしてはならないことも分かっています。なぜならそれはまだそこにあるから。心に食い込んでいるから。私にしたことを彼にはっきり認識してもらいたい。でも彼には無理ともはっきり分かっている。なぜなら私が長年探し求めていた「魔法のような」共感と思い込んでいたものは結局，彼が私の中に映った彼自身の影を賛美し，彼自身の欲求を私の中に投影してそれを満たそうとしていたに過ぎなかったからです。もし彼が本当に私を「愛して」いたのなら，自分を駄目にする幼児的な願望から私が自由になれるよう援助してくれたはずであり，私を彼に縛り付けるためにそれを利用しようとはしなかったはずです。

　今や私は一番自分のためになることをしていかねばなりません。そしてはっきり知らねばなりません。人生は不公平だということを，私は過ちを犯すということを，そして今回のは大きな過ちだったということを。けれどもまた成長し回復し，これを契機にさらに向上しようと決意してもいることを。現時点ではそうするしかないからです」。

## 考　　察

　この悲痛な告白には，この顛末についての一方の当事者からの見方しか提示されていないものの，ここで語られた出来事は大筋において分析家の側からも裏付けられている。K医師の辛い体験は，持続的で広範な境界侵犯に特徴づけられる分析についての多くの鋭い洞察を提供してもいる。ここで生じているエナクトメントは以下に挙げるような複数の理由によって，境界横断というより境界侵犯の域に入るものである。（1）それらは緩和されなかっ

た，つまりその分析家はそれが生じてきた時にそういう自分に気づいておらず，それを理解しようともしていない。(2) 起こっていることを彼に分析させようとする患者側の努力にも関わらず，分析家はそのエナクトメントを分析的精査に供することを頑として拒んだ。(3) エナクトメントは明らかに一部だけに留まらず，むしろ広範で反復的であった。そして (4) 分析家の諸々の行為は明らかに患者に害をなしており，どう見ても有用なものとは言えない。しかしながらこの話の驚くべき点は，自分に起こっていることの中にある害を否認しようとするK医師の必死の努力である。明らかに彼女は一種の防衛的分裂（スプリッティング）あるいは否認を行う中で，ひどく道を誤った分析家に害されていることを知っていながら同時に知らない状態にあったのである。近親姦にさらされている子どもと同じように，彼女には逸脱者の善意を信じる必要があった。そのため彼女は解離的な手段に頼り，その境界侵犯のもつ悪質さを自分の意識の外に追いやったのである。

　近親姦との類似は，この分析についてのまた別の観察へとわれわれを導く。K医師とその分析者の間に実際の性的接触は起こらなかったものの，性的境界侵犯の力動との類似性には目を見張るものがある。エナクトメントのもつ近親姦的な意味合いは，K医師のロリータという比喩や，分析家の贈り物や自己開示の性愛化に明白に現れている。また近親姦の被害者と同じようにK医師は，彼にとって特別な存在になりたいという自らのアンビバレントな願望のせいで，分析家を誘惑してしまったのではないかという自己非難に苦しんでいた。K医師の話からは，彼女の分析家は恋わずらいの分析家の古典的なケースであったようだ。境界侵犯は，患者に自分は特別だと思わせるような自己開示から始まった。あえて言葉にしなくてもお互い考えていることが分かる魂の友人（ソウル・メイト）どうしだというファンタジーがそれに続いた。分析家は明らかに自分自身の欲求を患者のそれと混同していたが，そのことにK医師は最終的に気づいた。彼女を救おうとしたことは，実際には彼が彼自身を救おうとする試みだったのだ。彼女はこれをあたかも，自分が彼の自慰のファンタジーの一部に利用されたかのように経験した。

このケースと性的境界侵犯のケースの類似点は，分析の転移−逆転移の次元における「アズ・イフ」性の欠如である。K医師の分析家は患者に対して，理想化転移は分析される必要がないと請け合って動じなかった。つまり分析ではなく，**彼**こそが彼女の必要とするものであり，**彼**こそが彼女の渇きをいやすのだと。彼女の特別な感情を転移として扱うことは，彼が独自であり特別であるわけではなく誰かの身代わりに過ぎないと認めることである（Gabbard, 1994f）。その関係のもつ排他性は粉々に打ち砕かれるだろう。彼女の父親が亡くなった後，彼はその亡き父と**なった**。転移の中で**あたかも**（「アズ・イフ」）彼女の父親**のよう**であったというのではない。まったく正反対に彼は彼女に，自分は娘を助けようとする愛情深い父親となっていると言ったのである。このパラダイムにおいて彼は彼女を愛によって癒そうとしたわけだが，しかし彼女は彼の「愛」の中にひそむ軽視と彼の本当のもくろみとをはっきり感じ取ったのであり，それは彼自身の自己愛的な欲求を満足させようとするものであった。K医師の分析家は，とんでもない境界侵犯に手を染めた分析家たちの大半と同じように，明らかに分析家と患者の区別を見失ってしまったのである。

それにも関係するこのケースの特徴は，分析家による「リアルな関係」概念の明らかな誤用である。この発想は，生じている事態にK医師が懸念を表明した時にはいつでも彼によって繰り返し援用され，リアルな関係は転移外の何かでありしたがって分析を要しないと強調された。実際，現実(リアリティ)に基づいた認知と転移とはかなり相互に浸透し合っていて（Greenberg, 1991；Hoffman, 1983），転移からリアルな関係をより分けるというのは容易ならぬ事だ。K医師の分析家は，自分の目撃している奇妙なエナクトメントを分析したいというK医師のニードを否認し過小評価するために，その区別を利用したのである。さらに「リアルな関係」概念は，分析家が自分自身の逆転移の問題を見ないようにする手段として使われた。実際に分析における語りの実験的研究においてヴィクトリア・ハミルトン（Victoria Hamilton）（1993）は，分析家による「リアルな関係」という概念の使用は，逆転移の吟味は分

析過程において有用であるという見方と，負の相関を示すことを見出した。

　大半のケースでは非性的境界侵犯の力動は性的境界逸脱の力動と似通っていると見るのが妥当で，「滑りやすい坂道」という概念の正しさが裏付けられる。実際このケースは，よりあからさまな性的関係へと陥っていかないために，患者自身が限界を越えぬようにする必要があったケースに思われる。明らかに，性的・非性的境界侵犯はともに分析過程の腐敗の一つの形を表している。アーノルド・ロートシュタイン（Arnold Rothstein）（1994）は，転移における性による誘惑の力と金銭によるそれとを比較した。彼の主張によると，分析家やあるいは分析家が関わる組織に金銭を寄付したいと望む患者は，性を提供する患者と同じ根本的問題を呈している。実際裕福な患者は，誘惑的な患者と同じように世話されたいという逆転移的願望を引き起こしうる。どちらも，満たされない快への渇望を満足させてあげるという約束を差し出すのである。患者からの性や金銭の提供を受け入れてしまう分析家は，患者を利用したいという逆転移的願望に乗って行動してしまったことになる。

　贈り物についての精神分析の文献の多くは，患者からプレゼントを受け取ることの問題に焦点を当てている。しかしながらK医師の分析の場合には，贈り物をしたのは分析家の方であった。分析家たちは贈り物を受け取ることには慎重であるよう助言されているが，それはそうした贈り物が分析において特定の不愉快な問題を避けるよう分析家を買収しようとする試みや，種々の見返りを期待して分析家の歓心を買おうとする試みかもしれないからである（Calef & Weinshel, 1983）。これと同様の圧力がK医師にも経験され，彼女は贈り物の授受に共謀しなければならない，さもなければ自分の分析家を傷つけてしまうと感じた。贈り物は少なくとも分析の終わりまでの間，彼女や分析過程そのものに向けられた分析家の軽視をよりはっきりと認めることから，彼女を遠ざけてしまったようにも思われる。

　第6章に記したように，欠損を基盤とする病理という見方が，性的境界侵犯にはしばしば関与しているように見受けられる。非性的境界侵犯についても同じことが言える。K医師の分析では，それは分析家と患者間であからさ

まな議論の主題にさえなった。分析家は明らかに，患者は欠損を負っており自殺の危機にあると合理化することによって，自分の標準的な分析技法からの逸脱を正当化した。彼の愛は，彼女の子ども時代の環境による不十分な養育が残した空白を埋めるためのものとされた。

われわれは明らかに，K医師の病理がどの程度欠損を基盤としたものだったかを知る立場にはない。しかしその実際の多寡に関係なく強調しておきたいのは，次のような点である。つまり滑りやすい坂道の転落が始まるのはしばしば，その患者には欠損があり，そうした欠損は分析家の英雄的努力によって埋められねばならないという分析家の確信からなのだ。マーガレット・ビーン－バヨグ（Margaret Bean-Bayog）医師によるポール・ロザーノ（Paul Lozano）の広く知られた失敗治療の事例<sup>（訳注2）</sup>は，彼の自殺をくい止めようとする彼女のやり方の非正統性ゆえに，メディアにセンセーションを巻き起こした。アメリカ自殺学会の会長講演でテリー・マルツバーカー（Terry Maltsberger）（1993）は彼女の努力を擁護し，公正なやり方で彼女の側からの説明を聞くこともせず彼女の職業生命を奪ったとして報道界を正しくも非難した。彼は，重篤な抑うつ状態の患者の自殺をくい止めるには尋常でない関わりが必要であることについて話した。しかしながらその彼でも，彼女が彼に対して，自分をあたかも母親であるかのように表現していた点には疑義をさしはさんだ。

ビーン－バヨグと患者の間には性的な関係はなかったとマルツバーカーは説得力をもって述べたものの，彼はまた驚くべき一連の非性的境界侵犯があったことやビーン－バヨグ側が限界設定できなかったことについても語っている。

K医師の分析と，ビーン－バヨグ／ロザーノ事例は多くの点で大きく異なっているものの，両者から学び取るべき似通った教訓が一つある。その教

---

（訳注2）1992年に米国で大きく報道された事件。1991年，マーガレット・ビーン－バヨグ医師に治療を受けていたポール・ロザーノというハーバード大学医学生が自殺したが，その治療が退行を促し倒錯的な性的関係をふくむ不適切なものであったと遺族が訴えを起こし，勝訴した。

訓とは，表出的技法から支持的技法への移行と，プロフェッショナルな境界の完全な浸食とが混同されてしまっている点だ。分析の途上で時に支持を必要とするように見える患者たちは確かにいる。また自我の資質の程度や分析過程を利用する能力を，分析家に過大評価されて分析を始める患者たちもいる。実際ロバート・ワラースタイン（Robert Wallerstein）（1986）がメニンガー精神療法研究プロジェクトの成果を調査したところによると，治療でよい成果をあげた患者の幾人かは支持的介入から益を得ており，かつこうした手段は表出的手法によりもたらされるのと同じくらい永続的な構造的変化に結びついたことが見出された。分析の多くは分析的アプローチを利用する患者の能力を法外に高く見積もって始まっていたが，徐々により支持的な技法に推移していく特徴があった。

　しかし支持的な戦略は，転移解釈や転移外解釈などの介入から離れ，明確化・直面化・共感的保証・助言したり褒めたりすること，それに限界設定へと向かう移行を含む（Gabbard, 1994c）。それはまた分析家に，ある特定の自我機能が円滑に働いていない時には適応的な防衛を支え，補助自我をつとめることを求める。支持的戦略には甚だしい境界侵犯の場合のような，逆転移に支配されてのエナクトメントはない。自殺の恐れがある患者や欠損を基盤にもつ患者たちに対処するには柔軟性が必要なものの，限界をまったく放擲して救済されたい願望を満足させると，実際には患者を悪化させるかもしれない（Eyman & Gabbard, 1991；Gabbard & Wilkinson, 1994；Gutheil & Gabbard, 1993）。逆転移性のエナクトメントと境界とは，支持的治療ではなおさら厳重にモニターされていなければならない。というのも転移の満足が技法の一部として若干含まれている事実を考え合わせると，支持的治療はより複雑で解釈が難しいからである（Rockland, 1992）。

　K医師の分析の場合，患者は初めのうち自分の分析家の救済の働きを，満足させてくれる好ましいものとして経験していたが，すぐに閉じ込められ自らの自律性や自由を奪われていると感じるようになった。相当の洞察をへてついに彼女は，分析家が彼を守るために彼女に割り振った役割に，自分はずっ

と従っていたのだという心乱す結論に至った。彼女が不安定に振る舞っている限り，彼は自分の行為を，彼女の機能を保つため必要な支持を提供しているのだといって正当化できたのである。もし彼女がこの二人組精神病(フォリ・ア・ドゥ)から降りれば，彼が自制を失い自分の欲求から行動化しているという事実に，二人はともに直面せねばならなかったろう。誰が誰を治療しているのか？　恋わずらいの分析家の大半と同様に，役割の逆転が起こっていた。この事例はロベルタ・アプフェル（Roberta Apfel）とベネット・サイモン（Bennet Simon）（1985）が記載した，救済ファンタジーにおける相互連動的なエナクトメントの実例を示している。

　欠損を基盤とした病理とそれに対する分析家のレスポンスの問題は，分析家の役割について，また精神分析の治療的行為について基本的な疑問を呼び起こす。第3章で強調したように，レーワルド（1960）らは分析過程の一要素として育て直しという概念を援用したものの，その発想は理想化された親になって子ども時代の現実の親たちが残した不足を埋め合わせることだとしばしば誤って理解されている。この逆転移性のレスポンスは，子ども時代に深刻なネグレクトや虐待を経験した患者に対して特に生じやすい。

　けれどももし，過去の対象として経験されることを分析家が許容しなければ，子ども時代からの経験をワーク・スルーしようとする患者の努力は十分報われないだろう。ケースメント（1985）は彼の手を握りたいと言った女性患者のことを書いている。子どもの頃，彼女は熱傷のため手術を経験した。手術中，彼女の母親はずっと彼女の手を握っていたのだが，失神してその手を離してしまったのだった。ケースメントは初めのうち彼女の手を握ることに同意していたが，自分の逆転移を自己分析したのちその約束を取り下げる。自分が彼女の手を握れば，実際の母親のした失敗を埋め合わせるよりよい親になろうとすることによって，彼女に共謀することになると気づいたのである。また彼は患者が外傷をワーク・スルーするためには，彼を新しい違った対象として経験することに加え，**彼女が自分の母親を経験したように彼を経験することも重要であった**と強調している。

もちろんこのビネットから，分析においては触れることや手を握ることはいかなる形でも常に技法的に正しくないと結論づけることは過度の単純化だろう。分析における状況は非常に多様なので，一つの状況から他の全ての状況へと帰納による跳躍をはかることには無理がある。マクローリン（1995）は，衝動的な女性患者が彼の手につかみかかってきてそのまま数分間すすり泣いていたときの状況を書いた。彼はそのエナクトメントが，その患者にとって決定的なブレイク・スルーになったと報告している。患者はその出来事を，分析家は彼女のためにそこにおり，彼女を触るのもいやなものとして見てはいないことのしるしとして経験したのである。彼女の信頼感は増し，彼の技法に抱いていた一抹の疑念について打ち明けられるようになった。同じ論文でマクローリンは，患者から始められた時おりの抱擁（ハグ）もまた受け入れているが，治療過程への悪影響はみられないと報告している。

　この議論は精神分析のアートと呼ばれている暗い冥界へと消えていくが，そこでは融通のきかないルールは必ずしも有用でないとされる。多くのプロフェッショナルな境界は，妥当な理由があれば時には越えられうる。ほとんどの分析家はオフィス外で患者に会うことはしないが，エリザベス・ロイド・メイヤー（1994b）は死にゆく患者を治療した感動的なケースを報告しており，その治療では女性患者は分析家のオフィスまで来るには弱りすぎていたため，最後の数回の面接は患者の自宅で行われたのである。この境界横断は治療の文脈において，まったく適切なものと考えられた。

　それとは対照的にK医師の分析において分析家が繰り返し手を握ったり頻繁に分析外で会ったりしたことは，混乱を引き起こし外傷的となり，結局は分析過程にとってもK医師自身にとっても破壊的な影響をおよぼした。K医師の分析家を単に臨床活動から排除されるべきだめな臨床家として片付けることは魅力的かもしれないが，状況はもっと複雑である。彼はその地域の専門家集団の間で尊敬を集めていた分析家であり，彼の誤った判断は多くの恋わずらいの分析家と同じように，K医師の治療に限ってのことと思われたからである。精神医学会の当該地域支部の倫理委員会が行った調査では，彼の

他の患者たちは一貫性のある面接を受けていた。誰の話でもそれはまったく問題ない分析の仕事であった。彼が倫理上の告発を受けていると聞いて，彼らは仰天した。

K医師は訓練分析を受けていたのではないが，彼女が自ら受けた治療の中で直面した侵犯は，訓練分析において起こると知られている諸問題の極端な形である。フィリス・グリーネーカー（Phyllis Greenacre）(1966) は，訓練分析でいかに頻繁に特別扱いや甘やかしが起こるかについて書き，そういう状況に置かれた研修中の被分析者が特別にかけてもらった恩寵を分析されるべきものとして提起するのはいかに難しいかについて論じた。彼女はまた，こういう慈善の行為は相当の評判をとっている年長の分析家によって行われることがもっとも多いと述べている。彼女はこの現象を，隔離の防衛機制によって守られた自己愛的な盲点によるものとしている。こうした分析家たちは第6章で描かれた，自分はこの分野でこれほどの達成を成し遂げたのだから普通のルールは自分には当てはまらないと感じるような分析家と似ているかもしれない。ともかくこのような甘やかしは患者を分析家に対して限りなく盲目にすることが多いが，このことは第8章で論じる。

ある地域では，非性的境界侵犯のもつ有害性について，これまで懐疑的な意見が出されてきた。分析家の行動が及ぼした影響についてのK医師の率直な議論は，分析的課題や分析的役割を踏み外した分析家がなす害を非常に明瞭に描き出している。分析における癒しの過程は部分的には分析家－患者関係自体を含むことはほとんど疑い得ないものの，分析的役割の外に踏み出してしまった分析家は患者に，時が経てばずたずたになるような偽りの希望を抱かせてしまう。分析家は分析過程のもっとも重要な部分を破壊することなしに，親や恋人になることはできない。患者を愛することで健康にしようと，抱擁(ハグ)したり24時間いつでも応じようとしたり愛情を宣言したりする分析家は，具体的なものを象徴的なものと混同してしまっている。分析は愛され抱擁(ハグ)されたいという**願望**に関わるものであり，こうした願望が分析家によって満足させられ得ないことによってかき立てられる感情に関わるものである。

われわれが患者に提供しなければならないもっとも効果的で強力な贈り物とは，分析的な設定そのものなのだ。

# 第8章

# 転移の運命：終結後の境界

　終結後における分析家と患者の適切な境界についての共通認識は，分析家の間でまだ確立していない。終結後の時期については分析家たちがそれぞれ非常に異なった見解をもっているのが現状である。実際専門家としての境界に関して，終結後の規定ほど議論になるものはほとんどない。

　こうした見解の相違の大部分は，分析そのものについて，そして分析で達成されうることについての見解があまりにばらばらなことから来ている。もし精神分析が転移神経症を完全に解決し消し去ることができるなら，終結後の関係は残余的な転移で汚染されていないと見てよいだろうから，他の人間関係と同じように見なしてよいことになる。

　しかし，もしある種の転移神経症が分析終結後にももち越されると見るなら，**分析中**に適用された禁止事項は**終結後**にも適用されねばならないことになる。より近年の見方では，転移神経症の概念は時を経てほとんど役立たなくなっているため，捨て去られるべきとされる（Brenner, 1982；Cooper, 1987）。この立場から転移について語ろうとするなら，転移神経症の解釈による解消よりも，転移は解消されるのか否かということが問題となる。

　この議論に関しては他に次のような主題がある。それは，境界の中には終結後の期間が長くなればなるほどに，より許容されうるものがあるという主張だ。中には性的な関係でさえ，適切な間隔をおけば許容されうるのではないかと論ずる者もいる。実際アメリカン・ジャーナル・オブ・サイカイアトリーの巻頭論文では，治療者・患者間の性的関係について終結後1年間の禁止が提案され，これ以上の期間延長は誰でも望む人と交際する憲法上の権利への侵害と見なしうると論じられている（Appelbaum & Jorgenson, 1991）。

同様に1992年米国心理学会は，治療者と患者が性的に親密になることを終結後少なくとも2年間は禁止するものの，終結後の性的関係の完全禁止を課すことまでは避けた（American Psychological Association, 1992）。特殊な状況なら搾取の起こらない可能性もあると見込んだ決定である。

分析の仕事では，終結後の性的関係は事実上すべての状況において非倫理的であり，臨床的に望ましくないと強く主張することも可能である。分析終結後の転移の運命に関する研究によれば，こうした見方がもっとも説得力をもって支持される。しかしながら元患者とその分析家の関係の性愛化に異を唱える他の論考もある。まず終結に続く転移の推移についての文献を吟味してから，これらの問題を考えてゆこう。

## 転移の持続

精神分析の文献では伝統的に，転移神経症の解釈による解消が分析過程にとって不可欠なものとして非常に強調されてきた。しかしここ30年の研究が一貫して示すのは，転移は終結を越えて持続するということである。アーノルド・プフェッファー（Arnold Pfeffer）（1963）は以前分析を受けたことのある被験者らへのフォローアップ研究を行ったが，そのインタビューの中で予想もしていなかった2つの衝撃的な現象に遭遇した。第1に患者はフォローアップ・インタビューを行う分析家を，あたかも自分の分析家であるかのように遇した。言い換えれば，転移は即座に再構築されたのだ。第2にそもそも分析を求めるきっかけとなった症状が，フォローアップ・インタビューの中で再燃して現れた。患者は自分が受けた分析の最終地点にもどったようであり，分析家と分析そのものの喪失を分析し続けているようであった。終結の時点では分析過程は完結していなかったのである。

現代精神分析の思潮においては，プフェッファー（1963）の観察はいくぶん違った形で概念化される。患者の転移に分析家が参与していることが広く認められるようになった現代では，分析の中に存在したのと同じ転移がイン

タビュアーとの間で構築されるわけではないことが示唆される。分析家とインタビュアーという二人の参与者はまったく同じではないのだから，転移の性質がまったく同一ということはあり得ない。それよりむしろ，基盤にある**転移傾向**が再構築されるのである。言い換えればそこには，他の臨床家との間でや，そしてもちろんかつての分析家との間で，転移を再体験する**準備性**があるのである。

　プフェッファーはまた，成功した分析においてすら患者は分析家についての複雑な心的表象を保持し続けると結論づけた。この表象は転移神経症の**解消された**側面に関連するとともに，分析の中でそれほど徹底して取り組まれなかった転移の残余物にも関連したものと見られた。研究対象患者のすべてにこの点が認められたため，それは特異なことであるとか分析中の特殊な状況を反映するものとは考えられなかった。

　もとの論文から30年後に発表した論文でプフェッファー（1993）は，彼が観察した現象（ちなみにこの現象は「プフェッファー現象」として知られるようになった）を，患者の分析がカプセル化され再現されたものとして理解できると記し，そこには象徴的な転移神経症の再燃とそこからの回復がともなっているとした。この考えに従えば，分析家は過去の対象（過去の人物からの置き換えの残余）と新たな対象（転移神経症にとって不可欠な構成要素である諸葛藤が新しく統合された上に築かれたもの）のどちらとしても表象されていることになる。彼はまた，どちらの心的表象もいつまでも残り続けると強調した。ネイサン・シュレシンガー（Nathan Schlessinger）とフレッド・ロビンス（Fred Robbins）（1974）もまた，かつて患者であった者の多くは分析後も葛藤の解決を助けるために，ファンタジーの中で分析家を「良い存在」として使い続けると述べている。

　こうした内的な過程は分析の完了後何年か経つうちに徐々に弱まると思われるかもしれないが，かつて分析か心理療法を受けていた97人の精神療法家についての研究は，そうでないことを示している（Buckley, Karasu & Charles, 1981）。セラピストや分析家についての思いは終結後5〜10年に

ピークを迎え，そしてこの思いは未解決の転移の問題が徐々にワーク・スルーされることに関係していることをこの著者らは見出したのだった。こうした被験者らはみな，この期間中どこかの時点で，治療に戻ることを考えていた。

さらに終結後，実際に転移が**強まる**可能性すら考えておかねばならない。リタ・ノヴェイ（Rita Novey）（1991）は終結後，治療を受けていた女性分析家に会いに来て，彼女に対し強烈な性愛感情を体験した男性患者について書いている。著者はこの事例について，終結後まる2年経つまで転移がピークを迎えなかったと述べている。

かつての被分析者5人を対象とする研究で，ハスケル・ノーマン（Haskell Norman），ケイ・ブラッカー（Kay Blacker），ジェローム・オレムランド（Jerome Oremland）そしてウィリアム・バレット（William Barrett）（1976）は，それぞれの被験者に1週おきに4,5回のインタビューを行うというプフェッファーと同様の調査を行った。プフェッファーと同じく彼らも，どの患者もかつての分析で生じた転移を容易に再構築し，まるで自分の分析家であるかのようにインタビュアーと関わることを観察した。著者らはみな，分析は転移神経症を消し去りはしないという見解を共有した。彼らはまたそれぞれの患者が，転移神経症のさまざまな程度の克服を経験したと記し，したがってそれは無意識的自我のもとでの新たな心的構造と見ることができると述べている。彼らは「転移神経症は潜在的な構造として残り続けるが，ある状況下で再び出現し，繰り返され，急速に乗り越えられることがある」（p.496）と結論づけた。

より厳格な方法論によるアプローチを用いた最近の研究は，分析過程で浮かび上がった中心的な転移のパラダイムは分析の仕事によっても消えるわけではない，という考え方にさらなる支持を与えた（Luborsky, Diguer & Barber, 1994）。

ルボルスキー（Luborsky）らは，中核をなしている葛藤的な関係のテーマを分析の最初の四半期と最後の四半期とで比較した。研究対象となった13人の分析患者において，初期にみられた転移のテーマと後期にみられた

それとの間には著しい恒常性がみられた。理解が増し自我が拡がり葛藤がよりよく乗り越えられるようになったとしても，基本的な転移の傾向は変わらないと著者らは結論づけた。彼らはフロイトが1912年の論文『転移の力動論にむけて』で，転移は生涯にわたって繰り返されるパターンだと書いたことは正しかったと示唆している。

ここではっきりさせておかねばならないが，ここまで見てきた研究は，分析をしても何の変化も起きないということを示唆しているわけでは**ない**。転移の傾向は残っても，それらはずっと深く理解され乗り越えられているのである。ジョゼフ・シャクター（Joseph Schachter）(1992) が記しているように，分析を受けた患者たちのフォローアップ研究では，転移が必ずしも解消されなくても，患者がそれをより効果的に扱える程度まで転移が緩和されることが示されている。転移的願望は残るが，他人がそうした願望にどう反応してくるかという予想は大いに変化するのである。

このレビューで取り上げた文献は，意図的に選択されたものではない。分析の終結に続く転移の消滅を実証した研究は存在しないのである。もし分析治療の**最中**に，分析家－患者間の性的な関係が転移によって象徴的に近親姦的なものになり，潜在的に有害なものに，そして明らかに非倫理的なものになるなら，終結後の性交渉にも同じことが言えるはずだ。次のような比喩が論点を明確にする。すなわち父－娘間の近親姦は嫌悪を催させるのであり，それは娘が父親と同じ家庭の中で生活していた時からどんなに時が経過しても，「合意しあった」大人どうしであろうとなかろうと変わらないのである（Gabbard, 1993；Gabbard & Pope, 1989）。

## 抵抗としての，終結後の関係

転移の持続性ということは，終結後の性的関係に関しての「かつて患者であった者はいつまでも患者」的な態度を支持する複数の論拠の一つに過ぎない。そのような性的関係が生じうる可能性があるだけで，とてつもない抵抗

の源になりうるのである。たとえば，分析家と将来関係をもつことになっても倫理的に非難されることはないと患者が知っていたとすると，その患者は知ってか知らずかあたかも治療の一義的目標が分析家の愛情を勝ち取ることであるかのように分析に近づくかもしれない。攻撃的な転移のテーマは避けられかねない。性的な葛藤は過小評価されかねない。恥ずかしかったりばつの悪い人生の出来事は，それが暴露されると分析家との将来の関係が危うくなるのではという患者の心配のせいで隠されてしまうかもしれない。

　もし将来の性的関係が専門家仲間によって許容されるなら，分析家の逆転移にも同様の問題が生じる可能性がある。患者に対して強烈な恋愛感情を経験している分析家は，自分たちは運命の出会いをしたのだと患者を説き伏せることができるのではと期待して，理想化を助長しかねない。

　患者の怒りや憤りによって汚染されることなく「リアルな関係」を維持するために，痛みや不快をもたらすような素材への直面化は回避されるかもしれない。何より問題なのは，患者の苦しみを永遠の喜びへと変え魔術的な癒しを施す未来のパートナーとして分析家が自分を提示することにより，必要な喪の過程がまるごと回避されかねないことだ。

　精神分析が成功するために不可欠なのは，長らく抱かれてきた近親姦的対象へのあこがれを断念することである。この断念の過程に必ず伴うであろう痛みに満ちた喪やワーク・スルーを迂回できるような，便利な近道はない。分析が効果をもちうる大きな理由は，それが一日一日区切られた時間の中に限定された，理解を目的とする関係を含むからである。フロイト（1915a）が強調したように，それは現実生活の中にはなぞらえうるモデルを持たない関係だ。分析的な関係が分析外の他の関係に近づけば近づくほど，分析の効果は弱まってしまう。それはたとえ将来に性的関係をもつ可能性を残しただけであっても，やはり同じなのだ。

　分析家が決して忘れてはならない事だが，患者との関係が将来にわたって今あるような形以外には決してならないからこそ，患者は思い浮かぶことを何でも口にできるのである。第3章で強調したように分析的役割こそが，そ

れに伴う分析的境界とともに，患者がその中で不利な結果を恐れることなくさまざまな考えや気持ちと自由にたわむれることができるような，安全と抱えの雰囲気をつくり出している。分析家が患者から得た情報を他の文脈で絶対に使用しないと分かっていることが，患者を自由にする分析設定の必須条件である。

　終結後「現実の人間」となった分析家と関係（性的な関係の場合も，そうでない場合もあるが）をもち続けたいという腹づもりで分析にやってくる患者は（特に精神保健の専門職に）多い。このファンタジーが解釈されれば，必要な悲哀の過程への道が開ける。しかしそれと共謀するような気配が，回避を通じてにせよそれとない共謀の勧めを通じてにせよ少しでも示されると，パーソナリティの重要な領域が分析されないまま残されてしまう。ある20代の女性被分析者は，男性分析家への性愛的感情に駆られて，一緒に寝てもらえないかと尋ねた。彼は答えて，あなたには確かに性的魅力を感じるし，もしかすると将来いつの日かそういう関係になる可能性もあるが，しかしそれは非倫理的だから今のところ絶対に越えてはならない一線だと言った。すると患者は「将来的にはそういう可能性もあるかもしれない」という彼の言葉にしがみついて，他には何も考えられなくなった。分析における他の問題はこのことに比べ色褪せてしまい，彼女はいつか二人が分析とは違う恋愛関係に入れる日まで堪え忍ばれるべきものとして分析を見るようになった。この分析家の対応は非倫理的であるだけでなく，分析的な技法としてもお粗末なものであった。

　終結期は，分析家－被分析者間の性的願望が特にエナクトメントされやすい時期である。分析の専門職にとって常に悩みの種なのは，患者と非常に親しい関係にならねばならないのに結局は別れがくることだ。終結は，両者にとってリアルな喪失である。終結は関係の有限性を表すだけでなく，人生そのもののもつ耐え難い非永続性すら表している。終結を死と結びつける連想は，分析の終結期によく生じる。分析家と被分析者は，喪失と死に関係する悲哀を迂回し，終結のもつ決定的な性質を否認するための躁的防衛を共有し

たいと願うかもしれない。

　分析家は次のようなことを患者に伝えようとして，より自己開示に傾き，多く助言し，くだけた態度になり，社交的関係へと患者を誘いさえするかもしれない。すなわち「僕らは本当はこの関係の喪失にともなう悲哀にこだわって，くよくよしている必要はない。もっとすばらしい，新しい関係へと踏み出すのだから。これは終わりじゃない，始まりなんだ」と。

　分析的な関係は現実生活の中になぞらえうるモデルをもたないとフロイト（1915a）が指摘したのとちょうど同じように，マーティン・バーグマン（Martin Bergmann）（1988）は，分析における終結の経験は他のいかなる人間関係の領域にも類似物をもたぬという意味で非常にユニークな経験だと強調した。並外れて強烈で長きにわたる親密な人間関係を，その後も何らかの形で接触が続くだろうと分かってもいないのに終わらせることなんていったい他にあるだろうか？　ジャック・ノーヴィック（Jack Novick）（刊行予定）は，終結は初期の分析家にとって本質的に想像できないものだったのであり，現代の分析家は終結にまつわる感情を無視し否認するという遺産を引き継いでしまったのだと主張した。多くの著者ら（Dewald, 1966；Limentani, 1982；Novick, 1982；Viorst, 1982）が，終結は患者にとってだけでなく分析家にとっても喪失である事実を記している。患者が喪を振り払う方法として終結後も接触をもつという防衛的ファンタジーを用いうるのとちょうど同じように，分析家もまた喪失を扱うことを避け，結果として患者の否認を強化してしまうことがある（Novick, 刊行予定）。

　ヴィクトル・ケイラフ（Victor Calef）とエドワード・ワインシェル（1983）によれば，分析患者の多くが「未完の仕事」の感を抱きつつ終結を迎えているという。そのような患者が2回目の分析を受けるとそのような気持ちはしばしば，エディパルな親としての分析家と性的関係を遂げたい願望と関係していることが明らかになる。もし終結に向かう患者に分析家があいまいな態度や挑発的な態度をとると，分析家の振る舞いは無作為的とはいえ患者の関心を，そうした関係をもてることは決してないという不可能さよりむしろ，

将来性的関係が成就するかもしれないという方向に集中させてしまうかもしれない。

## 患者が戻ってくること

　ジョージ・ハートラウプ（George Hartlaub），ゲリー・マーティン（Gary Martin）とマーク・ライン（Mark Rhine）（1986）によって報告された，成功裡に分析を終えた71人の患者の研究によると，そのうち3分の2が終結後3年以内に分析家に連絡を取ってきたという。ここに元患者との性的関与を控えるべき，実際的で常識的な理由がある。つまり患者の大半は，再び分析家のサービスを求めてくる可能性があるのだ。ハートラウプらの研究によると，患者は分析が不完全だったり無効だったから戻ってきたわけでは明らかにないという。彼らは個人的にも職業的にも総じてうまくやっていたが，ただ分析から得た成果を確かなものにするために一つ二つ相談を必要としていたのだった。分析家の脱理想化に引き続き取り組まねばならない人もあり，また本人の自己分析機能を再び活発にするために支えを必要とした人もいた。さらに発達上重要な達成を報告し，そうすることにより内なる自己と対象の表象群の再構築の過程を続けていく必要を感じる者もいたが，これは「古い内在化物の上に新しい彩色を施す」とでも呼べそうなやり方である。

　このように戻ってきたことをある程度詳細に分析する機会が得られた場合，よく見られるテーマは，終結を通じて分析家を傷つけてしまったのではという被分析者の罪悪感である。分析を終え分析家との転移関係の中で幼児的対象をあきらめることは，無意識的には一種の親殺しと経験されているかもしれない（Loewald, 1980；Winer, 1994）。分析後に成功した生活を送ることもそのような意味をもつかもしれず，患者が分析家のところへ戻ってくるのは部分的には分析家を喜ばせようとしてのことかもしれない。乗り越えられ，見捨てられ，あるいは取り残されてしまった分析家をである（Schafer, 1992）。こうして戻ってくる前には古い症状が再燃していることもあるが，

この再燃の核心には貪欲さ，競争心，誇大性に関わる恐怖が存在しうる。症状的なことで戻ってくる場合をシェーファーは，分析家との関係でのサバイバー・ギルトの変種と見た。分析家が羨望を抱いて自分に復讐するかもしれないと恐れて，患者は自分のファンタジーの中で怒り狂う分析家をなだめるために，さらなる治療を受けに戻ってくるというのだ。

## 絶対的な禁止に対する反論

分析家が現在の患者と性的関係をもつことは絶対に非倫理的だということには分析家たちも賛同しているが，元患者との性的関係にも絶対的な倫理的禁止を課す必要があるかどうかについては若干の異議が唱えられている。多くのインスティテュートでは指導的人物が元患者と結婚しており，そのためこうした関係を批判すると，しばしば尊敬されているこうした教師やスーパーバイザーそして訓練分析家らに，破壊的影響を及ぼす心配が出てくるのである。第6章でも述べたようにこうした結婚は，すべてのケースがおしなべて有害なわけではないと論じるためにもち出されることが多い。

しかしたとえこうした結婚が徹底的に検証され，そのうち幾組かの有害性に疑問符がついたとしても，倫理規範の必要性は消えない。倫理規範は，ある行為が必ず有害な結果をもたらすという実証を要しない（Gabbard, 1994e）。たとえば守秘義務が破られたかもしれないが，起こったことが限定的で患者にまで影響を及ぼさなかったがゆえに目に見える害が生じなかったというようなケースに，大多数の分析家は心当たりがあるだろう。それでもやはり，守秘義務違反が非倫理的であることには万人が同意するのである。倫理規則はふつう害を引き起こす**可能性**に基づいて決められる。それにそのような規範は，大多数の事例に適用するためにつくられており，ありうる例外を逐一すべて網羅するためにつくられてはいない。たとえて言うなら，ほとんどの人は酔った状態では安全に運転できないから，そのような行為を禁ずる法律が存在する。大酒家の中には，強い酒を一本まるまるあけた後いつ

も酒場から車で帰っているが，事故を起こしたことなどないと抗弁する人もいるだろう。それでもその法律は妥当である。なぜならたいていの人はそれほど大酒したら安全に運転できないからだ。

　終結後の性的関係をより寛大にみるもう一つの主張は，そのような結婚を禁止することはそもそも憲法違反だというものである（Appelbaum & Jorgenson, 1991）。言い換えれば個人には結社の自由と幸福追求権があるのと同じように，専門家組織から侵害されることなく誰であれ望む相手と恋愛する権利があるというわけである。しかしこの主張は，倫理ガイドラインに沿った許容される専門家の行為の定義を，より一般的な市民としての憲法上の権利と混同している。専門家はその職についたときから自動的に，それ以上の責任と法的な義務に服すことになるのだ（Gabbard, 1994e）。たとえば分析家は，立場上得た患者からの情報については言論の自由を行使しない。守秘義務違反の禁止が法で定められてもいるし，そうした行為を禁ずる倫理規則があるからだ。それにもし専門家が法律だけに従って身の振り方を決めていればよいのなら，そもそも専門家のための倫理規則などいらないはずだ。最後にもしこの憲法議論をまじめに取るなら，専門家組織には**現在**の患者とのセックスを防止する憲法上の権利はないといって，それを拡大解釈することもできてしまうだろう。

　最後によくもち出されるもう一つ別の意見は，肉体は弱いが欲動の力は強い，だから（ウッディ・アレンが言いそうなように）「誰と恋に落ちるかなんて，選びようのないことだ」というものだ。つまり，もし分析家－患者間のセックスが人間のもつ本性ゆえに決して廃絶できないとすれば，分析家が終結後の性的関係を控えることなどどうして期待できよう？　これに対する答えは二つある。第1に，すべての非倫理的行動を抑止するだろうと前提して作られた倫理規則などない。第2に，分析家は誰と恋に落ちるかをコントロールすることはできないかもしれないが，誰とベッドを共にするかをコントロールすることは確実にできるはずだ。もし元患者と寝ないではいられないというのなら，何かがおかしい。他に選びうる相手はいくらでもいることを考え

ると，元患者——無意識的には禁じられた近親姦的な対象を表す人——への なりふり構わぬ惚れ込みという現象には専門家の関心が喚起されてしかるべ きだ。その分析家当人はさておくにせよ。

　これまで紹介してきたような，元患者との性交渉への説得力ある反論にも 関わらず，精神分析の組織は元患者との関係を明確に禁ずる倫理規則を採択 することに二の足を踏んできた。こうした躊躇には，あらゆる人々が抱く近 親姦的な対象を諦めることへの抵抗以外にも理由がある。こういう決定には， 経済的な理由も大きく影を落とす傾向にあるのだ（Gabbard, 1994e）。倫理 委員会が多くのケースを徹底的に調査することは調査費用の関係ですでに不 可能になっており，特に弁護士が関わるとコストはさらに高くなる。倫理委 員会が関与する範囲を終結後の関係にまで広げてしまうと，それ以上に高額 の費用がかかってくるだろう。

　最後の理由はわれわれの大半が，性的境界を逸脱した人たちに自分自身を 重ねて見てしまうことである。われわれは皆自分の患者に対する強烈な感情 と格闘しているので，性的不品行で訴えられた同僚を少なくともある水準で は「神のご加護がなければ私もあんな風になっていたろう」という思いで見 がちなのだ。だから終結後の関与を禁止する倫理規則の採択をためらうのは， 自分自身の情の問題については甘い対応をしたいという願望を反映している のかもしれない。

## 他の終結後の関係

　第7章では，非性的境界侵犯が分析過程と患者に及ぼしうる潜在的な害に ついて詳細に論じた。しかし終結後の関係における非性的境界については， これまではるかに少なくしか論じられてこなかった。原則的には，終結後の 性的関係の絶対禁止を支持するために整理された論拠が，他の二重関係にも 適用できるものと考えられる。しかしながら実際には非性的関係の領域はま だはっきりしておらず，合意らしきものはまったく存在しない。

分析家なら皆，終結後の関係に何らかの手段で対処しないわけにいかない。明確なガイドラインが存在しない中，彼らはしばしば自分の訓練分析家が自分との間で終結後の期間をしのいでいたやり方を基礎にして，自分なりのガイドラインを編み出している。

　転移は持続するものであり，患者はさらなる治療のために戻ってくるかもしれないと考え，治療中とほとんど同じような形で分析的境界を維持する分析家もいる。また別の者は，もう専門的な関係ではなくなったのだから親しくなっても構わないし，さらには友情を結ぶ方向にも進んでよいと考える。さらにまた別の者は中庸の道をとり，万一さらなる治療のために患者が戻ってきた時の困難を避けるために適切な専門的距離を保つ。社交上や仕事上の機会に元患者に出くわした際には，（一定限度内で）よりくだけた自己開示的な態度をとるのではあるが。

　こうした終結後の関係すべてにおける問題は，どこで線引きするかを判断することにある。分析家は，元患者とビジネス上の関係をもつべきだろうか？　定期的に一緒に昼食をとるのはどうなのか？　互いに自宅に招いてもてなしあったり，一緒にゴルフやテニスをするのは？　ある種の分野では，転移の持続が他の分野よりも大きな懸念材料となるように見える。たとえば分析家は，元患者が感謝を表したいと分析家自身のプロジェクトや分析家の属するインスティテュートや協会のプロジェクトに対し多額の寄付を申し出た時，これを受けるべきだろうか？　持続する転移が，誰に寄付するかについて合理的な判断をし，説明を受けた上での決定を下す患者の能力を弱めてしまう，という主張も可能だろう。

　ロートシュタイン（1994）はこの問題に関して，はっきりした見解をもっている。転移と逆転移に終わりはないという見方を信奉する彼は，「かつての被分析者」というようなものは存在しないと主張する。ロートシュタインによれば心はいつまでも葛藤の中にあるから，終結後における患者から分析家への寄付の申し出は単なる感謝の表現というより，今も進行中の分析の後終結期における誘惑と見なすべきであるという。同様にそのような贈り物

を分析家が受け取ることは，その金はより高尚な大義のためのものだというような考え方で合理化された，逆転移性のエナクトメントと見なされる。

別の形での終結後境界侵犯もまた，たくさん出てくるだろう。たとえば，元患者自身も専門家である場合，その人からの患者紹介を受けるべきなのか？ かつての被分析者に患者を紹介すべきなのか？ 元患者から社交的な場に招待されたら受けるべきなのか？

シャクター（1990, 1992）は，終結後における患者－分析家間のコンタクトについて体系的に研究した。彼は分析を，心理的成長をとげる被分析者の能力を促すことを目標とした，進行中の発達過程の一部として概念化した。彼が第1に力点を置いたのは，社交関係の中で行われるのではなく計画的に分析家のオフィスで行われる，終結後のコンサルテーションの価値であった。しかし彼は分析家と元患者が，分析過程中のよい治療同盟の自然の結果として，真の友情を発展させるような状況がありうるとも示唆した。またこうした関係は心理学的に健康なもので，必ずしも神経症的な基盤をもたないとほのめかした。

訓練分析の場合，こうした問題は全て訓練分析のもつ特性によって，より難しいものになってしまう。第7章で触れたように訓練分析には，終結後の時期を考える際には考慮に入れねばならない二重関係が本来的にそなわっている。かつての被分析者は訓練分析家の同僚となり，かつての分析家と並んで委員会・学術集会・教育といった多くの活動に関与することになる。リカルト・ベルナルディ（Ricardo Bernardi）とマルタ・ニエト（Marta Nieto）（1992）が述べたように，「逆説的なのは，（訳注：精神分析の訓練や発展や普及活動といった）こんな大事業をともにした相手を患者として引き受ける者など誰もいないのに，この場合にはまさにそれが必要となる点である」(p142)。

境界の問題が生じる可能性を認識して多くのインスティテュートでは，候補生が訓練分析家にスーパーバイズや講義を受けることがないようにしている。しかし訓練分析の終結後にその分析家にスーパーバイズをうけた多くの分析家は，自分の経験を肯定的に語る。特に彼らは，分析家の脱理想化を促

される経験の価値を強調する。彼らの主張によると，スーパービジョン設定での分析家との出会いは，分析の経験を確かなものにしたりその喪失を悼むという継続的な仕事を支えてくれるのだという。つまり，それは終結後のワークを促進するのである。

　こういう見方に対して懐疑的な人たちは，根強く持続する転移が終結後のスーパービジョンを非常に問題あるものにすると主張する。事例についてのスーパーバイザーの観察を批判的に評価する候補生の能力，あるいは技量が，著しくそこなわれる可能性があるという。患者についてや最適のアプローチについての意見の相違が候補生によって抑圧されてしまうか，あるいは逆に陰性転移の残余が再び活発化してスーパービジョン過程の中に微妙な，あるいはそう微妙でもない権力闘争が現れるかもしれない。

　ひとつの分析(アナリシス)を訓練と分析(アナライジング)の両方に使うことからくる問題についてはあますところなく論じられてきた。1964年という相当昔にデヴィッド・カイリス（David Kairys）が結論づけたところによると，若干名の分析家たちは「訓練プログラムの中で分析することの問題は本質的に解決できない問題であり，もう論じるに値しないと考えるに至った（p485）」。しかしながらわれわれは訓練分析の複雑さを，とくに終結後の時期についてはよく考えねばならない。さもなくば訓練分析以外の分析に対するのと，候補生への分析とで，それぞれ違う終結後境界を設定するというようなダブルスタンダードの罠に容易にはまり込みかねない。少なくとも訓練分析は，よい分析体験を提供しなくてはならない。もし終結後の局面，ひいては終結の局面そのものが訓練分析家によりまちまちに扱われると，候補生の他の患者との間での終結問題の扱いがその訓練分析に影響を受けてしまうかもしれない。

　それでも非常に多くの分析家は，訓練分析では終結の過程が他の分析と決定的に異なると主張してきた。たとえばエディス・ヴァイガルト（Edith Weigert）（1955）は，候補生には訓練分析家と同じ職業的環境の中で生活し働く必要があるために，訓練分析では他の分析でのような絶対的な分離が存在しないと示唆した。

ジョアン・フレミング（Joan Fleming）(1969) の見解は明快で，一般の個人分析に比べて訓練分析がもつ利点は，分析状況とはまた違った間柄で候補生と訓練分析家とが関係を続ける機会を与えられるところだという。すなわち「患者となることに精魂傾けたのち，それまで生徒であった分析家は，今度は同じくらい精魂を傾けて同僚や友人という別の水準へと移行せねばならない」(p79)。彼女は，この見解に反対する者は分析を過小評価していると主張した。またそうした反対者を，現実原則を無視しているとして非難し，論点を明確にするために親子の比喩を引き合いに出した。彼らはかつての被分析者を「かつて子どもだった者はいつまでも子ども」という目で見て，自分の分析的な「子ども」が大人になったことを受け入れるのを拒み，分析家仲間のうちに家父長的な文化を永続させていると彼女は示唆した。

　しかしわれわれの見るところでは，フレミングは訓練分析の終結の問題を単純化しすぎている。親－子パラダイムを指針となる比喩と思い込んでしまうと，患者の転移的願望にまともに油を注ぐことになる。というのも分析期間中には手が届かず得がたかった待望の関係を，終結後にはついにつかむことができるからだ。終結を分析家－被分析者パラダイムから友情あるいは指導パラダイムへの比較的円滑な移行とみる見方は，分析の経験を完成させるのに必要な悲嘆の仕事の先延ばし，果ては回避を助長してしまう。候補生が終結をワーク・スルーするためには内在化と喪の時期が必要なのであって，終結した被分析者とすぐに友人関係に入る分析家は，その不可欠な時間と空間を提供していないのである（Torras de Beà, 1992；Treurniet, 1988）。

　訓練分析における根本的問題は，患者と分析家が**現実**に終結後にも何らかの持続的関係をもつことになる点にある。当然のこととしてこの関係の性格は，ペアごとに違ったものになるだろう。それでも彼らが互いに同僚となる事実が，訓練分析を他の分析とは異なったものにする。ノーヴィック（刊行予定）は，分析家が受ける訓練には次のような危険が本来的に備わっていることを強調した。それは候補生として経験した訓練分析の終結のあり方が，あらゆる終結の概念モデルとされてしまう危険である。この危険が特に問題

となるのは訓練分析家と候補生が，今後同僚としての関係が続くことを知っているために，喪失の重大さを否認すべく共謀してしまった場合である。あらゆる候補生は終結をめぐる自分自身の経験と患者の経験には根本的な違いがあることを，しっかり自覚しておかねばならない。

オレムランド，ブラッカーそしてノーマン（1975）は，終結後の時期に複数の患者に一連のフォローアップ・インタビューを設定することによって，一見成功裡に終わったと見える分析の「不完全さ」について研究した。あるケースでは分析家と患者の間に，終結への見方において大きな相違がみられた。訓練分析家は終結が円滑に進み，特に問題は起こらなかったと認識していた。一方患者の方は，訓練分析家が分析を長引かせようとしていると感じていた。また彼は，分析家は分析家というより母親のようにふるまっているとも感じていた。患者はこの反応を分析家には言っておらず，患者は分析家にまつわるまだ分析されていない考えを終結後も内に秘め持ち越していると調査員らは考えた。

分析家に必要とされる長年の禁欲のつけがまわり，中には終結に近づくと自分を「現実の人間」として見てほしいと望む分析家も出てくる。しかしオレムランドら（1975）も指摘するように，より「現実」にあるいは「親」のようになることにもそれ相応のリスクがある。分析家から被分析者に伝えられるそうしたメッセージは，子が親にするように，分析家にも忠誠を示し続けよという命令のように聞こえるかもしれない。しかし患者の自律性はどうなるのだろうか？　将来万一問題が生じたらその分析家と分析を再開できる可能性を残すために，分析家の友人に**ならない**ことを選ぶ自由は被分析者にはないのだろうか？

被分析者をその分析家の成長した子どものようなものとして見ることにより生じる忠誠へのプレッシャーは，いたる所に見受けられる。最悪の場合，かつての被分析者がかつての訓練分析家の面倒を，文字通り見ていることもある。このお世話は，実際には年老いて衰弱したり認知症が出てきて臨床ができなくなっている訓練分析家に患者を紹介したり，様子を見に自宅

に立ち寄ったり，身体的欲求の面で面倒を見たり，医者通いの際の運転手を引き受けたりといった形を取ることもある。もっと典型的な例では候補生は訓練分析家の弟子のような存在にならねばと感じて，分析家の理論的・技法的な教えを強力に支持し，一方でライバルたちの教えを激しく攻撃したりする。かつての患者によるこのような「護衛」は，精神分析の歴史を通じて広く問題であり続けてきた。英国精神分析協会で1940年代に生じた「大論争 Controversial Discussions」の報告には，かつての被分析者にこうした忠誠が要求されていた証拠が豊富にみられる。

グリーネーカー（1966）は終結後も候補生の忠誠を保っておきたいという訓練分析者の願望を，訓練分析における三大逆転移領域の一つとして挙げた（あとの二つは被分析者の学術的業績に熱を入れすぎることと，自分の被分析者に関係する訓練上の問題に関与しすぎることである）。候補生を意のままに操りたいという訓練分析家の自己愛的な欲求を正当化するために，精神分析の未来のために有望な若い同僚を「守り育てる」というような合理化が魔法のようにつくり出されているのかもしれないと彼女は述べている。

ラモン・ガンザレイン（Ramon Ganzarain）（1991）は，候補生と訓練分析家の間でよく生じる問題は，分析的な活動を非分析的な設定の中でなんとか成り立たせようとする努力が繰り返されることだと述べた。候補生は日常の社交場面でも，かつての訓練分析家を前に「自由連想」しようとすることがある。同様に分析家の方もかつての患者に対して，無意識的な意味合いを解釈し続けることによりそのような行動を助長するかもしれない。このような接し方は，元患者に対する影響力や権威を保ちたいという分析家の願望を反映しているのかもしれないとガンザレインは指摘している。

思考の自由を増すことが分析の一つの目標であるべきで，それは一般の個人分析であっても訓練分析であっても変わらない。被分析者は分析や他の事柄について自分と同じ考えをもつべきだと言い張る分析家は，実際には患者から自身の自律性を高める機会と独自の考えをもつ自由を奪っている。どんな訓練分析にも内在しているはずのアイデンティティ確立の過程は，患者の

ニードより自分の自己愛的ニードを優先する訓練分析家によってひどく間違った方向へと導かれかねない。この力動は，患者の転移的願望を欲求不満の状態に置くかわりに満たそうとするような，訓練分析家の微妙な甘やかしという形をとることもあると，グリーネーカー（1966）は考えた。たまたまその分析家が著名であったりすると，被分析者はしばしばそのような甘やかしを，それがどんなに非正統的なものであっても妥当に違いないと思い込みやすい。第7章でK医師が語ったようにである。グリーネーカーは言う。「このような望ましくない権威の力は，分析家がその能力ゆえに有名であり，それでもなおこうした甘やかしを提供する場合に最大となりやすい。こうした一連の要素が組み合わさると，その影響はほとんど揺るぎないものとなる」（1966, p.562）。

　訓練分析家の甘やかしから生じる忠誠の絆は，終結後の時期における師弟関係のもととなるだけではない。断ち切りがたい世代間サイクルをも確立してしまう。若い分析家は自分の訓練分析家の行動を繰り返すが，それを完全に理解していなかったり是認していない時ですら繰り返すのだ。グリーネーカー（1966）は訓練分析家の相互的な自己分析とともに，候補生の分析における微妙な自己愛的プレッシャーにも十分な注意が払われていないと主張した。悲しいことに30年近く経っても同じ問題は続いており，同じような無関心の憂き目を見ている。

　被分析者と訓練分析家とが終結後に接触することは，もちろん避けがたい。この接触が候補生のさらなる心理的成長を促すこともあるだろう。しかし問題が多く，候補生の自律性を危うくするような接触もありうる。このような終結後の接触の頻度や性質を決めるのは，あくまで候補生と訓練分析家の双方だ。そうしたものの扱いは，必ずしもまったくコントロールの及ばない領域にあることではない。終結後の時期における最適な境界ということはいつも論争を呼ぶ問題であり，専断的な命令によって確立できるようなものではない。さまざまな情報源からのデータの集積に基づいて行われる専門家集団内での秩序だった議論だけが，何らかの形でコンセンサスをつくるのに役立

つであろう。
　その一方で，終結後の関係にまつわる患者のファンタジーを分析するにあたっての分析家の役割は決定的に重大であり，その重要性はいくら強調しても足りない。多くの患者はそのようなファンタジーを見つめることを積極的に避けようとするが，これはその分析によってそれらの満足が不可能になってしまうと恐れるためである。ここで必要とされる至適な幻滅を促進するには，分析家はまず患者にしがみつき精神分析という営為に本来的に伴う喪失を追いやってしまいたいという自分自身の願望と，折り合いをつけねばならないのだ。

# 第9章

# 精神分析の
# スーパービジョンにおける境界

　精神分析のスーパービジョンは近年，理論的探究の大きな焦点になってきている。国際精神分析協会が1993年7月にアムステルダムで開催した第6回訓練分析家会議では，もっぱらこのテーマに議論が集中した。問題の複雑さは相当のものであり一回の会議で扱うには不十分だったため，1995年7月にサンフランシスコで開催された第7回訓練分析家会議の運営委員会では，精神分析のスーパービジョンのテーマを再びとりあげることになった。

　分析家に「なる」ためには，訓練期間中に行われる候補生の個人分析と，スーパービジョンを受けた分析（統制分析）の2つが必要だと長らく認識されてきた。訓練におけるこれら2つは，講義形式の理論的なセミナーとは対照的だ。後者も価値あるものだが，それはまた別のタイプの学びであり，対人交流にそれほど依存しない学びである。この数十年精神分析インスティテュートの大半は，候補生の個人分析をモニターすることをやめつつある。候補生の分析の進捗状況を訓練委員会に「報告」することを義務づける初期の頃の習わしは，ほとんどのインスティテュートによって放棄されつつある。そのため候補生の臨床能力の評価という重責は，今では統制されたケースのスーパービジョンが全面的に担う形となっている。

　スーパービジョンは訓練において，理論と実践とを結びつけるための卓越した方法である。ここでスーパーバイザーが果たすべき役割は，それまで教えられてきた患者-被分析者間の力動や分析の過程や進め方についてだけでなく，それらの理論的基盤についても問いかけ確認することにある。

　1993年に開催されたスーパービジョンについての訓練分析家会議には，候補生らも参加を要請された。候補生らは声明書を用意し（Casullo &

Resnizky, 1993)、その最終版は参加者に配布された。二人の候補生によって書かれたこの見事な文書には、スーパービジョンの複雑さと潜在的可能性とが、候補生ならではの視点で非常にうまく描かれている。候補生らは次のように書いた。

　提案したいのは、彼らに刷り込みをするかわりにものごとを現れ出てくるがままにしておくこと、出会いが生じてくるにまかせることである。スーパーバイズをする者と受ける者には、変化へ向かって共に同じ道を行くことが期待されている。彼らの目指すのは出会いであるが、それはスーパーバイズを行う分析家が候補生の求めに対して適切な答えを見出せ、候補生の中から彼自身が現れ出てくるよう援助し、両者の中に新しい心理的構造が発展するのに好適な状況が創り出されるような瞬間である。というのも何らかの形で創造的であった後には、変化を被らぬ人はいないからである。(p.3)

このあとの部分で、次のような見解を示している。

　セッションは再現されえないものだと考えれば、スーパーバイザーとの間で再創造されるのは、素材にまつわる新たな情動体験である。そこでは新しいドラマが生まれる。スーパーバイザーのまなざしのもとで、候補生は自らの不確かさをコンテインできるようになり、そしてもしスーパーバイザーが自らの理論の射程とそれを伝える能力の許す限りで自らの不安に持ちこたえることができるなら、彼はスーパービジョンの空間を保証し、候補生とともに自らの信念を疑い確信の崩壊を経験するまでの道のりを行くことができるだろう。(p.6)

精神分析の最初の教育者であったフロイトは、「候補生」に対して精神分析を施すと同時にスーパービジョンを行っており、しかも夕方ウィーンの街

を散歩しながら行うこともしばしばであった。以下はルドルフ・エクスタイン（Rudolph Ekstein）(1960)が引用しているエピソードだが，シークフリード・バーンフェルド（Siegfried Bernfeld）(1962)がスーパービジョンを受けずに分析のイニシャルケースを開始するかどうか迷っていると，フロイトは次のように応じたという。「それはナンセンスだよ。すぐはじめることだ。トラブルに直面してはじめて，どうすれば良いかわかるだろうからね」(p.501)。精神分析の理論と方法論の発展におけるこの段階では，フロイトはまだ分析とスーパービジョンとの間に境界を認めていなかったのである。

　エクスタイン（1960）は精神分析教育におけるこうした草創期を評して**無歴史的** ahistorical という語を用いていた。この時期には，まだ分析家とスーパーバイザーの役割がまとめて同一人物，つまり「上級（シニア）」分析家により担われることが多かったのである。マイケル・バリント（Michael Balint）(1954)はこの同じ時期を**前歴史的** prehistorical と呼んでいる。この時期に行われた訓練の進め方に関する記録資料は一切残っていない。

　訓練センターが充実し，1920年代初頭にベルリン・インスティテュートが設立されるとともに，教育にあたることのできる者の数が増えた。訓練（個人）分析家とスーパーバイザーを分けることも次第に可能となり，それが望ましいこととされるようになった。しかし，ベルリン・インスティテュートが先鞭をつけた分析家とスーパーバイザーの役割の分離に対して，ハンガリーのグループは長年反対しつづけた。たとえばヴィルマ・コバックス（Vilma Kovács）(1936)は，候補生の逆転移を分析するのに最適なのは候補生の訓練（個人）分析家であり，少なくとも最初の統制ケースにおいてはそうだと主張した。

　ハンガリーの分析家によるこの立場の表明は，数年にわたる激しい論争を招いた。この見解に反対したのはウィーンの分析家たちであり，その代表格がエドワード・ビブリング（Edward Bibring）(1937)だった。ビブリングは彼に近い立場の分析家とともに，以下のことを強調した。スーパーバイザーの役割はまず第1に教えることにある。だからスーパービジョンでは，候補

生が患者の精神力動をつかみ，その力動に対する正しい技法的アプローチを学ぶことに焦点が当てられるべきだ，と。このようなウィーン側の主張は最終的にほとんどの分析団体において受け入れられ，訓練分析家とスーパーバイザーという二つの機能は以後，別々の人によって担われることになった。

一方北米では，精神分析的なスーパービジョンについて広汎に論じたフレミング（1969）が，ハンガリー・グループの主張の現代版とも言えるものを提唱している。彼女は，訓練分析家は被分析者の評価に積極的な役割を果たすべきであり，一方スーパーバイザーも少なくともそれが必要と判断した場合には，候補生の逆転移を自由に解釈せねばならないと述べている。

## スーパービジョンにおける相互交流的な過程

われわれはまだ，分析における相互交流やその過程に含まれる多くの問題を議論するための共通言語を欠いている（Richards, 1991）ものの，ここ20〜30年の精神分析理論の展開において相互交流的な視点や間主観的視点が普及しつつある事実に異を唱える者は今のところいない。この相互交流的な過程を，ヘレン・ゲディマン（Helen Gediman）とフレッド・ヴォルケンフェルド（Fred Wolkenfeld）（1980）は多方向的反響と呼んだが，この過程はスーパービジョンの中でも常にはっきりと現れる。スーパーバイザーとスーパーバイジーは，カウチ上の患者の心象風景からスーパービジョン中に展開する多様な相互交流へと絶え間なく注意を切り替えているが，そうした多様な相互交流にはたとえば候補生とそのスーパーバイザー間の相互交流や，候補生・その分析家・候補生のスーパーバイザー間の相互交流，それに候補生・そのスーパーバイザー・他のスーパーバイザーたちの間の相互交流などが含まれる。スーパービジョンのどの一瞬をとっても，いくつもの三者関係が動いており，このシステムを構成しているさまざまな個人やインスティテュート集団間に複雑さや混乱や境界横断を確実に引き起こしている。

分析は相互交流的な過程であるために，スーパービジョンにおける境界は

まず対人間の，外的な境界として見ることができる。スーパービジョン過程のもつまさにその特性ゆえに，以下のような特定のタイプの対人境界がはたらく。それは教育的関係の境界（つまり専門家としての水準を高め維持するもの），信頼関係に基づく境界，そして最後に第1章と3章で述べたようなさまざまなタイプの対人境界であるが，これらはスーパービジョンで出会う多くの境界のうちの一面に過ぎない。なお今後のくだりでわれわれは，信頼関係における権力（パワー）の非対称性ゆえに非倫理的とされるスーパーバイザーとスーパーバイジー間の性的関係のような，極端な境界侵犯のみを特に扱うことはしない。そのような侵犯は，別の著作（Gabbard, 1989）で述べたように，ほかの信頼関係における境界の逸脱と共通点が多い。そのかわり，ここでは精神分析のスーパービジョンに特有の境界について扱うこととする。

## 境界の問題

### ■治療か教育か

　この議論の焦点は，スーパービジョンは教育的な目的のためだけに行うのか，あるいは患者の分析において生じる特定の交流の力動について理解を深めまたそれを候補生に伝えるために，スーパーバイジーの心的現実の探求を時には行うべきなのかという点にある。つまりスーパービジョンでは「教育だけ」行うのか「教育と治療両方」なのかという問題だが，これについては文献上で広く検討され，通常「**治療か教育か**」という二分法的な問いとして提示されてきた。端的に言えばこの立場は，二つの機能は重なってはならないと主張する。スーパーバイザーの機能は教えることのみであるべきだという。候補生が逆転移反応のサインを示す時には，スーパーバイザーは候補生を訓練分析家に紹介せねばならない。そうせずにもし候補生の逆転移を取り扱ってしまえば，あくまで教育的なものと目されるスーパービジョンの境界（つまり先生と生徒のあいだに存在するような境界）を越えることになる。

そして，教育に関する境界侵犯は必ず「乱暴な」分析に至るから，スーパーバイザーは候補生の葛藤や無意識的ファンタジーに踏み込むことはできないし，またそうしてはならない，という。

　レオン・グリンバーグ（Leon Grinberg）（1970）はこのような二分法的思考を避けるべく，候補生の逆転移に関する問題を次の２つの場合にわけた。すなわち（１）明白な逆転移が作動しておりスーパーバイザーが候補生を訓練分析家に紹介する場合と，（２）投影逆同一化が生じている場合である。後者の場合スーパーバイザーは，一歩踏み込んで候補生の困難を直接取り扱うべきだとグリンバーグは述べた。彼は，常に候補生の分析家が責任をもつべき「本来の逆転移」と，スーパーバイザーの責任にとどまる「投影逆同一化」とを明確に区別した。

　グリンバーグ（1970）によると本来の逆転移は，患者がセッションに持ち込んだ素材が候補生自身の葛藤をかきたてる場合に発展する。しかし「（候補生の）情動的な反応が，患者の投影したものの結果かもしれないとき」（p.379）には，投影逆同一化を扱っていることになる。候補生は自分の中に投影されてきた「内的対象のある側面，あるいは患者の自己の特定の部分」（p.379）と無意識に同一化するのである。候補生が本来患者のものである感情を経験したり，患者の内的な自己表象や対象表象を思わせるようなエナクトメントに入り込んでしまう事実を，この同一化はうまく説明してくれる。

　グリンバーグ（1970）がここで伝えようとしているのは，逆転移反応は「深い」起源からのものでカウチ上での詳しい分析的探索を要するが，一方投影逆同一化の存在はそれがすぐそこにあるために，スーパービジョンでも一目瞭然であることだ。こうした投影と同一化の過程は，候補生とスーパーバイザー間でも起こりうると彼は考えていた。スーパービジョン中の候補生は患者との無意識的交流を確かに再演するが，それだけでなく彼らはスーパービジョン状況がもつ独特な性質ゆえに，スーパーバイザーの中にも似たような経験を喚起するのである。グリンバーグはもちろん，分析とスーパービジョン間の並行現象のことを言っていたのであるが，この現象は近年文献上で広

く取り上げられるようになった（Arlow, 1963；Doehrman, 1976；Gediman & Wolkenfeld, 1980；Sachs & Shapiro, 1976）。

　このパラレル・プロセスの機制は，セッション内で起こるものであれ外で起こるものであれ，エナクトメントのそれと本質的に異ならないとわれわれは考えている。これら全てのケースにおいて患者，候補生，あるいはスーパーバイザーは，想起しまいとしていることを実演する（あるいは「体験する」）。投影逆同一化と呼ばれようがスーパービジョンにおけるパラレル・エナクトメントと呼ばれようが，候補生の患者への無意識的な同一化は患者への逆転移のある側面を表しており，それが今度はスーパービジョンにおいて再演されるのだとわれわれは考える。

　投影は一方向的な現象ではない。患者が分析家に投影しているように，分析家も患者に投影している。同じように分析のスーパービジョンにおいても，スーパーバイザーは時に自己や対象の表象を，それらにつながる感情とともにスーパーバイジーや患者に対して投影する。したがってパラレル・プロセスのもう一面は，分析家が患者に投影するのに並行して，スーパーバイザーがスーパーバイジーに投影しているかもしれないことだ。たとえばスーパーバイジーをいわば「乗っ取って」しまい，何をどうするべきか教えてしまっている自分に気づくようなスーパーバイザーは，スーパーバイジーが患者を自己決定力に欠け分析家からの外的援助がないと有効かつ有能にふるまえない人と見るのと同じように，スーパーバイジーを受身でよるべなく依存的な人と見ているのかもしれない。

　スーパービジョンと分析におけるもう一つの並行関係は，コンテイン機能である。分析家は患者から投影された痛みを伴う情動をコンテインし，「解毒」しなくてはならない。これらの情動を持ちこたえその意味を明確にし，さまざまな自己や対象の表象とのつながりをつける過程を通して分析家は，患者が投影内容を緩和された形で再取り入れすることを促す（Carpy, 1989；Gabbard, 1991b；Ogden, 1982）。これと似たことが，分析の候補生が患者の投影で相当な困難を抱えている時にも生じる。スーパーバイジーが苦闘して

いるのと同じある特定の情動が，今度はスーパーバイザーの中に喚起されるかもしれない。スーパーバイザーはこうした情動をコンテインして，スーパーバイジーが治療過程の中でそれを生産的に用いられるように，何とか援助しようとする (Gabbard & Wilkinson, 1994)。何よりスーパーバイザーは情動を，スーパーバイジーの治療過程(プロセス)理解に役立つような言葉に翻訳しようとする。これについてはスーパーバイザーが，スーパーバイジーから分析の様子を聞いたときに自分の内部に喚起されるファンタジーや情動を自己開示することが役に立つかもしれない。

　パラレル・プロセスは，二つの複雑な境界横断を表している。すなわち(1)候補生と患者との間で生じる分析的な境界横断と，(2)候補生とスーパーバイザー間の教育的な境界横断だ。最近の論文にも述べたように (Gabbard & Wilkinson, 1994 ; Lester & Robertson, 1995)，候補生の逆転移に対して，スーパービジョン内で限定されたアプローチしか取らない（たとえば逆転移がスーパービジョン内で並行現象として再演された場合だけを扱う）ことは正当化されないとわれわれは考える。ほとんどの場合スーパーバイザーは，**パラレル・プロセスが生じた証拠がなくても候補生の逆転移に気づいている**。言い換えればスーパービジョン過程における教育的境界と分析的・対人境界とは，「治療か教育か」という二分法が示すほど明確かつ強固には分け隔てできない，そうわれわれは主張したいのだ。

　フランシス・ボドリー（Francis Baudry）(1993) は，候補生が患者との間で抱えている特定の問題に，スーパーバイザーは取り組まない方がよいと主張している。しかしこうした発言は一般論すぎて，スーパーバイザーの役に立たないと思う。われわれが信じるところでは，まずスーパーバイザーは候補生を問題の探索へと誘うことによって，その問題に接近すべきである。そしてスーパーバイザーは素材に対する自身の反応**および**それに対する候補生の反応を利用して，候補生が見逃している点や過剰反応，そして逆転移性のエナクトメントを指摘するのである。スーパーバイザーが行うべきでないのは，**候補生に対する発達的視点からの解釈**だ。

もちろんこのスーパービジョンのモデルは，スーパーバイジーが相当の自己開示にも安心していられるほど，十分なレベルの信頼と受容があるとしてのことである。しかしこの信頼はスーパービジョン関係のもつ評価的性質によって損なわれることがある。インスティテュート内でなされる出世は，分析家候補生を担当するスーパーバイザーの抱く印象によって大きく影響される。だからスーパービジョンはいつも，スーパーバイザーに対してスーパーバイジーが投影する超自我に汚染されやすいのである（Doehrman, 1976）。スーパーバイザーから否定的評価や言葉による激しい非難など何らかの手段で復讐され罰されるのではないかと恐れるがゆえに，分析家候補生が重要な素材を省いたり，分析で生じた出来事を改変しさえすることはこれまでも知られてきた（Chrzanowski, 1984）。特に恥こそがスーパーバイズ状況に関連して強力に働いている感情で，これがためにスーパーバイジーは，自分が治療過程について感じる気持ちや自分が患者にした介入を洗いざらい開示するのを控えてしまうかもしれない（Wallace & Alonso, 1994）。

## ■多重に存在する三者関係の現象

　すでに述べたように，精神分析のスーパービジョンには多くの三者関係が作動している。その過程にはプロフェッショナルな境界，教育的境界，対人境界そして分析的境界が含まれており，しばしば境界からの漏洩が生じる。中でも候補生，訓練分析家，スーパーバイザーという三者関係において陰に陽に行動化が生じやすい。この状況でもっとも頻繁に観察される候補生の行動化は，分析家およびスーパーバイザーとの間の転移をスプリットしてしまうことである。エディパルな敵意やプレエディパルな葛藤，あるいは他のタイプの病理などがこの三者関係の中で実演されうる。候補生とスーパーバイザー間の教育的境界・プロフェッショナルな境界それに対人境界と同じように，候補生と分析家の間の分析的境界も多方面で混乱し越えられてしまうために，それがしばしば候補生のトレーニングに重大な影響を与える。

　この三者関係のシステムにおいてもっとも語られることの多い境界横断の

一つは，訓練分析家とスーパーバイザーが競合する理論グループに属している場合に生じる。スーパーバイザーと訓練分析家はいずれも候補生の忠誠を勝ち取ろうとして，程度はさまざまながら分析的境界，教育的境界，それに対人境界を逸脱することがある。このような逸脱は当然ながら，候補生の個人分析とスーパービジョンの双方を妨げてしまう。

　候補生の忠誠や心をめぐり互いに争う複数のスーパーバイザーと，その候補生本人を含む三者関係の中で，教育的境界と対人境界もまた容易に逸脱されてしまう。結局こうした関係が候補生やスーパーバイザーだけでなくインスティテュートをも巻き込むことがあり，特に競合しあう複数の学派や理論的立場が候補生にためらいと不安をもたらす場合はそうなりやすい。

　この章ですでに述べてきたように，ここでは信任関係における性的搾取という一般的な問題について扱うより，精神分析的なスーパービジョンに特有の境界に議論を絞ってきた。それでもなおスーパービジョン設定の条件は，精神分析自体の条件と多くの共通点をもつ。両者とも，相当量の強烈な感情が事細かに共有される個人的な関係を含むのである。そこでは転移と逆転移が作動しており，明らかな力(パワー)の差が歴然と存在している。近年ではスーパーバイザーが性的な境界侵犯をしたという訴えが，精神分析インスティテュートにおいて表面化するようになってきた。非公式には他の訓練生も，スーパーバイザーが彼らについて不適切な性的コメントをしたり肉体的な意味で言い寄ることさえしたと認めているが，これらの事態は報告されないまま終わってきた。というのもそのような行為をインスティテュートの教育委員会に報告したら，トレーニングの進展が危うくなると訓練生が恐れるからである。

　プロフェッショナルな境界がスーパーバイザーによってどのように尊重（あるいは軽視）されるかが，候補生の成長に末永く大きな影響を与える。スーパービジョンでは内在化のプロセスが生じるが，それは最初は表面的な模倣から，あるいは患者に対して「スーパーバイザーを演じる」ことから始まり (Doehrman, 1976)，最終的に分析的なアイディンティティの一部として固まっていく。もし分析のスーパーバイザーが誘惑的で扇情的な対人関係の

スタイルをスーパービジョンで示せば，こうした性質がひそかに吸収されて，ついには分析過程において患者との間で実演されることもある。心理学の大学院生についての研究でケネス・ポープ（Kenneth Pope），ハンナ・レヴェンソン（Hanna Levenson）とレスリー・ショヴァ（Leslie Schover）（1979）は，スーパーバイザーや教師と性的関係をもった人は，その後自分の患者との間でも性的な境界侵犯を起こす可能性が高かったと述べている。

ジェイコブ・アーロー（Jacob Arlow）（1963）は米国精神分析学会の専門職規範に関する委員会による1955年のレインボー・リポートを引用して，スーパービジョンを「精神分析の精神分析」（p.583）と表現したが，ここには過程の非常な複雑さが数語のうちにうまくとらえられている。しかしこうした複雑さにも関わらず，スーパービジョンについてはインスティテュートでも他のどこでも教えられることがないまま，どの訓練分析家も選ばれた場合にはインスティテュートのスーパーバイザーとして活動することを期待されている。似たような状況が精神医学の教育組織においても存在しており，そこではさまざまな形態の力動的心理療法のトレーニングが行われている。そして精神分析インスティテュートにいる人たちほどにはスーパービジョンに含まれる複雑さを十分認識していない専門家が，その役を担わされていることが多い。精神医学や心理学分野で精神分析的な訓練を受けた教師の数は近年さらに減少しつつあるため，力動的精神療法のトレーニングとスーパービジョンはさらに問題含みのものになっているかもしれない。

思うに精神分析の過程と手順を理論的に把握するだけでは，スーパーバイザーとして最適な働きをするには不十分である。有能なスーパーバイザーとして機能するためには，スーパービジョン中に生ずる相互交流の過程やその影響，それに境界の漏洩の可能性についての理解が不可欠であることを主張したい。

# 第10章

# 組織の対応

　米国やカナダの精神分析インスティテュートや精神分析協会では，これまで会員による境界侵犯への対応は遅れがちだった。皮肉なことに，精神分析的組織や訓練機関がこの面での対応をあまりにもわずかしか行ってこなかったがゆえに，精神分析に対する世論や患者に対して，また自分の師やスーパーバイザーの意外な基盤のもろさに幻滅した訓練生および若い臨床家たちに対して，破壊的影響が及んでしまった。

　ここにみられる否認と回避は，精神分析家がこうしたたぐいの問題を起こすはずがないという根強い確信を反映しているのだろう。しかし若い臨床家に彼ら自身の欲求や願望を克服し理解してもらい，患者の欲求や願望をひどく損なうことがないよう援助することは，訓練分析の目指すところではないのだろうか？　同僚による境界逸脱はわれわれ皆のうちに，われわれの分析の仕事の有効性について疑念を呼び起こす。フロイト自身は分析の治療効果について，かなり控え目な考えをもっていた。特に若い頃の分析が，その後の成人期の発達段階における問題を予防できるとは思っていなかった（Freud, 1937）。

　逸脱が生じた場合，告発された分析家はいったん退けられ，さらに分析を受けるよう穏やかに申し渡されることがこれまでは長年続いていた。患者のニードはしばしば無視され，公表を避け内輪の恥を外部にさらさないために，細心の注意が払われた。カウチに戻るよう命ぜられた分析家は一般に再評価を受けることもなく，彼が目下行っている分析をスーパーバイズされる機会すらないことも多かった。分析家たちはある行為について「間違っている」とか「悪い」と言うことを，長らく苦手としてきた。そのかわり彼らはしば

しば理解し，許そうとした。だから分析に戻すことが解決だったのである。

　自分の同僚である相手に直面化をためらう理由はいくつもある。長年の友人関係が壊れてしまうかもしれないし，内部告発する分析家は名誉毀損で訴えられることを恐れるだろう。さらに同僚に対して懸念を表明する分析家は，そういうことをする動機を問われたあげく，大きなお世話だと言われるのが落ちであった。

　精神分析インスティテュートは最近になって境界侵犯の問題に嫌でも直面させられるようになってきたが，それは主として他の精神保健専門職（精神科医，心理学者，ソーシャルワーカー）らが境界侵犯問題の理解と防止に力を注ぎ，患者との間で専門家としての境界を越えてしまった臨床家らの懲戒に努力を傾けているからである。また女性運動の影響力で近親姦の破壊的影響に世間の注目が集まったように，精神分析インスティテュートにおける女性訓練生の増加が大きく寄与して，患者の性的搾取への関心が高まりつつある。

　カナダと米国の精神分析的組織は，各地域のインスティテュートや協会レベルでの倫理委員会の設置を許容する倫理綱領をもつ。にもかかわらず多くのインスティテュートや協会は常設の倫理委員会をいまだにもたず，境界侵犯に対処する責任を州の免許認定審査会や他の専門家組織の倫理委員会に丸投げする方を好んでいる。裁判費用への懸念は確かにもっともだとしても，何らかの形でこのように責任放棄を行うことは，分析家と性的関係をもった患者の家族の多くに典型的にみられる近親姦経験への秘匿と否認をまた繰り返すことになる。マーヴィン・マルゴリス（Marvin Margolis）（刊行予定）はそう述べている。

　多くのインスティテュートが境界侵犯のぬかるみに入っていくことに二の足を踏んでいる中，このような問題に対処するためのガイドライン策定や分析家・患者双方への関わり方に関する得難い経験の蓄積に，積極的に取り組んできたインスティテュートも多い。この章では，インスティテュートの対応を次の四大領域にわけて論じる。すなわち苦情のマネジメント，被害者への

対応，アセスメントとリハビリテーション，そして予防である。ここで提言するのはわれわれが最善と信じるモデルであり，したがって北米全土のインスティテュートや協会で実際に行われている標準的処置というより，むしろ理想である。

## 苦情のマネジメント

　性的不品行の事例の多くで正式な訴えがなされるのは，分析家についての噂やあてこすりが何年も続いてからのことが多い。ある分析家の問題を告発するような情報は，内々の筋から同業者にもたらされることもある。カウチに横たわる患者から性的逸脱について聞いた同業者は，倫理的問題に直面する。分析家－患者間の守秘義務は精神分析的営みにとって，たとえ同僚が患者に深刻な害をなしていることを知っても守らねばならぬほど決定的に重要なのだろうか？

　多くの州は，この倫理的ジレンマに特定の指針を与えるような法律をすでに可決している。たとえばある州には，たとえ情報源に対する守秘義務を負っていても，患者に対するあらゆる性的搾取事例を報告するよう臨床家に義務づける法律がある。また別の州は，より狭い範囲の報告義務しかない法律をもち，そこでは医師－患者間の守秘義務が報告義務より優先されている。

　分析家は自州の報告義務に関する法律を熟知しておかねばならないが，倫理的配慮の点から，必ずしも州法によって規定されない難しい判断を迫られることも多い。たとえばグレー・ゾーンに入るような，患者に有害かどうか断定しにくい非性的境界侵犯の場合はどうだろう？　遠い過去に始まった性的不品行についての被害申し立てはどうか？　また，専門家としての倫理と州法が対立した場合はどうなるのか？　分析家の中には，患者への守秘義務を破るより刑務所行きを選んだ人の例も複数ある。

　たいていの場合一番頼りになる方法は，見識ある同僚に意見を求めることだ。また法的な問題が気がかりならば，弁護士に相談するのも有益だろう。

目に余る行為を含んだケースの場合には，守秘義務を破ったことで患者に告発されるリスクやその治療者から名誉毀損として告発されるリスクを冒してもなお，免許認定審査会や倫理委員会へ同僚を通報することもありうる。

どんな場合でもその患者から正式に訴えてもらう方がそういう責任から分析家を解放できて望ましいという向きもあるかもしれないが，そういう道を選んだ患者はしばしば非常に不愉快な思いをしてきた。倫理委員会のヒアリングを，自分の性生活全体が裁かれるように感じさせられる強姦事件の裁判になぞらえる人もいた。またヒアリングがきっかけになって問題が広く知れ渡り，結婚生活や私生活が崩壊した人もある。それに分析家と性的な関係をもった患者の多くは，今なお分析家を深く愛しているか少なくともひどく両価的な思いを抱いているため，何にせよ分析家を害しうるような行動はとりたがらないのである。

苦情申し立てに消極的な患者に直面した場合，境界侵犯を聞き知った分析家は少なくともインスティテュートや協会から指定されている人と相談できねばならない。理想的なことを言えばインスティテュートや協会は，患者それに分析家の同業者たち双方からの流言飛語や懸念，疑問それに苦情に対して，守秘義務を守りつつ対応できる見識あるオンブズマン[訳注1]をもつことが必要である。オンブズマンが地域の倫理委員会の代表である場合もあるだろう。あるいは委員会の中核メンバー数人が，当該患者や関与する専門家らと会う場合もあるだろう。このようにして同業者集団は，特定のケースにおける最善の対応についてのコンセンサスに達することができる。倫理委員会のメンバーをオンブズマンとするメリットは，こうした人たちがこの問題について最も豊かな知識と経験をもつ可能性が高いことである。デメリットは，オンブズマンの職務として秘密を聞き知ったメンバーたちは，もし苦情が倫理委員会にまで提出されることになったら，自分たち自身を不適任として委

---

（訳注1）オンブズマン：苦情調査官。もとは市民の代理人として行政を監視し，苦情を調査，処理する機関や人のことをさしていたが，近年では民間でも同様の制度が用いられ，それもオンブズマンと呼ぶようになっている。

員会から外さざるを得ない点である。

　多くのインスティテュートや協会は常設の倫理委員会をもたず，必要に応じ設置される臨時の委員会を通じて，あるいは教育委員会を通じて包括的に苦情に対処することを選んでいる。こうした方法には多くの同業者が関わることにより当該の分析家に関する幅広い情報が得られるメリットがあるものの，以下のようなデメリットの方が勝りがちである。第1に，倫理委員会を発展させ倫理的な手順を整備するために指定された特定の個人なり組織の小集団なりメンバーなりが存在しないと，一般に倫理的問題についての専門的知識が欠けてしまう。すると申し立てがなされるたびに一からやり直しの感が生じるかもしれない。また，そもそも問題とされている分析家を非難すべき人と見るのかあるいは抑うつ的で援助が必要な人と見るのかについて，教育委員会内で分裂や対立が起きやすくなるかもしれない。しばしばこうした対立はもとから潜在しており，そこに不品行の申し立てによって火がついて，さらに分裂が深まることが多い。

　また，もし一通りの標準的な手順をそなえた倫理委員会がないと，適正なプロセスを経ていないという非難を受ける危険がより高くなる。無名な分析家は厳しい扱いを受けるように見え（あるいは実際に受け），逆に著名な分析家は寛大な処遇を受けるかもしれない。明確な手順をそなえた常設の倫理委員会があると，結局長期的にはすべての苦情に対する公正で一貫した処遇を確立してゆける。

　常設の倫理委員会やその代替組織が苦情を扱っているか否かにかかわらず，外部のコンサルテーションも求めるべきである。というのもそうした委員会は，告発の対象となった分析家へのさまざまな転移のために，しばしば麻痺状態に陥るからだ。被告たるその分析家は，倫理委員会メンバーの訓練分析やスーパービジョンを行った分析コミュニティの指導者であるかもしれない。そうなると倫理委員は，冷静な客観性をもって事態を見ることがほとんどできなくなる。同様にインスティテュートや協会のメンバー間にくすぶる怒りと憎悪は，苦情に対する公正で偏見のないヒアリングを妨害しかねない。地

域の協会メンバーは，告発対象となった分析家に以前から抱いていたこうした感情のせいで必要な行動を控えてしまうことがあるが，やって来たばかりの外部からのコンサルタントはすべきことをする力を彼らに与えてくれるかもしれない。別のインスティテュートや協会の倫理専門家などは理想的なコンサルタントであり，とりわけ苦情を寄せられている当の分析家と目立った関係のない人であるとさらによい。また地域のグループにとっては，その親組織が国レベルで設置している倫理委員会が，価値あるリソースとなるだろう。

いったん苦情が申し立てられたり噂が広まってしまったら，倫理委員会は告発されたその同僚にどう通知するのがもっともよいか議論しなくてはならない。苦情文のコピーを添えて手紙を送り，文書での返答を求めることにしている委員会もある。もし分析家に直接伝えると決まれば，倫理委員会の2名以上のメンバーが分析家を直接訪ねて，懸案となっている問題について伝えねばならない。この責任は一人の委員のみに負わされるべきではない。それは倫理委員と告発対象の分析家が一対一でやりとりすると，結局立ち会う者のない中での激しい言い合いになりがちだからである。たいていの倫理委員はそんなストレスフルな任務を分かち合える同僚がいることを，大きな支えと感じるものである。

訴えを起こされた分析家が境界侵犯を認めても認めなくても，通常は引き続いて情報収集のため，何らかの形での倫理的ヒアリングが必要になる。患者と分析家の双方は，協会やインスティテュートのメンバーからなる同じ小集団に対して，自分の側から見た状況説明を（通常は別々に）することを許される。このような場合には訓練生たち，執行部それに他の同僚たちから，事の成り行きを明らかにせよと強烈な圧力がかかることが多いが，しかし患者と分析家の秘密保持とプライバシーへの権利が当然ながら優先されねばならない。

問題をより複雑にするのは，複数の調査や対処が同時並行で行われることである。14の州では治療者−患者間の性交渉は犯罪とされているので，訴えられた分析家は刑事罰にも問われうる。また民事訴訟の可能性もある。医

療過誤保険の会社のほとんどは，性的不品行については支払いの対象にしていないが，それでも転移の誤った取り扱いに対して訴訟が起こされるかもしれない。また精神医学や心理学関係団体の倫理委員会も調査に入ることがあるだろう。最後に，州や地域の免許認定審査会も独自の調査を行うかもしれない。こうしたさまざまな機関の境界は明確に引かれてこなかったので，倫理委員会としてもいったい誰が何に責任をもっているのか分からなくなることがある。問題を起こした医師への対応目的で地元の医師会などに設置されている委員会が，その分析家を引き受けまったく懲罰ぬきで内々の治療を受けさせている場合もあるだろうが，倫理委員会はこうしたリソースも把握している必要がある。

　こうしたあらゆる調査が同時並行に行われるため，精神分析組織の倫理委員会は他の組織が証拠を収集し結論を出すまで，独自調査を先延ばしにする方を好むかもしれない。カナダでは州の医科大学にこうした問題を扱った経験が相当あるため，諸々の倫理委員会は大学の裁定に従うことが多い。米国では州の免許認定審査会の調査が倫理委員会に役立つだろう。実際の補償費用は大変な額になるため，頼れる法的証拠を得る必要性から倫理委員会は徹底的な調査に乗り出すこともある。米国では現在，倫理委員会の譴責処分をうける結果となった深刻な境界侵犯については，米国医師情報データ・バンクへの報告が義務づけられている。分析家たちはこうした義務を知っているため，しばしばあらゆる法的手段を用いて，訴えに対し争うことを選ぶ。

## 被害者への対応

　第5章で触れたように分析家の性的無分別に対して，歴史的には患者が非難されることが多かった。今日ですら侵犯を報告した患者はしばしば「欠陥のある」あるいは「操作的な」患者と見なされたり，トラブルメーカーと見なされる。だからもし患者が勇気を出して一歩踏み出し分析家の境界侵犯を詳しく報告したとしても，軽蔑されたり過小評価されたり，報告した先の分

析家から防衛的なよそよそしさで迎えられたりとさまざまな扱いを受けることが多い。倫理委員会はその義務として，苦情を申し立てた患者が公平なヒアリングを受けられるような環境を作り出さねばならない。被害者の大部分は女性であるから，インスティテュートや協会はその代表として，倫理委員会やオンブズマン役に女性メンバーを入れておくのが賢明であろう。率直に報告する勇気をもった患者には感謝と賞賛を伝えることが役立つし，また支えにもなる（Margolis, 刊行予定）。

過去にはインスティテュートと協会の関心は，主に分析家に向けられていた。しかし現代の趨勢では，分析家のニードに取り組むのと同じくらい包括的に患者のニードに取り組むことが欠かせなくなっている。たとえば基本的に非倫理的な治療で資金が使い尽くされてしまったのであるから，分析であれ精神療法であれ患者が安価で治療が受けられるよう，他の臨床家への紹介を協会やインスティテュートが行うこともできるだろう。しかしこの紹介プロセスは，患者をすすんで引き受ける治療者や分析家がなかなか見つからないため，うまく機能しないことがある。というのも告発された分析家が治療を引き継いだ次の治療者を，患者をそそのかしたかどで訴える複数の事例が知れ渡っており，そのため一部の臨床家は関わりを躊躇するからだ。

もう一つの介入の形として，調停がある（Gabbard, 1994g；Margolis, 刊行予定；Schoener et al., 1989）。この方法ではまず性的境界侵犯の帰結について知識と経験を兼ね備えた分析家（一般的には別のインスティテュートに属する分析家）が，告発された分析家と訴えた側の患者に会うことを引き受ける。調停はどのように分析家に搾取され裏切られたと感じているかを患者が説明する機会となる。分析家は患者の話をすっかり聞き終わるまで，じっと座っていなくてはならない。非常に多くの場合分析家は，患者は標準的治療からの逸脱のおかげで助かっていたに違いないという風に境界侵犯を合理化してきている。調停は，分析家の否認が，実際には害がなされたという患者の主張と，真正面から向き合う状況を作り出す。

調停の過程は，分析家が患者に謝罪する機会ともなる。分析家による性的

逸脱の犠牲者は，分析家からもインスティテュートからも協会からも，ひどく間違ったことが起こったという事実を一切認められてこなかった場合が多い。インスティテュートに対する法律家のアドバイスは，賠償責任を負わされる危険が増すので全員いかなる罪も一切認めないようにと勧めることが多い。しかし被害者は一般に，組織と分析家の両方から謝罪してもらうことを何よりも重要と考えている（Wohlberg, 刊行予定）。

多くの場合調停の過程で，相当の癒しが生ずる。押し込められていた感情は，ついに表現される。分析家には深い反省と悔いを表す機会となるかもしれない。心からの謝罪には分析家が単に罪を認めることだけでなく，患者への補償を積極的に提供する意志も含まれるとマルゴリス（刊行予定）は強調している。結局有害で外傷的な結果に終わってしまった分析過程に対して支払われた料金を患者に賠償することも，また回復を促すであろう。

## アセスメントとリハビリテーション

倫理委員会（や他の組織）が苦情についての調査を行う際には，告発された分析家が果たして臨床を続けるべきかどうかという問題が，関係者全員にとって最大の関心事である。分析家がリハビリテーションの取り組みにみあうかどうかの決定には，独立した外部の評価が非常に役に立つ（Gabbard, 1994g；Schoener et al., 1989）。この評価が外部の臨床家によって行われる場合には，リハビリテーションの適応があるかどうかの評価はいかなる処罰的措置からも明確に切り離すべきだと，皆に対してはっきりさせておくことが大切である。処罰や懲戒は倫理委員会の権限であるか，あるいはもしその州の役所が関わる場合には免許認定審査会の権限のこともある。リハビリテーションのためのアセスメントは境界侵犯について豊富な理解をもち，適性について妥当な結論に到達できるよう訓練された臨床家によって，臨床的なセッティングの中で行われる。もしも申し立て内容が立証されたのに分析家がいかなる境界侵犯も断固として認めないと，リハビリテーションのアセ

スメントは茶番となるとともに，時間とエネルギーとお金の無駄となる。リハビリをしてもらうようなことは何もないと主張する人に対して，リハビリテーション・プランのための評価をしようとするのは馬鹿げているからだ。

　理想的なアセスメントとは，心理テストの施行を含む場合も含まない場合もあるだろうが，徹底的な精神医学的評価を行うことである。そのような評価の最終的成果は，リハビリテーション・プランの実行可能性の判断と，その特定の分析家にとって最も役立つ個人向けプランの作成である（Gabbard, 1994g；Schoener et al., 1989）。第6章で概略を示した精神力動的な分類は，こうした判断に役立つだろう。搾取的サイコパスと性倒錯の範疇に入る分析家の大部分は，どんなリハビリテーションの取り組みにも従わないだろう。超自我の深刻な障害，良心の呵責の欠如，動機の欠如，治療状況に対するサディスティックな態度がある分析家は，臨床を一生の仕事とするには適さない。こうした人には転職を考えるよう助言がなされるべきだ。

　恋わずらいとマゾヒスティックな服従の範疇に入る分析家の多くは，リハビリテーションの取り組みに大変適している。特に後者の場合は良心の呵責でいっぱいで，自分が自己破壊的に行動したことをはっきり認識していることが多い。だから二度と逸脱を起こさぬようにしたいという動機をもっている（Gabbard, 1994d）。恋わずらいの分析家の中にはまだ患者に狂おしいほど惚れ込んでいるために，初めはリハビリテーションを考えることを相当頑固に拒む人もいる。そういう人たちは誰からにせよ治療が必要だと言われると当惑するかもしれないが，それは彼らが患者との性的関係は転移や逆転移とは無関係だと合理化してきたからである。むしろ彼らはそうしたエピソードを「真の愛」と考えており，なぜエクスタシーのような古来からある状態に治療が必要なのか理解できないのである。しかし「夢から覚め」て判断力を取り戻した後には，リハビリテーションの取り組みはより大きな意味を持ちえ，その時になって分析家はそうした取り組みのための共同作業に高いモチベーションを保てるようになるかもしれない。

　精神病性障害が境界侵犯の事例に関与することはめったにない。双極性障

害で投薬と心理療法によって明らかに治療可能な場合には，分析家はまた仕事に戻れるだろうが，しかしより治療困難な精神病を抱えている人は別の仕事への方向転換が必要である。

　性的不品行で訴えられた分析家をアセスメントする際の基本的な経験則は，境界侵犯についての情報を複数の情報源から得ねばならないことである。もし評価にあたる臨床家が分析家の自己報告だけに依拠するなら，事態についての歪曲された理解が評価者の意見に影響し，誤った結論を導きかねない。倫理的ヒアリングや免許認定審査会による調査記録は，評価にあたる臨床家が利用できるようにしておかなくてはならない。そしてまた患者によって提出された苦情の書面は全て，評価に際して参照できるように関連情報に含まれていなければならない。

　アセスメントを行う分析家（あるいは他の精神保健専門家）は，境界侵犯を促すように作用したストレス因を同定すべく努力せねばならない。また逸脱行為にまつわる精神力動の中核的テーマを同定し，それがどの程度状況依存的なもの，あるいは長期的なものかを確かめなくてはならない。性生活史もまた，こうした状況に非常に密接な関わりがある。何回かの境界侵犯歴を持ち，分析的な設定外でも搾取的な性的活動をした経歴のある分析家は，概して今後の臨床においても相当ハイリスクとみなすべきだ。一方境界侵犯の前に重大な喪失を経験し，かつ他の逸脱の経歴がない分析家の場合，将来患者に被害をもたらすリスクは最小であろう。長期的にみた対象関係性が，内的な対象関係の外在化の繰り返しという意味で，分析設定の中で何が起こったのかを解き明かす重要な手がかりとなることもある。分析家の結婚生活や，あるいは他の重要な個人的関係もアセスメントの一部として考慮せねばならない。そうした周囲の支えを強化することが，リハビリテーション・プランを成功させるために決定的に重要な中身となることもある。

　アセスメントが完了したらその内容は，評価を依頼した主体である倫理委員会や他の機関に示されるだけでなく，評価対象となった分析家に対しても示されねばならない（Gabbard, 1994g；Schoener et al., 1989）。インスティ

テュートの倫理委員会は，全ての委員がそのリハビリテーション・プランを了承し，かつ当然ではあるが免許認定審査会や他の団体の定めにも反しないものであれば，それを実行に移してもよい。個々のリハビリテーション・プランはその分析家のニードに合わせて個別に立案されるが，いくつか鍵となる構成要素が通常何らかの形で存在する。それについては以下のくだりで，各々程度は異なるものの詳細に論じてゆこう。

　ここで確認しておくべきなのは，このアセスメントとリハビリテーションのモデルが，協力的で動機づけのある分析家を対象として前提にしている点である。米国精神分析学会では倫理委員会の下せる制裁は，厳重注意，3年を最長とする会員停止処分，後日の再申請の余地を残した除名処分，永久追放処分に限られている。臨床の制限やスーパービジョン，治療などを命ずることはできない。免許認定審査会だけがそうしたことを正当に行い得る権限をもつ。倫理委員会は単にリハビリテーションを希望する（そして協会やインスティテュートの会員として継続したい）分析家に，そのようなプログラムを推奨することができるだけである。

　カナダ精神分析協会では倫理委員会のヒアリング小委員会が，ある程度大きな権限をもっている。合理的と考えられる制裁であれば，加えることが可能である。制裁には譴責処分，スーパービジョンあるいは他の制裁の勧告，そしてこれらの制裁の報告などが含まれる。さらに，会員に対する苦情が出されてからその会員が退会しようとしても受理されない。しかしこのような広い権限をもってしても，リハビリテーション・プランへの協力を拒む分析家については，除名以外に取りうる手段がほとんどない。また再審査請求も実際のところ，カナダと米国ともに可能である。

■臨床の制限

　どんなリハビリテーション・プランにおいても中心的な問いは「何のためのリハビリテーションか？」ということである。当該の分析家がそれまでのキャリアを精神分析臨床に捧げてきたからといって，自動的に臨床に戻るべ

きだということにはならない。慢性的な自己愛の脆弱性や超自我の病理，自我の弱さ，硬直化した内的対象関係ゆえに，その分析家は別の面から専門職を追求した方がいいという判断もありうる。たとえば構造化された短期精神療法のほうが，リスクが少ないと見てよいだろう。分析家が精神科医であれば，一般精神科臨床も考えられる。また精神保健専門職の中で管理的な業務を担うほうが適していると考えられるかもしれない。担当する患者層が制限されることもよくある。男女どちらか一方の性別の患者を診ている限り，有能に働ける分析家もいる。また高齢者のほうがよい人もいるだろう。

　リハビリテーション・プランは，リハビリテーション中の分析家のニードを満たすことと，一般の人たちを搾取の危険から守ることとの間で，きわどい均衡を保って進まねばならない。分析家は多かれ少なかれフルタイムの分析臨床に戻らせてほしいと強く嘆願してくるかもしれず，地元の同僚は長年のよしみでその分析家の願いを聞き入れたくなるかもしれない。評価者がその分析家と親しい関係にあった過去をもつと相手の限界に目をつぶりかねないものだが，外部コンサルタントの値打ちはそうした過去をもたないために分析家の脆弱性がよりあらわにされ，一般人の安全により重きが置ける点にある。しかし同時に地元の分析家も，当該分析家の昔からの行動パターンや性格について，コンサルタントの評価の助けとなるような重要な情報をもっていることがある。倫理委員会と外部の評価者との間に緊密な協力関係があれば理想的であろう。ある臨床家に対して分析の仕事を避け別の形の臨床か管理業務を追求すべきという判断が下された場合には，そのリハビリテーション・プランは恐らく免許認定審査会や，精神医学および心理学分野の団体に属する倫理委員会のモニターを受けた方がよいだろう。

## ■スーパービジョン

　スーパービジョンは，ほとんどすべての実行可能なリハビリテーション・プランに含まれる要素である。精神分析や積極的心理療法の臨床に復帰する分析家は，しばしばスーパーバイザーを自ら選びたがるものだ。一般に委

員会にはその決定についても，監督を怠らないことが勧められる。分析家が自分でスーパーバイザーを選んでよいとなると，古くからの友人を選んだり，普通以上に同情的でその分析家の抱える境界侵犯の問題を過小評価するような指導者を選ぶものだ。実際スーパーバイザーは，まさにそうした理由で選ばれているかもしれない。倫理委員会選出のスーパーバイザー（複数の場合もある）はスーパービジョン過程の中で，一般的な逆転移とともにとりわけ境界に関する問題に焦点をあてねばならない。リハビリテーション・プランはそうした困難を分析家自身が報告し協力するという原則を基本とするものの，スーパーバイザーはスーパービジョン過程から特に目立って抜け落ちているものに敏感に気づかねばならない。

## ■リハビリテーション・コーディネイターの役割

リハビリテーション・コーディネイターは，プラン全体の鍵となる人物である。この人は倫理委員会のメンバーも兼ねていることが多い。また地元のインスティテュートや協会には属さない部外者であることもある。とにかくリハビリテーション・コーディネイターは最低でも，境界侵犯の問題および倫理的な手続きについて，高度な知識を有する人でなければいけない。コーディネイターは分析家の専門的活動について完全に知っていなければならないし，また臨床のスーパーバイザーや（もしその分析家が組織と提携している場合は）管理的なスーパーバイザーから定期的にレポートを受け取らなければならない。リハビリテーション・コーディネイターは倫理委員会との公式の連絡係であり，リハビリテーションの進捗状況について委員会に定期的な報告を行う（6カ月おきなど）。コーディネイターは他にも多様な役割を果たし，たとえば必要なら分析家に向精神薬の投与を行うこともある。性的不品行を非難された分析家の多くは，理想と現実の乖離がはっきり見えてくるにつれ深刻な抑うつ状態に陥り，希死念慮を抱くことすらある。エドワード・ビブリング（1953）が指摘したように抑うつは，長年抱いてきた野心が成就しないだろうと認識させられ，また自分の限界という現実を認識させ

られる結果生じるのかもしれない。コーディネイターの中には，薬物療法を誰か他の人に委ねることを望む人もいるだろう。

　ただ一つ，リハビリテーション・コーディネイターの担うべき範囲を明らかに超えているのは，心理療法家や精神分析家としての役割である。コーディネイターとしての役割を心理療法家としての役割から意図的に分けておくことによって，治療にあたる臨床家はそれが精神分析家であれ心理療法家であれ，守秘義務を守っていられるようになる。

### ■個人療法か個人分析か

　リハビリテーションのアセスメントには，当該分析家にとってどんな心理療法的アプローチが最適かを注意深く評価することが含まれる。多くの場合さらなる分析が勧められる。時には構造化された積極的心理療法がより望ましい形と思われることもある。もし分析家の結婚生活や分析家の支えとなるべき環境の深刻な問題を扱わなければならないなら，個人療法と夫婦療法の組み合わせがよいかもしれない。スーパービジョンを論じる際すでに述べたように，リハビリテーションを受けている分析家は，完全に自分一人で治療者（単独であれ複数であれ）を選ぶ立場に置かれるべきではない。時には倫理委員会が，もとの訓練分析家のところに戻ってさらなる分析をうけることがその分析家には最適とみなす場合もあるだろう。また別の場合には新しい分析家の方がよいこともあろう。当該分析家にも自分の意見をはさむ余地を与えるなら，倫理委員会からいくつかの選択肢を示し，その分析家に最終決定してもらうよう提案してもよい。

　どんなケースでも心理療法家[原注1]は，自分の第1のつとめが患者に理解を提供することであるとはっきり認識していなければならない（Gabbard 1994a, 1994b ; Strean, 1993）。心理療法家は報告の任務をリハビリテーション・コーディネイターに委譲することによって守秘義務に基づいた治療関係

---

（原注1）ここで「心理療法家」という言葉を使うのは，リハビリテーションを受けているその人に使われる「分析家」という言葉との混乱を避けるためである。

を維持することができ，患者である分析家は治療の中で口に出したいかなる性的なファンタジーや感情も，治療の中だけのこととして留め置かれるのだと確信できる。もし心理療法家が倫理委員会や免許認定審査会に対する報告義務を少しでも負わされていると，治療効果は弱まってしまう。というのも治療を受けている分析家が心理療法家を，洞察と理解に身を捧げている個人というより，倫理委員会の二重スパイであるかのように感じてしまうからだ。時に心理療法家はリハビリテーション・コーディネイターと限られた範囲で連絡を取り合うこともあるが，そうした設定をする場合には治療がひどく損なわれることが決してないように，関係者全員でよく話し合わねばならない。

　守秘義務が保たれ心理療法家に何らの報告義務も課されない時ですら，治療設定の転移－逆転移という次元は，驚くべき課題を次々と生み出してくる。このような設定の中にある心理療法家は，患者の自己理解を助けるばかりでなく，その専門家を取り締まらねばならないと感じるかもしれない。こうした逆転移の姿勢は患者である分析家の転移によって増強され，分析家は完全な守秘を保証されているにも関わらず治療者の意図について疑いを抱くかもしれない。疑念のせいで患者は治療者に対して何でも打ち明けられなくなり，すると治療者の方は患者が隠していることについて徐々に警戒を強めていくかもしれない。こうした姿勢は患者に対する微妙な形での蔑視や，別の境界侵犯が起こる前に患者を「取り押さえ」ねばならないという気持ちの中に現れるかもしれない（Gabbard, 1995c）。また患者に対して，患者のしたことの非倫理的性格について説教してしまう形をとることもあろう。

　こうした逆転移のパターンの一部は，意識的・無意識的に心理療法家と患者である分析家との間に大きな距離を置く道徳的な優越感である。心理療法家は患者に対して懲罰的な態度をとることによって，自分自身の衝動をコントロールしようとしているのかもしれない。治療者は性的な衝動を患者の中だけに存在するものと見なしておいて，それからそのような衝動に二度と突き動かされないように見張っている警官か看守の役割を演じることによって，そうした衝動を否認することができるのだ。

また別に起こりやすい逆転移として，患者である分析家がさまざまな微妙な形で始める堕落に心理療法家が共謀してしまうことがあげられる。分析家はもっと形式張らないくだけた態度をとり，心理療法家を治療者でなく同僚として扱いたいと望むかもしれない。心理療法家は，治療者と同等の存在になりたいという患者の転移的願望と共謀したり，友人か同僚の水準まで治療者を引き降ろそうとする努力に含まれる明らかなアグレッションの否認と共謀することがある。専門家としての境界を曖昧化しようとするこうした試みに対して，治療者は過度にかたくなになることで応じるかもしれない。治療者は普段の患者への態度と比べて，よそよそしくあまり共感的でない対応をしている自分に気づくだろう。多くの場合この境界の堕落は，転移と逆転移の両方において，特殊な性愛化の形を取る。通常なら考えられないようなことをしてしまった分析家を治療することには，とりわけそそられるような何かがあるようである。

　こうした状況がもつ魅力はある部分，抽象的にはインセスト・タブーと同等視できるような禁じられた領域に踏み込んだ同業者に対する，無意識的な魅了や羨望からきている。ストリーン（1993）はある事例において，患者に対する自分の羨望に向き合わねばならなかった経験を記しているが，その患者は「自分のイドの衝動を吟味なしにすぐ表現する自由」（p.57）を持っていたと述べている。この種の羨望への反応の一つは，義憤かもしれない。「義憤は大義名分をもった嫉妬だ」<sup>(訳注2)</sup>という警句が言う通りに。

　性的不品行で告発された分析家の中には，倫理委員会に召喚される過程で深く傷ついた者もいる。彼らは心理療法や分析を受けるまでに心底恥ずかしさでいっぱいになり，自分が犯した罪への赦しが与えられる懺悔の場のようなつもりで治療にやって来ることもある。彼らは非常に自己破壊的で非倫理的な行動をしてしまったことを恥ずかしく感じるだけでなく，倫理委員会で仲間から不当な扱いをうけ裏切られ，不公平な裁きを受けたと感じているかもしれない。彼らは心理療法家に自分の問題について弁明し，自分の言い分

---

（訳注2）H. G. ウェルズの警句。

を取り上げてくれるよう期待し，さらに批判的な仲間たちに「事態の別の面」について口を利いて自分の名誉を挽回してくれることを期待する態度を取ることがある。

特に女性患者と性的な関係をもった男性分析家の場合よく起こる展開は，患者との境界を越えたことの肯定的な動機を誰も認めてくれないとその分析家が感じることである。患者の命を救っているのに，仲間たちは患者をいかに傷つけたかという点にばかり焦点をあてていると感じてきたのかもしれない。転移が発展する中で分析家は心理療法家に，自分の犯した逸脱について赦免するとともに，自分を基本的によい人間として認め肯定してくれる存在になるよう必死に求めてくることがある。

告発された分析家の気持ちとしてもう一つよく見られるのは，患者に利用されたという感じである。もちろん倫理的な視点からは，分析家の性的な境界侵犯について患者を責めるわけにはいかない。それでも分析家は，患者が自ら求めてきたことに分析家が根負けして応じると，今度は手のひらを返すように自分を通報したその患者に対して，操られたと感じることがある。また自分のケースについて心理療法家に弁明する中で男性分析家は，患者から利用され（彼としてはこう受け取っている）倫理委員会から誤った扱いを受けたのだから，自分は被害者なのだと認めてもらいたがるかもしれない。

こうした懇願の結果として，強力な逆転移の牽引力が生じる可能性がある。分析家の方が女性で患者が反社会的傾向をもつ男性であったりすると，女性分析家は自ら専門家として行動化したとか倫理綱領を破ったと見られるよりむしろ，口のうまい詐欺師にやられた被害者と見なされる傾向が特に強くなる（Averill et al., 1989；Gabbard, 1994d；Gutheil & Gabbard, 1992）。心理療法家は自分の治療している分析家に同情し，懲戒のシステムを冷酷な難題の寄せ集めのように見始めるかもしれない。患者を助けたいというこの逆転移性の願望は，患者自身のアグレッションとサディズムが倫理的侵犯に果たした役割を否認しようとする，患者との共謀から生じていることが多い（Gabbard, 1995c）。恋わずらいの分析家の多くは，患者と性的関係に陥ると，

自分が患者に加えている害に対して目を閉ざしてしまう。そのような分析家の治療では，懲戒を科してくる団体へとそのアグレッションを外在化するのではなく，むしろ再統合できるよう援助する努力がなされねばならない。人は過度に懲罰的なために過ちを犯すだけでなく，過度に共感的なために過ちを犯すこともあるのだ。

　性的な不品行で告発されている分析家の心理療法家を悩ませ続けるのは，患者を保証したくなる願望への対処である。心理療法家は患者にむかって，あなたは基本的に正直で善意ある人だと言ってやりたくなる衝動に駆られることがある。患者を受け入れていることを行動で示すために，分析家に手を差しのべ触れてあげたくなる強い衝動と戦っている自分に気づきさえするかもしれない。

　治療者が抱く道徳的優越感と，専門家を取り締まっている感覚とに関係したもう一つの逆転移の問題は，侵入的でのぞき見的な傾向である。自分たち誰もが抱くファンタジー通りに行動した同僚というものには，誰しも非常に興味をそそられるものだ。この葛藤は，患者である分析家が別の問題にとりくんでいる時でさえ，性的関係の詳細について過剰な好奇心をよせることとして顕れるかもしれない。その分析家が境界を逸脱した理由をさらに知りたがる治療者の願望は，強固な治療同盟を打ち立てる妨げとなり，患者の心理的関心を最も望ましいやり方で探求する妨げともなりうる。

## ■スーパービジョンなしの臨床に戻る

　リハビリテーション・プログラムの期間は，自由裁量で決めてよいわけではない。リハビリテーション・コーディネイターから倫理委員会へ提出されるレポートが，プログラムの進行具合についての定期的アセスメント（おおむね６カ月ごと）の機会を提供する。書面によるレポートで疑問が生じた場合には，スーパーバイザーに会合への参加が求められる場合もある。プログラムが進むにつれて，当該分析家とコーディネイターがもつ会合の頻度を徐々に減らしていくことがしばしば有効である。同様にスーパービジョンも，

急に終えるより徐々に頻度を減らした方がよいかもしれない。意欲の高い分析家の多くは、リハビリテーション・プログラムが公式には終了した後もなおスーパービジョンを続けたいと希望する。その場合は分析家と心理療法家の間で個人心理療法の交渉がなされねばならない。典型的なリハビリテーション・プランの継続期間は、3年から6年までである。スーパービジョンなしの臨床への完全復帰を許される前に、分析家は再度慎重なアセスメントを受けなければならない。その際には当初のアセスメントを行った外部の評価者が利用されることもある。

## 予　防

　性的・非性的なあらゆる境界侵犯の防止こそ、インスティテュートや協会がぜひ達成したいと間違いなく願っている目標ではあるものの、そんな目標が非現実的なのも確かだ。アプフェルとサイモン（1985）が示唆したように、分析的関係にふくまれる秘密性と親密性というまさにその性質ゆえに、性的な境界侵犯の完全な防止は恐らく不可能である。教育はもちろん予防的取り組みの基本であるが、重篤な自己愛的あるいは反社会的性格病理をもつ分析家訓練生は教育的介入をあまり受け付けず、サディスティックな諸々の願望を満たすために恐らく分析状況を悪用してしまうだろう。そんな人が分析の専門家にならないようにするには分析インスティテュートへの応募者をもっと慎重にスクリーニングする必要があるが、しかし歴史が教えるのは、応募者の評価に絶対確実な方法などないということだ。

　教育はまず講義から始まるが、倫理の講座を開いているインスティテュートはわずかしかないとの報告もある。米国精神分析学会に属する28のインスティテュートと40の協会を対象にした調査によると、倫理委員会を有するのはその半数をやっと超える程度であり、カリキュラム上倫理の講座を常設しているのはわずか6団体であった（Engle, 1995）。インスティテュートの中には、性愛的転移や逆転移、境界、境界侵犯といったことは倫理に特化

した講座で教えるより技法の講座内で一括して教えるべきと考えているところもあった。このような問題を倫理の講座で教える利点は，さまざまな境界の問題がより率直に議論されうる点にある。こうした設定はまたモデル・ケースが提示される機会を与え，それらについてのオープンな議論を促す。

　こうした問題が倫理の講座で教えられるにせよ技法の講座で教えられるにせよ，われわれ誰もが境界侵犯をおかしうる弱さをもつのだという文脈で，性愛的転移 erotic と性愛化転移 erotized に対処する際の精神分析的な戦略が強調されねばならない。同様に逆転移についても，特に性的な逆転移について教える場合には，分析過程で不可避的に生じてくる種々のエナクトメントから生じる予測可能な分析過程の一部として教えられるべきだ。別の言い方をするなら，非難を恐れることなくそのような逆転移の問題を議論することが許されねばならない。

　間主観性や構成主義への近年の関心，そして**禁欲**や**中立性**といった用語の再定義への近年の関心を考慮すれば，インスティテュートの教員は候補生の中に「何でもあり」という態度を不用意に育てないよう注意しなければならない。初心の分析家は自発的に行動できないというのはよくある問題だが，ジャズミュージシャンは即興演奏の前にまずは音階を学ばねばならない。正統からの大胆な離脱を唱える上級教員は，学生から誤解されることがある。

　スーパーバイザーも同様に，少なくともわれわれが第9章で論じたような「今，ここ」の文脈で，逆転移を探索することに開かれていなくてはならない。もし性的なファンタジーや救済者ファンタジーがスーパービジョン過程から外されている場合には，スーパーバイザーは分析の中にそうした素材がないことへの疑問を自分の側から躊躇なく取り上げねばならない。また第9章でふれたように，スーパービジョン関係内での明朗さと安全さの感じをスーパーバイジーが内在化できるように，スーパーバイザーはプロフェッショナルな境界の感覚を体現していなければならない。

　セオドア・ジェイコブス（1994a）は，境界侵犯を徹底的に防ごうとするなら訓練分析の行われ方を鋭く観察せねばならないと示唆した。われわれ

は候補生に，候補生のとる行動の帰結やそれが他人にもたらす影響について直面化するかわりに，反社会的行為や非倫理的傾向をもたらしている力動的なテーマや潜在的な原因を探索してばかりいるのかもしれない，と彼は考えた。共感的にふるまったり偏った判断を避けようとし過ぎても，候補生の欺瞞に無意識的に共謀してしまい，誤りをおかすかもしれないとも述べた。さらに彼は訓練分析家が特に注意を払うべきこととして，候補生が自分の治療について内省し，自己探索する中で出会う問題をあげている。こうした問題は，精神内界で何が起こっているのかを分析し熟考するよりむしろ行動へ向かおうとする傾向を警告する，「危険信号」の働きをするのだという。

　精神分析は，孤立の中で行われる。しかし残念なことに，分析過程を生きたものにするその同じ孤立が，分析家が同僚からフィードバックを受ける機会をひどく制限してしまう。こうして設定のもつ秘密性が，患者を救済することが分析家に許された唯一の実現可能な選択肢に思われてくるような二人組精神病へとはまり込む危険につながってゆくのである。定期的なコンサルテーションの必要性は，いくら強調しても足りない。分析家は，面接室の中でまったく孤立無援でありあらゆる問題を一人で解決せねばならないと思い込まぬよう，ぜひとも注意せねばならない。自分の通常のプラクティスから逸脱した逆転移性のエナクトメントを示唆する，非性的境界侵犯の初期の徴候をモニターしていることによって，分析家は同僚にコンサルテーションを求める必要性に気づくことができる。これは一対一の設定でも，継続的なピア・スーパービジョン・グループでも行える。後者の利点は同業者たちが互いのことをよく知り合えるので，お互いが展開させやすい典型的な逆転移の問題をすぐに指摘できることだ。

　コンサルテーションを求めることは非常に有益ではあるものの，そのようなコンサルテーションに関する指針が存在していない点をヴァルディンガー（Waldinger）（1994）は指摘した。彼自身の提案は心理療法家に向けたものだが，精神分析家にも十分当てはまるものである。彼はコンサルテーションを求める人に，その治療に適用される枠組みの正確な構造をコンサルタント

が知っているものと思い込まずに，治療の枠組みを議論の一部として提示するように勧めている。分析家はコンサルタントに通常の技法や境界からの逸脱を，そうする理由とともに詳しく説明すれば，その状況への理解を深めてもらえるだろう。ヴァルディンガーはまた，境界の問題に詳しいコンサルタントを探し出すよう勧めてもいる。最後に，過程の中で境界侵犯が生じているかもしれぬ心配があれば，コンサルタントは患者と個別に会うことができる。性的な不品行が実際に起こった場合には，もしそれを阻止したり報告する行動を起こさなければ自分にもどんな責任が問われるか分からないことを，コンサルタントは認識していなければならない。

　また別の形の孤立が，分析家が自らのインスティテュートや協会ばかりでなく専門家集団そのものからも疎遠となるような状況下で，国中あちこちで起こっている（Jacobs, 1994a）。訓練を終えたものの小規模にあるいはパートタイムで分析臨床を行っている分析家の多くは，他の分析同業者たちとほとんど接触がなく，その結果他の同業者からのフィードバックや批判を受ける利益を享受することのないまま，自己流の治療スタイルを発展させてしまう。そういう一群の分析家は，キャリア上自分が訓練分析家に昇格しなかったことにだんだんと失望し憤慨し始めることがある。インスティテュートに対する恨み，精神分析への幻滅，そして個人的な失敗と絶望の感覚はあいまって境界侵犯の温床となりかねない。

　予防には一般市民をまきこむこともできる。分析は非常に孤立した形で発展してきたので，分析的境界や分析的枠組みの性質についての開かれた情報を提供できれば有用な予防手段となるだろう。分析家についての質問や懸念がある患者は誰でも倫理委員会やオンブズマンを利用できるようにしてもいい。こうした委員会や個人の電話番号を待合室に掲示したりニュース・メディアに流す等して，広く利用可能にすることもできよう。こうした手段は，境界横断や境界侵犯の予兆に各地域の担当分析家が取り組むための，早期警鐘システムを提供する。こうした積極的な介入はまた分析家たちに，定期的にスーパービジョンを受けるべきかもしれない特定の同僚への注意を喚起しう

る。同様に分析インスティテュートや協会は，苦情の表明やゴシップに関する懸念の表明については広く受けとめる方針をもつ必要がある。担当委員会の分析家グループは分析家にすぐに話をつけ，そこで話し合われた内容を秘密として守ることにより情報の拡散を防ぎ，また並行して噂についての調査を進めていくことができる。

　最後の予防法は，ほかの方法のようには簡単に確立できないものだ。これは分析家が自分の人生をどのように組み立てるかということに関係する。訓練を開始した当初から分析家は，患者の欲求に合わせるよう努めるために自分自身の欲求を注意深く脇に置くというやり方に慣らされていく。この厳しくも困難なとりくみには，ある種の犠牲が伴う。分析の営みは知らぬ間に，自己を省みず犠牲にするマゾヒスティックな営みになってしまうことがある。

　多くの分析家はその日最初の患者を朝6時か7時に診始め，とっぷり日が暮れるまで仕事をしている。だから家族とやりとりする時間や愛と支えを求める自分自身の欲求を満たす時間はほとんどない。主な他者との接触は，面接室で密やかに患者を診ることにほとんど限られてしまう。本来なら分析家の支え手となるべき愛する者たちから遠ざかるほど，人間的な接触を求める分析家の欲求は徐々に患者に向けられかねない。多くの分析家は自分の結婚生活のことよりも，患者のことをより長時間考えて過ごしている。明白なはずなのに，大部分の分析家は情緒的に満たされた私生活をもつことと，自分が分析家として発揮できる力量とが関連しあっている事実を見ようとしないでいる。

　支えてくれる配偶者やパートナーは分析家に，再びやってくる明日の過酷な分析の仕事に立ち向かうための愛（と性的な満足）を与えてくれるだけではない。精神分析のるつぼの中でかき立てられる強烈な転移－逆転移感情への対処に必要な謙虚さを育てる手助けもしてくれる。必死に自分を求めてくる患者にとって自分は不可欠な存在だとか，患者にはあらがえないと分析家が感じてしまうとき，分析家は自分で思っているほど特別な存在ではないと思い出させてくれるのが愛する伴侶だ。事実，分析家は何より人間的な存在なのだ。

# References

Abend, S. M. (1989). Countertransference and technique. *Psychoanalytic Quarterly, 48,* 374-395.

Abend, S. M. (1990). The psychoanalytic process: Motives and obstacles in the search for clarification. *Psychoanalytic Quarterly, 59,* 532-549.

Akhtar, S., & Thompson, Jr., J. A. (1982). Overview: Narcissistic personality disorder. *American Journal of Psychiatry, 139,* 12-20.

Alexander, F. (1950). Analysis of the therapeutic factors in psychoanalytic treatment. *Psychoanalytic Quarterly, 19,* 482-500.

Almond, R. (1995). The analytic role. Journal of the American Psychoanalytic Association, 43, 469-494.

Altman, L. L. (1977). Some vicissitudes of love. *Journal of the American Psy-choanalytic Association, 25,* 35-52.

American Psychological Association (1992). Ethical principles of psychologists and code of conduct. *American Psychologist, 47,* 1597-1611.

Anzieu, D. (1989). *The skin ego* (C. Turner, Trans.). New Haven and London: Yale University Press.

Apfel, R. J., & Simon, B. (1985). Patient-therapist sexual contact: I. Psycho-dynamic perspectives on the causes and results. *Psychotherapy and Psychosomatics, 43,* 57-62.

Appelbaum, P. S., & Jorgenson, L. (1991). Psychotherapist-patient sexual contact after termination of treatment: An analysis and a proposal. *American Journal of Psychiatry, 148,* 1466-1473.

Appignanesi, L., & Forrester, J. (1992). *Freud's women.* New York: Basic Books.

Arlow, J. A. (1963). The supervisory situation. *Journal of the American Psychoanalytic Association, 11,* 576-594.

Arvanitakis, K., Jodoin, R. M., Lester, E. P., Lussier, A., & Robertson, B. M. (1993). Early sexual abuse and nightmares in the analysis of adults. *Psychoanalytic Quarterly, 62,* 572-587.

Averill, S. C., Beale, D., Benfer, B., Collins, D. T., Kennedy, L., Myers, J., Pope, D., Rosen, I., & Zoble, E. (1989). Preventing staff-patient sexual relationships. *Bulletin of the Menninger Clinic, 53,* 384-393.

Bacal, H. A., & Newman, K. M. (1990). *Theories of object relations: Bridges to self psychology.* New York: Columbia University Press.

Baker, R. (1993). The patient's discovery of the psychoanalyst as a new object. *International Journal of Psycho-Analysis, 74,* 1223-1233.

Balint, M. (1954). Analytic training and training analysis. *International Journal of Psycho-Analysis, 35,* 157-162.

Barron, J. W., & Hoffer, A. (1994). Historical events reinforcing Freud's emphasis on "holding down the transference." *Psychoanalytic Quarterly, 63,* 536-540.

Baudry, F. D. (1993). The personal dimension and management of the supervisory situation with a special note on the parallel process. *Psychoanalytic Quarterly, 62,* 588-614.

Beebe, B., Lachman, F., & Jaffe, J. (1991, April). *Mother-infant interaction structures and presymbolic self- and object-representations.* Paper presented at the meeting of the Ontario Psychoanalytic Society, Toronto.

Belicki, K. (1986). Recalling dreams: An examination of daily variations and individual differences. In J. Gackenbach (Ed.), *Sleep and dreams: A source book* (Vol. 296, pp. 187-206). New York: Garland.

Benowitz, M. S. (1995). Comparing the experiences of women clients sexually exploited by female versus male psychotherapists. In J. Gonsiorek (Ed.), *Breach of trust* (pp. 213-224). Thousand Oaks: Sage.

Bergmann, M. S. (1988). On the fate of the intrapsychic image of the psychoanalyst after termination of the analysis. *Psychoanalytic Study of the Child, 43,* 137-153.

Bernardi, R., & Nieto, M. (1992). What makes the training analysis "good enough"? *International Review of Psycho-Analysis, 19,* 137-146.

Bernfeld, S. (1962). On psychoanalytic training. *Psychoanalytic Quarterly, 31,* 453-482.

Bibring, E. (1937). Symposium on the theory of the therapeutic results of psycho-analysis. *International Journal of Psycho-Analysis, 18,* 170-189.

Bibring, E. (1953). The mechanism of depression. In P. Greenacre (Ed.), *Affective disorders: Psychoanalytic contributions to their study* (pp. 13-48). New York: International Universities Press.

Bick, E. (1968). The experience of the skin in early object-relations. *International Journal of Psycho-Analysis, 49,* 484-486.

Black, D. M. (1993). What sort of a thing is a religion? A view from object-relations theory. *International Journal of Psycho-Analysis, 74,* 613-625.

Blatt, S. J., & Ritzier, B. A. (1974). Thought disorder and boundary disturbances in psychosis. *Journal of Consulting and Clinical Psychology, 42,* 370-381.

Bleier, R. (1991). Gender ideology and the brain: Sex difference research. In M. T. Notman & C. C. Nadelson (Eds.), *Women and men: New perspectives on gender differences* (pp. 63-73). Washington, DC: American Psychiatric Press.

Blos, P. (1980). The life cycle as indicated by the nature of the transference in the psychoanalysis of adolescents. *International Journal of Psycho-Analysis, 61,* 145-151.

Blum, H. P. (1973). The concept of erotized transference. *Journal of the American Psychoanalytic Association, 21,* 61-76.

Blum, H. P. (1994). The confusion of tongues and psychic trauma. *International Journal of Psycho-Analysis, 74,* 871-882.

Boesky, D. (1990). The psychoanalytic process and its components. *Psychoanalytic Quarterly, 59,* 550-584.

Bollas, C. (1987). *The shadow of the object: Psychoanalysis of the unthought known.* New York: Columbia University Press.

Borys, D. S., & Pope, K. S. (1989). Dual relationships between therapist and client: A national study of psychologists, psychiatrists, and social workers. *Professional Psychology: Research and Practice, 20,* 283-293.

Bouvet, M. (1958). Technical variation and the concept of distance. *International Journal of Psycho-Analysis, 39,* 211-221.

Brabant, E., & Falzeder, E. (Eds.). (in press). *The correspondence of Sigmund Freud and Sàndor Ferenczi* (Vol. 2, 1914-1919; P. T. Hoffer, Trans.). Cambridge, MA: Harvard University Press.

Brabant, E., Falzeder, E., & Giampieri-Deutsch, P. (Eds.). (1994). *The correspondence of Sigmund Freud and Sàndor Ferenczi* (Vol. 1, 1908-4914; P. T. Hoffer, Trans.). Cambridge, MA: Harvard University Press.

Brenner, C. (1982). *The mind in conflict.* New York: International Universities Press.

Brenner, C. (1994). Personal communication.

Breuer, J., & Freud, S. (1893-1895/1955). Studies on hysteria. In J. Strachey (Ed. and Trans.), *The standard edition of the complete psychological works of Sigmund Freud* (Vol. 2, pp. vii-xxxi, 1-311). London: Hogarth Press.

Browne, A., & Finkelhor, D. (1986). Impact of child sexual abuse: A review of the research. *Psychological Bulletin, 99,* 66-77.

Buckley, P., Karasu, T. B., & Charles, E. (1981). Psychotherapists view their personal therapy. *Psychotherapy: Theory, Research and Practice, 18,* 299-305.

Burbiel, I., Finke, G., & Sanderman, G. (1994). Measuring narcissism and boundaries of borderline patients. *Dynamic Psychiatry, 144/145,* 8-23.

Calef, V., & Weinshel, E. M. (1983). A note on consummation and termination. *Journal of the American Psychoanalytic Association, 31,* 643-650.

Carotenuto, A. (1982). *A secret symmetry: Sabina Spielrein between Jung and Freud* (A. Pomerans, J. Shepley, & K. Winston, Trans.). New York: Pantheon Books.

Carpy, D. V. (1989). Tolerating the countertransference: A mutative process. *International Journal of Psycho-Analysis, 70,* 287-294.

Casement, P. J. (1985). *On learning from the patient.* London: Tavistock.

Casement, P. J. (1990). The meeting of needs in psychoanalysis. *Psychoanalytic Inquiry, 10,* 325-346.

Casement, P. J. (1994). *Psychoanalysis as process.* Paper presented at the meeting of the Quebec English Psychoanalytic Society Montreal.

Casullo, A. B., & Resnizky, S. (1993, July). *Psychoanalytic supervision: A clinical approach or shared clinical reflections.* Paper presented at the Sixth IPA Conference of Training Analysts, Amsterdam, Holland.

Celenza, A. (1991). The misuse of countertransference love in sexual intimacies between therapists and patients. *Psychoanalytic Psychology, 8,* 501-509.

Chasseguet-Smirgel, J. (1973). Essai sur l'Idéal du Moi: Contribution à l'étude de la "maladie d'idéalité." *Revue Francaise de Psychanalyse, 37,* 709-927.

Chessick, R. D. (1992). Review of the book *Sexual exploitation in professional relationships* by G. O. Gabbard. *Journal of the American Academy of Psychoanalysis, 20,* 161-163.

Chrzanowski, C. (1984). Can psychoanalysis be taught? In L. Caligor, P. M. Bromberg, & J. D. Meltzer (Eds.), *Clinical perspectives of the supervision of psychoanalysis and psychotherapy* (pp. 45-58). New York: Plenum Press.

Chused, J. F. (1991). The evocative power of enactments. *Journal of the American Psychoanalytic Association, 39,* 615-639.

Coen, S. (1992). *The misuse of persons: Analyzing pathological dependency.* Hillsdale, NJ: Analytic Press.

Cohen, D. B. (1974). Toward a theory of dream recall. *Psychological Bulletin, 81,* 138-154.

Cohn, J. F., Campbell, S. B., & Ross, S. (1992). Infant response in the still-face paradigm at 6 months predicts avoidant and secure attachment at 12 months. *Development and Pathology, 3,* 367-376.

Compton, A. (1990). Psychoanalytic process. *Psychoanalytic Quarterly, 59,* 585-598.

Cooper, A. M. (1987). Changes in psychoanalytic ideas: Transference interpretation. *Journal of the American Psychoanalytic Association, 35,* 77-98.

Cooper, A. M. (1992). Psychic change: Development of the theory of psychoanalytic techniques. *International Journal of Psycho-Analysis, 73,* 245-250.

Cooper, A. M. (1993). Psychotherapeutic approaches to masochism. *Journal of Psychotherapy Practice and Research, 2,* 51-63.

Cooper, J. (1993). *Speak of me as I am: The life and work of Masud Kahn.* London: Karnac Books.

Craik, D. M. A. (1859). *Life for a life.* New York: Harper.

Davies, J. M., & Frawley, M. G. (1992). Dissociative processes and transference-countertransference paradigms in the psychoanalytically oriented treatment of adult survivors of childhood sexual abuse. *Psychoanalytic Dialogues, 2,* 5-36.

Dewald, P. A. (1966). Forced termination of psychoanalysis: Transference, countertransference, and

reality responses in five patients. *Bulletin of the Menninger Clinic, 30,* 98-110.
Doehrman, M. J. G. (1976). Parallel processes in supervision and psychotherapy. *Bulletin of the Menninger Clinic, 40,* 3-104.
Dupont, J. (Ed.). (1988). *The clinical diary of Sàndor Ferenczi.* (M. Balint & N. Z. Jackson, Trans.). Cambridge, MA: Harvard University Press.
Dupont, J. (1994). Freud's analysis of Ferenczi as revealed by their correspondence. *International Journal of Psycho-Analysis, 75,* 301-320.
Eagle, M. N. (1987). *Recent developments in psychoanalysis: A critical evaluation.* Cambridge, MA: Harvard University Press.
Eagle, M. N. (1993). Enactments, transference, and symptomatic cure: A case history. *Psychoanalytic Dialogues, 3,* 93-110.
Edmunds, L. (1988, April). His master's choice. *Johns Hopkins Magazine,* 40-49.
Eissler, K. R. (1983). *Victor Tausk's suicide.* New York: International Universities Press.
Ekstein, R. (1960). A historical survey on the teaching of psychoanalytic technique. *Journal of the American Psychoanalytic Association, 8,* 500-516.
Emde, R. N. (1988). Development terminable and interminable: I. Innate and motivational factors from infancy. *International Journal of Psycho-Analysis, 69,* 23-42.
Engle, R. (1995). Personal communication.
Epstein, R. S. (1994). *Keeping boundaries: Maintaining safety and integrity in the psychotherapeutic process.* Washington, DC: American Psychiatric Press.
Epstein, R. S., Simon, R. I., & Kay, G. G. (1992). Assessing boundary violations in psychotherapy: Survey results with the Exploitation Index. *Bulletin of the Menninger Clinic, 56,* 150-166.
Eyman, J. R., & Gabbard, G. O. (1991). Will therapist-patient sex prevent suicide? *Psychiatric Annals, 21,* 669-674.
Fairbairn, W. R. D. (1963). Synopsis of an object-relations theory of the personality. *International Journal of Psycho-Analysis, 44,* 224-225.
Farber, S., & Green, M. (1993). *Hollywood on the couch: A candid look at the overheated love affair between psychiatrists and moviemakers.* New York: William Morrow.
Faulkner, H. J., & Pruitt, V. D. (Eds.). (1988). *The selected correspondence of Karl A. Menninger, 1919-1945.* New Haven: Yale University Press.
Federn, P. (1952). The ego as a subject and object in narcissism. In E. Weiss (Ed.), *Ego psychology and the psychoses* (pp. 283-322). New York: Basic Books.
Feldman-Summers, S., & Jones, G. (1984). Psychological impacts of sexual contact between therapists and other health care professionals and their clients. *Journal of Consulting and Clinical Psychology, 52,* 1054-1061.
Finell, J. S. (1985). Narcissistic problems in analysts. *International Journal of Psycho-Analysis, 66,* 433-445.

Fleming, J. (1969/1987). The training analyst as an educator. In S. S. Weiss (Ed.), *The teaching and learning of psychoanalysis: Selected papers of Joan Fleming* (pp. 62-80). New York: Guilford Press.

Freinhar, J. P. (1986). Oedipus or Odysseus: Developmental lines of narcissism. *Psychiatric Annals, 16,* 477-485.

Freud, S. (1896/1984). Letter of December 12, 1896. In J. M. Masson (Ed.), *The complete letters of Sigmund Freud to Wilhelm Fliess 1887-1904* (pp. 207-215). Cambridge, MA: Belknap Press.

Freud, S. (1905/1953). Fragment of an analysis of a case of hysteria. In J. Strachey (Ed. and Trans.), *The standard edition of the complete psychological works of Sigmund Freud* (Vol. 7, pp. 1-122). London: Hogarth Press.

Freud, S. (1905/1953). Three essays on the theory of sexuality. In J. Strachey (Ed. and Trans.), *The standard edition of the complete psychological works of Sigmund Freud* (Vol. 7, pp. 123-245). London: Hogarth Press.

Freud, S. (1912/1958). The dynamics of transference. In J. Strachey (Ed. and Trans.), *The standard edition of the complete psychological works of Sigmund Freud* (Vol. 12, pp. 97-108). London: Hogarth Press.

Freud, S. (1913a/1953). The claims of psycho-analysis to scientific interest. In J. Strachey (Ed. and Trans.), *The standard edition of the complete psychological works of Sigmund Freud* (Vol. 13, pp. 163-190). London: Hogarth Press.

Freud, S. (1913b/1958). On beginning the treatment (further recommendations on the technique of psycho-analysis I). In J. Strachey (Ed. and Trans.), *The standard edition of the complete psychological works of Sigmund Freud* (Vol. 12, pp. 121-144). London: Hogarth Press.

Freud, S. (1914a/1963). On narcissism: An introduction. In J. Strachey (Ed. and Trans.), *The standard edition of the complete psychological works of Sigmund Freud* (Vol. 14, pp. 67-102). London: Hogarth Press.

Freud, S. (1914b/1963). On the history of the psycho-analytic movement. In J. Strachey (Ed. and Trans.), *The standard edition of the complete psychological works of Sigmund Freud* (Vol. 14, pp. 1-66). London: Hogarth Press.

Freud, S. (1915a/1963). Instincts and their vicissitudes. In J. Strachey (Ed. and Trans.), *The standard edition of the complete psychological works of Sigmund Freud* (Vol. 14, pp. 109-140). London: Hogarth Press.

Freud, S. (1915b/1958). Observations on transference-love (further recommendations on the technique of psycho-analysis III). In J. Strachey (Ed. and Trans.), *The standard edition of the complete psychological works of Sigmund Freud* (Vol. 12, pp. 157-173). London: Hogarth Press.

Freud, S. (1925/1959). An autobiographical study. In J. Strachey (Ed. and Trans.), *The standard edition of the complete psychological works of Sigmund Freud* (Vol. 20, pp. 1-74). London:

Hogarth Press.

Freud, S. (1930/1960). Civilization and its discontents. In J. Strachey (Ed. and Trans.), *The standard edition of the complete psychological works of Sigmund Freud* (Vol. 21, pp. 57-145). London: Hogarth Press.

Freud, S. (1931/1960). Letter 258 to Stefan Zweig. In E. Freud (Ed.), *Letters to Sigmund Freud* (pp. 402-403; T. Stern & J. Stern, Trans.). New York: Basic Books.

Freud, S. (1937/1964). Analysis terminable and interminable. In J. Strachey (Ed. and Trans.), *The standard edition of the complete psychological works of Sigmund Freud* (Vol. 23, pp. 209-253). London: Hogarth Press.

Frick, D. E. (1994). Nonsexual boundary violations in psychiatric treatment. In J. M. Oldham & M. B. Riba (Eds.), *Review of Psychiatry: Vol. 13* (pp. 415-432). Washington, DC: American Psychiatric Press.

Friedman, L. (1991). A reading of Freud's papers on technique. *Psychoanalytic Quarterly, 60,* 564-595.

Friedman, L. (1994). *Ferrum, Ignis and Medicina: Return to the crucible.* Plenary Address, Annual meeting of the American Psychoanalytic Association, Philadelphia, PA.

Fromm-Reichmann, F. (1989). Reminiscences of Europe. In A. Silver (Ed.), *Psychoanalysis and psychosis* (pp. 409-418). Madison, CT: International Universities Press.

Gabbard, G. O. (1989). *Sexual exploitation in professional relationships.* Washington, DC: American Psychiatric Press.

Gabbard, G. O. (1991a). Psychodynamics of sexual boundary violations. *Psychiatric Annals, 21,* 651-655.

Gabbard, G. O. (1991b). Technical approaches to transference hate in the analysis of borderline patients. *International Journal of Psycho-Analysis, 72,* 625-637.

Gabbard, G. O. (1992). Commentary on "Dissociative processes and transference-countertransference paradigms" by Jody Messler Davies & Mary Gail Frawley. *Psychoanalytic Dialogues, 2,* 37-47.

Gabbard, G. O. (1993). Once a patient, always a patient: Therapist-patient sex after termination. *The American Psychoanalyst, 26,* 6-7.

Gabbard, G. O. (1994a). Commentary on papers by Tansey, Hirsch, and Davies. *Psychoanalytic Dialogues, 4,* 203-213.

Gabbard, G. O. (1994b). On love and lust in erotic transference. *Journal of the American Psychoanalytic Association, 42,* 385-403.

Gabbard, G. O. (1994c). *Psychodynamic psychiatry in clinical practice: The DSM-IV edition.* Washington, DC: American Psychiatric Press.

Gabbard, G. O. (1994d). Psychotherapists who transgress sexual boundaries with patients. *Bulletin of the Menninger Clinic, 58,* 124-135.

Gabbard, G. O. (1994e). Reconsidering the American Psychological Association's policy on sex with former patients: Is it justifiable? *Professional Psychology: Research and Practice, 25,* 329-355.

Gabbard, G. O. (1994f). Sexual excitement and countertransference love in the analyst. *Journal of the American Psychoanalytic Association, 42,* 1083-1106.

Gabbard, G. O. (1994g). Sexual misconduct. In J. M. Oldham & M. Riba (Eds.), *Annual review of psychiatry* (pp. 433-456). Washington, DC: American Psychiatric Press.

Gabbard, G. O. (1995a). Countertransference: The emerging common ground. *International Journal of Psycho-Analysis, 76,* 475-485.

Gabbard, G. O. (1995b). The early history of boundary violations in psycho-analysis. *Journal of the American Psychoanalytic Association, 43.*

Gabbard, G. O. (1995c). Transference and countertransference in the psychotherapy of therapists charged with sexual misconduct. *Journal of Psychotherapy Practice and Research 4,* 10-17.

Gabbard, G. O. (1995d). When the patient is a therapist: Special challenges in the psychoanalytic treatment of mental health professionals. *Psychoanalytic Review, 82,* 709-725.

Gabbard, G. O., & Pope, K. S. (1989). Individual psychotherapy for victims of therapist-patient sexual intimacy. In G. O. Gabbard (Ed.), *Sexual exploitation in professional relationships* (pp. 89-100). Washington, DC: American Psychiatric Press.

Gabbard, G. O., & Wilkinson, S. M. (1994). *Management of countertransference with borderline patients.* Washington, DC: American Psychiatric Press, 1994.

Ganzarain, R. (1991). Extra-analytic contacts: Fantasy and reality. *International Journal of Psycho-Analysis, 72,* 131-140.

Gediman, H. K., & Wolkenfeld, F. (1980). The parallelism in psychoanalysis and supervision: Reconsideration of triadic systems. *Psychoanalytic Quarterly, 49,* 234-255.

Gedo, I. E. (1993). *Beyond interpretation: Toward a revised theory for psychoanalysis* (Rev. ed.). Hillsdale, NJ: Analytic Press.

Gill, M. M. (1991). Indirect suggestion: A response to Oremland's *Interpretation and interaction.* In J. D. Oremland (Ed.), *Interpretation and interaction: Psychoanalysis or psychotherapy?* (pp. 137-163). Hillsdale, NJ: Analytic Press.

Gilligan, C. (1982). *In a different voice: Psychological theory and women's development.* Cambridge, MA: Harvard University Press.

Goldberg, A. (1994). Lovesickness. In J. M. Oldham & S. Bone (Eds.), *Paranoia: New psychoanalytic perspectives* (pp. 115-132). Madison, CT: International Universities Press.

Gonsiorek, J. C. (1989). Sexual exploitation by psychotherapists: Some observations on male victims and sexual orientation issues. In G. R. Schoener, J. H. Milgrom, J. C. Gonsiorek, E. T. Luepker, & R. M. Conroe (Eds.), *Psychotherapists' sexual involvement with clients: Intervention and prevention* (pp. 113-119). Minneapolis, MN: Walk-In Counseling Center.

Green, A. (1986). *On private madness.* Madison, CT: International Universities Press.

Greenacre, P. (1966). Problems of training analysis. *Psychoanalytic Quarterly, 35,* 540-567.

Greenberg, J. R. (1986a). The problem of analytic neutrality. *Contemporary Psychoanalysis, 22,* 76-86.

Greenberg, J. R. (1986b). Theoretical models and the analyst's neutrality. *Contemporary Psychoanalysis, 22,* 87-106.

Greenberg, J. R. (1991). Countertransference and reality. *Psychoanalytic Dialogues, 1,* 52-73.

Greenberg, J. R. (1995). Psychoanalytic technique and the interactive matrix. *Psychoanalytic Quarterly, 64,* 1-22.

Greenberg, J. R., & Mitchell, S. A. (1983). *Object relations in psychoanalytic theory.* Cambridge, MA: Harvard University Press.

Grinberg, L. (1970). The problems of supervision in psychoanalytic education. *International Journal of Psychoanalysis, 51,* 371-383.

Grosskurth, P. (1986). *Melanie Klein: Her world and her work.* New York: Knopf.

Grossman, W. I. (1992). Hierarchies, boundaries, and representation in the Freudian model of mental organization. *Journal of the American Psychoanalytic Association, 40,* 27-62.

Grotstein, J. S. (1994). "The old order changeth"——A reassessment of the basic rule of psychoanalytic technique: Commentary on John Linden's "Gratification and provision in psychoanalysis." *Psychoanalytic Dialogues, 4,* 595-607.

Grubrich-Simitis, I. (1986). Six letters of Sigmund Freud and Sándor Ferenczi on the interrelationship of psychoanalytic theory and technique. *International Review of Psycho-Analysis, 12,* 259-277.

Gunderson, J., & Ronningstam, E. (1991). Is narcissistic personality disorder a valid diagnosis? In J. Oldham (Ed.), *Personality disorders: New perspectives on diagnosis* (pp. 107-119). Washington, DC: American Psychiatric Press.

Gutheil, T. G., & Gabbard, G. O. (1992). Obstacles to the dynamic understanding of therapist-patient sexual relations. *American Journal of Psychotherapy, 46,* 515-525.

Gutheil, T. G., & Gabbard, G. O. (1993). The concept of boundaries in clinical practice: Theoretical and risk-management dimensions. *American Journal of Psychiatry, 150,* 188-196.

Hale, N. G. (Ed.). (1971). *James Jackson Putnam and psychoanalysis: Letters between Putnam and Sigmund Freud, Ernest Jones, William James, Sàndor Ferenczi, and Morton Prince, 1877-1917.* Cambridge, MA: Harvard University Press.

Hamilton, V. (1993). Truth and reality in psychoanalytic discourse. *International Journal of Psychoanalysis, 74,* 63-79.

Hartlaub, G. H., Martin, G. C., & Rhine, M. W. (1986). Recontact with the analyst following termination: A survey of seventy-one cases. *Journal of the American Psychoanalytic Association, 34,* 885-910.

Hartmarnn, E. (1991). *Boundaries in the mind: A new psychology of personality*. New York: Basic Books.

Haynal, A. (1994). Introduction to *The correspondence of Sigmund Freud and Sàndor Ferenczi* (Vol. 1, 1908-1914; P. T. Hoffer, Trans.). In E. Brabant, E. Falzeder, & P. Giampieri-Deutsch (Eds.). Cambridge, MA: Harvard University Press.

Hoffer, A. (in press). Introduction to *The correspondence of Sigmund Freud and Sàndor Ferenczi* (Vol. 2, 1914-1919; P. T. Hoffer, Trans.). Cambridge, MA: Harvard University Press.

Hoffman, I. Z. (1983). The patient as interpreter of the analyst's experience. *Contemporary Psychoanalysis, 19,* 389-422.

Hoffman, I. Z. (1991a). Discussion: Toward a social-constructivist view of the psychoanalytic situation. *Psychoanalytic Dialogues, 1,* 74-105.

Hoffman, I. Z. (1991b). Reply to Benjamin. Psychoanalytic Dialogues, *1,* 535-544.

Hoffman, I. Z. (1992). Some practical implications of a social-constructivist view of the psychoanalytic situation. *Psychoanalytic Dialogues, 2,* 287-304.

Hoffman, I. Z. (1994). Dialectical thinking and therapeutic action in the psychoanalytic process. *Psychoanalytic Quarterly, 63,* 187-218.

Horowitz, M. J., Duff, D. F., & Stratton, L. O. (1964). Body buffer zone. *Archives of General Psychiatry, 11,* 651-656.

Jacobs, T. J. (1986). On countertransference enactments. *Journal of the American Psycho-analytic Association, 34,* 289-307.

Jacobs, T. J. (1990). The corrective emotional experience: Its place in current technique. *Psychoanalytic Inquiry, 10,* 433-454.

Jacobs, T. J. (1993a). The inner experiences of the analyst: Their contribution to the analytic process. *International Journal of Psycho-Analysis, 74,* 7-14.

Jacobs, T. J. (1993b). Insight and experience: Commentary on Morris Eagle's "Enactments, transference, and symptomatic curing." *Psychoanalytic Dialogues, 3,* 123-127.

Jacobs, T. J. (1994a, December). Discussion of boundary violations. Presented to the Panel on Enactments of Boundary Violations at the meeting of the American Psychoanalytic Association, New York, NY.

Jacobs, T. J. (1994b, April). *Impasse and progress in analysis: On working through and its vicissitudes in patient and analyst.* Paper presented to the Quebec English Psychoanalytic Society, Montreal.

Jacobson, E. (1964). *The self and the object world.* New York: International Universities Press.

Jaggar, A. M. (1983). *Feminist politics and human nature.* Lanham, MD: Rowman & Allanheld.

Jones, E. (1955). *The life and work of Sigmund Freud: Vol. 2. The years of maturity, 1901-1919.* New York: Basic Books.

Jones, E. (1957). *The life and work of Sigmund Freud: Vol. 3. The last phase, 1919-1939.* New

York: Basic Books.

Joseph, B., Feldman, J., & Spillius, E. B. (Eds.). (1989). *Psychic equilibrium and psychic change: Selected papers of Betty Joseph.* London: Tavistock/Routledge.

Kairys, D. (1964). The training analysis: A critical review of the literature and a controversial proposal. *Psychoanalytic Quarterly, 33,* 485-512.

Keller, E. F. (1985). *Reflections on gender and science.* New Haven, CT: Yale University Press.

Keller, E. F. (1986). Making gender visible in the pursuit of nature's secrets. In I. de Lauretis (Ed.), *Feminist studies/critical studies* (pp. 67-77). Bloomington: Indiana University Press.

Kernberg, O. F. (1977). Boundaries and structure in love relations. *Journal of the American Psychoanalytic Association, 25,* 81-114.

Kernberg, O. F. (1984). *Severe personality disorders: Psychotherapeutic strategies.* New Haven: Yale University Press.

Kernberg, O. F. (1993). The psychotherapeutic treatment of borderline patients. In J. Paris (Ed.), *Borderline personality disorder* (pp. 261-284). Washington, DC: American Psychiatric Press.

Kerr, J. (1993). *A most dangerous method: The story of Jung, Freud, and Sabina Spielrein.* New York: Knopf.

Kerr, J. (1994). Personal communication.

Kluft, R. P. (1989). Treating the patient who has been sexually exploited by a previous therapist. *Psychiatric Clinics of North America, 12,* 483-500.

Kohlberg, L. (1981). *The philosophy of moral development: Essays in moral development.* San Francisco: Harper & Row.

Kohut, H. (1984). *How does analysis cure?* A. Goldberg (Ed.). Chicago: University of Chicago Press.

Kovács, V. (1936). Training- and control-analysis. *International Journal of Psycho-Analysis, 17,* 346-354.

Kris, A. O. (1982). *Free association: Method and process.* New Haven: Yale University Press.

Kubie, L. S. (1950). *Practical and theoretical aspects of psychoanalysis.* New York: International Universities Press.

Lamb, D. H., Strand, K. K., Woodburn, J. R., Buchko, K. J., Lewis, J. T., & Kang J. R. (1994). Sexual and business relationships between therapists and former clients. *Psychotherapy, 31,* 270-278.

Landis, B. (1970). Ego boundaries. *Psychological Issues Monograph, 6(4),* 1-177.

Langs, R. (1977). *The therapeutic interaction: A synthesis.* New York: Jason Aronson.

Lester, E. P. (1985). The female analyst and the erotized transference. *International Journal of Psycho-Analysis, 66,* 283-293.

Lester, E. P. (1990). Gender and identity issues in the analytic process. *International Journal of Psycho-Analysis, 71,* 435-444.

Lester, E. P. (1993). Boundaries and gender: Their interplay in the analytic situation. *Psychoanalytic Inquiry, 13,* 153-172.

Lester, E. P., Jodoin, R.-M., & Robertson, B. M. (1989). Countertransference dreams reconsidered: A survey, international *Review of Psycho-Analysis, 16,* 305-314.

Lester, E. P., & Robertson, B. M. (1995). Multiple interactive processes in psychoanalytic supervision. *Psychoanalytic Inquiry, 15,* 211-225.

Levin, R., Galin, J., & Zywiak, B. (1991). Nightmares, boundaries, and creativity. *Dreaming, 1,* 63-74.

LeVine, R. A. (1991). Gender differences: Interpreting anthropological data. In M. T. Notman & C. C. Notman (Eds.), *Women and men: New perspectives on gender differences* (pp. 1-8). Washington, DC: American Psychiatric Press.

Lewin, K. (1936). *Principles of topological psychology.* New York: McGraw-Hill.

Limentani, A. (1982). On the "unexpected" termination of psychoanalytic therapy. *Psychoanalytic Inquiry, 2,* 419-440.

Lindon, J. A. (1994). Gratification and provision in psychoanalysis: Should we get rid of "the rule of abstinence"? *Psychoanalytic Dialogues, 4,* 549-582.

Little, M. I. (1990). *Psychotic anxieties and containment: A personal record of an analysis with Winnicott.* Northvale, NJ: Jason Aronson.

Loewald, H. W. (1960). On the therapeutic action of psycho-analysis. *International Journal of Psycho-Analysis, 41,* 16-33.

Loewald, H. W. (1980). *Papers on psychoanalysis.* New Haven, CT: Yale University Press.

Luborsky, L., Diguer, L., & Barber, J. P. (1994, May). *Changes in a transference measure in psychoanalysis.* Paper presented at the annual meeting of the American Psychiatric Association. Philadelphia, PA.

Mahler, M. S., Pine, F., & Bergman, A. (1975). *The psychological birth of the human infant: Symbiosis and individuation.* New York: Basic Books.

Mahony, P. J. (1987). *Psychoanalysis and discourse.* London: The New Library of Psychoanalysis.

Mahony, P. J. (1993). Freud's cases: Are they valuable today? *International Journal of Psycho-Analysis, 74,* 1027-1035.

Maltsberger, J. T. (1993, April 15). A career plundered. Presidential address of the American Association of Suicidology, San Francisco, CA.

Margolis, M. (1994, November 19-20). *Therapist-patient sexual involvement: Clinical experiences and institutional responses.* Paper presented at the conference, New Psychoanalytic Perspectives on the Treatment of Sexual Trauma, sponsored by the Boston Psychoanalytic Society and Institute, Boston, MA.

Margolis, M. (in press). Therapist-patient sexual involvement: Clinical experiences and institutional responses. *Psychoanalytic Inquiry.*

Mayer, E. L. (1994a, December). A case of "severe boundary violations" between analyst and patient. Presented to the Panel on Enactments of Boundary Violations at the meeting of the American Psychoanalytic Association, New York, NY.

Mayer, E. L. (1994b). Some implications for psychoanalytic technique drawn from analysis of a dying patient. *Psychoanalytic Quarterly, 63,* 1-19.

McCarthy, B. (1994). *Nightmares and sleepwalking following child sexual abuse: Report of an adult in analysis.* Paper presented at the Ontario Psychiatric Association, Toronto.

McGuire, W. (Ed.). (1974). *The Freud/Jung letters: The correspondence between Sigmund Freud and C. G. Jung.* Princeton, NJ: Princeton University Press.

McLaughlin, J. T. (1991). Clinical and theoretical aspects of enactment. *Journal of the American Psychoanalytic Association, 39,* 595-614.

McLaughlin, J. T. (1995). Touching limits in the analytic dyad. *Psychoanalytic Quarterly, 64,* 433-465.

Meerloo, J. A. M. (1952). Free association, silence, and the multiple function of speech. *Psychiatric Quarterly, 26,* 21-32.

Meloy, J. R. (1988). *The psychopathic mind: Origins, dynamics, and treatment.* Northvale, NJ: Jason Aronson.

Meltzer, D. (1975). Adhesive identification. *Contemporary Psychoanalysis, 11,* 289-310.

Meltzoff, A. N., & Moore, M. K. (1992). Early imitation within a functional framework: The importance of person identity, movement, and development. *Infant Behavior and Development, 15,* 479-505.

Meng, H., & Freud, E. L. (Eds.). (1963). *Psychoanalysis and faith: The letters of Sigmund Freud and Oscar Pfister.* New York: Basic Books.

Meyers, H. C. (1991). Perversion in fantasy and furtive enactments. In E. I. Fogel & W. A. Myers (Eds.), *Perversions and near-perversions in clinical practice: New psychoanalytic perspectives* (pp. 93-108). New Haven, CT: Yale University Press.

Mitchell, S. A. (1993). *Hope and dread in psychoanalysis.* New York: Basic Books.

Norman, H. F., Blacker, K. H., Oremland, J. D., & Barrett, W. G. (1976). The fate of the transference neurosis after termination of a satisfactory analysis. *Journal of the American Psychoanalytic Association, 24,* 471-498.

Notman, M. T., & Nadelson, C. (1991). A review of gender differences in brain and behavior. In M. T. Notman & C. C. Notman (Eds.), *Women and men: New perspectives on gender differences* (pp. 23-35). Washington, DC: American Psychiatric Press.

Novey, R. (1991). The abstinence of the psychoanalyst. *Bulletin of the Menninger Clinic, 55,* 344-362.

Novick, J. (1982) Termination: Themes and issues. *Psychoanalytic Inquiry, 2,* 329-365.

Novick, J. (in press). Termination conceivable and inconceivable. *Psychoanalytic Psychology, 12.*

Ogden, T. H. (1979). On projective identification. *International Journal of Psycho-Analysis, 60,* 357-373.

Ogden, T. H. (1982). *Projective identification and psychotherapeutic technique.* New York: Jason Aronson.

Ogden, T. H. (1986). *The matrix of the mind: Object relations and the psychoanalytic dialogue.* Northvale, NJ: Jason Aronson.

Ogden, T. H. (1989). *The primitive edge of experie.nce.* Northvale, NJ: Jason Aronson.

Ogden, T. H. (1994). *Subjects of analysis.* Northvale, NJ: Jason Aronson.

Oremland, J. D., Blacker, K. H., & Norman, H. F. (1975). Incompleteness in "successful" psycho-analyses: A follow-up study. *Journal of the American Psychoanalytic Association, 23,* 819-844.

Panel (1992). Enactments in psychoanalysis (Morton Johan, reporter). *Journal of the American Psychoanalytic Association, 40,* 827-841.

Paris, J., & Zweig-Frank, H. (1993). Parental bonding in borderline personality disorder. In J. Paris (Ed.), *Borderline personality disorder: Etiology and treatment* (pp. 141-159). Washington, DC: American Psychiatric Press.

Parker, S. (1976). The precultural basis of the incest taboo: Toward a biosocial theory. *American Anthropologist, 78,* 285-305.

Paskauskas, R. A. (Ed.). (1993). *The complete correspondence of Sigmund Freud and Ernest Jones, 1908-1939.* Cambridge, MA: The Belknap Press of Harvard University Press.

Pfeffer, A. Z. (1963). The meaning of the analyst after analysis: A contribution to the theory of therapeutic results. *Journal of the American Psychoanalytic Association, 11,* 229-244.

Pfeffer, A. Z. (1993). After the analysis: Analyst as both old and new object. *Journal of the American Psychoanalytic Association, 41,* 323-337.

Phillips, A. (1994). *On flirtation.* Cambridge, MA: Harvard University Press.

Pine, F. (1990). *Drive, ego, object, and self.* New York: Basic Books.

Polster, S. (1983). Ego boundary as process: A systematic contextual approach. *Psychiatry, 46,* 247-258.

Pope, K. S., & Bouhoutsos, J. (1986). *Sexual intimacy between therapists and patients.* New York: Praeger.

Pope, K. S., Levenson, H., & Schover, L. R. (1979). Sexual intimacy in psychological training: Results and implications of a national survey. *American Psychologist, 34,* 682-689.

Pope, K. S., & Vetter, V. A. (1991). Prior therapist-patient sexual involvement among patients seen by psychologists. *Psychotherapy, 28,* 429-438.

Pulver, S. E. (1992). Psychic change: Insight or relationship? *International Journal of Psycho-Analysis, 73,* 199-208.

Quinn, S. (1987). *A mind of her own: The life of Karen Homey.* New York: Summit Books.

Rangell, L. (in press). Review of *The complete correspondence of Sigmund Freud and Ernest Jones,*

1908-1939. R. A. Paskauskas (Ed.). *Journal of the American Psychoanalytic Association.*

Rapaport, D., & Gill, M. M. (1959). The points of view and assumptions of metapsychology. In M. M. Goldberg (Ed.), *The collected papers of David Rapaport* (pp. 795-811). New York: Basic Books.

Reich, W. (1949). *Character-analysis* (T. P. Wolfe, Trans.). New York: Orgone Institute Press.

Reiser, M. F. (1990). *Memory in mind and brain: What dream imagery reveals.* New York: Basic Books.

Renik, O. (1993). Analytic interaction: Conceptualizing technique in light of the analyst's irreducible subjectivity. *Psychoanalytic Quarterly, 62,* 553-571.

Richards, A. (1991, fall). Discussion presented to the panel, Toward a Definition of the Term and Concept of Interaction, at the meeting of the American Psychoanalytic Association, New York, NY.

Roazen, P. (1975). *Freud and his followers.* New York: Knopf.

Rockland, L. H. (1992). *Supportive psychotherapy for borderline patients: A psychodynamic approach.* New York: Guilford Press.

Rothstein, A. (1994, December). *The seduction of money.* Paper presented at the meeting of the American Psychoanalytic Association, New York, NY.

Roughton, R. E. (1993). Useful aspects of acting out: Repetition, enactment, and actualization. *Journal of the American Psychoanalytic Association, 41,* 443-472.

Royce, J. (1901). *The world and the individual.* New York: Macmillan.

Sabbadini, A. (1989). Boundaries of timelessness: Some thoughts about the temporary dimension of the psychoanalytic space. *International Journal of Psycho-Analysis, 70,* 305-313.

Sachs, D. M., & Shapiro, S. H. (1976). On parallel processes in therapy and teaching. *Psychoanalytic Quarterly, 45,* 394-415.

Sandler, J. (1976). Countertransference and role-responsiveness. *International Review of Psycho-Analysis, 3,* 43-47.

Sartre, J. P. (1956). *Being and nothingness: An essay on phenomenological ontology.* London: Methuen.

Schachter, J. (1990). Post-termination patient-analyst contact: I. Analysts' attitudes and experience; II. Impact on patients. *International Journal of Psycho-Analysis, 71,* 475-486.

Schachter, J. (1992). Concepts of termination and post-termination patient-analyst contact. *International Journal of Psycho-Analysis, 73,* 137-154.

Schafer, R. (1983). *The analytic attitude.* New York: Basic Books.

Schafer, R. (1992). *Retelling a life: Narration and dialogue in psychoanalysis.* New York: Basic Books.

Schafer, R. (1993). Five readings of Freud's "Observations on transference-love." In E. S. Person, A. Hagelin, & P. Fonagy (Eds.), *On Freud's observations on transference love* (pp. 75-95). New

Haven, CT: Yale University Press.

Schiessinger, N., & Robbins, F. (1974). Assessment and follow-up in psycho-analysis. *Journal of the American Psychoanalytic Association, 22*, 542-567.

Schoener, G. R., Milgrom, J. H., Gonsiorek, J. C., Luepker, E. T., & Conroe, R. M. (1989). *Psychotherapists' sexual involvement with clients: Intervention and prevention.* Minneapolis, MN: Walk-In Counseling Center.

Searles, H. F. (1979). *Countertransference and related subjects: Selected papers.* Madison, CT: International Universities Press.

Segal, H. (1957). Notes on symbol formation. *International Journal of Psycho-Analysis, 38*, 391-397.

Segal, H. (1994). Phantasy and reality. *International Journal of Psycho-Analysis, 75*, 395-401.

Simon, R. I. (1992). Treatment boundary violations: Clinical, ethical, and legal considerations. *Bulletin of the American Academy of Psychiatry and the Law, 20*, 269-288.

Spillius, E. B. (1992). Clinical experiences of projective identification. In R. Anderson (Ed.), *Clinical lectures on Klein and Bion* (pp. 59-73). London and New York: Tavistock/Routledge.

Spruiell, V. (1983). The rules and frames of the psychoanalytic situation. *Psychoanalytic Quarterly, 52*, 1-33.

Stepansky, P. E. (Ed.). (1988). *The memoirs of Margaret S. Mahler.* New York: Free Press.

Sterba, R. (1934). The fate of the ego in analytic therapy. *International Journal of Psycho-Analysis, 15*, 117-126.

Stern, D. N. (1985). *The interpersonal world of the child: A view from psycho-analysis and developmental psychology.* New York: Basic Books.

Stoller, R. J. (1985). *Observing the erotic imagination.* New Haven: Yale University Press.

Stone, L. (1984). *Transference and its context: Selected papers on psychoanalysis,* New York: Jason Aronson.

Stone, M. H. (1989). Borderline personality disorder. In R. Michels, A. M. Cooper, S. B. Guze, L. L. Judd, G. L. Kierman, & A. J. Solnit (Eds.), *Psychiatry* (Vol. 1, pp. 1-18). New York: Basic Books.

Stone, M. H. (1993). Etiology of borderline personality disorder: Psychobiological factors contributing to an underlying irritability. In J. Paris (Ed.), *Borderline personality disorder* (pp. 87-101). Washington, DC: American Psychiatric Press.

Strasburger, L. H., Jorgenson, L., & Sutherland, P. (1992). The prevention of psychotherapist sexual misconduct: Avoiding the slippery slope. *American Journal of Psychotherapy, 46*, 544-555.

Strean, H. S. (1993). *Therapists who have sex with their patients: Treatment and recovery.* New York: Brunner/Mazel.

Sullivan, H. S. (1954). *The psychiatric interview.* New York: Norton.

Tausk, V. (1918/1933). On the origin of the "influencing machine" in schizophrenia. *Psychoanalytic*

*Quarterly, 2,* 519-556.

Torras de Beà, E. (1992). Towards a "good enough" training analysis. *International Review of Psycho-Analysis, 19,* 159-167.

Treurniet, N. (1988). *Some vulnerabilities inherent to the training situation.* Paper presented at the Third EPF Conference of Training Analysts, Amsterdam, Holland.

Tustin, F. (1980). Autistic objects. *International Review of Psycho-Analysis, 7,* 27-39.

Tustin, F. (1981). *Autistic states in children.* London: Routledge & Kegan Paul.

Tustin, F. (1984). Autistic shapes. *International Review of Psycho-Analysis, 11,* 279-290.

Twemlow, S. W.. & Gabbard, G. O. (Eds.). (1989). The lovesick therapist. In *Sexual exploitation in professional relationships* (pp. 71-87). Washington, DC: American Psychiatric Press.

Van der Waals, H. G. (1965). Problems of narcissism. *Bulletin of the Menninger Clinic, 29,* 293-311.

Viederman, M. (1991). The real person of the analyst and his role in the process of psychoanalytic cure. *Journal of the American Psychoanalytic Association. 39,* 451-489.

Viorst, J. (1982). Experiences in loss at end of analysis: The analyst's response to termination. *Psychoanalytic Inquiry, 2,* 399-418.

Waldinger, R. J. (1994). Boundary crossings and boundary violations: Thoughts on navigating a slippery slope. *Harvard Review of Psychiatry, 2,* 225-227.

Wallace, E., & Alonso, A. (1994). Privacy versus disclosure in psychotherapy supervision. In S. E. Greben & R. Ruskin (Eds.), *Clinical perspectives on psychotherapy supervision* (pp. 211-230). Washington, DC: American Psychiatric Press.

Wallerstein, R. S. (1986). *Forty-two lives in treatment: A study of psychoanalysis and psychotherapy.* New York: Guilford Press.

Warner, S. L. (1994). Freud's analysis of Horace Fink, M.D.: A previously unexplained therapeutic disaster. *Journal of the American Academy of Psychoanalysis, 22,* 137-152.

Weigert, E. (1955). Special problems in connection with termination of training analyses. *Journal of the American Psychoanalytic Association, 3,* 630-640.

Weinshel, E. M. (1990). Further observations on the psychoanalytic process. *Psychoanalytic Quarterly, 59,* 629-649.

Weiss, E. (1952). Introduction to *Ego psychology and the psychosis,* by P. Federn (pp. 1-21). New York: Basic Books.

Weiss, J., Sampson, H., & the Mount Zion Psychotherapy Research Group (1986). *The psychoanalytic process: Theory, clinical observation, and empirical research.* New York: Guilford Press.

Wilden, A. (1972). *System and structure: Essays in communication and exchange.* London: Tavistock.

Williams, M. H. (1992). Exploitation and inference: Mapping the damage from therapist-patient sexual involvement. *American Psychologist, 47,* 412-421.

Winer, R. (1994). *Close encounters: A relational view of the therapeutic process.* Northvale, NJ: Jason Aronson.

Winnicott, D. W. (1953). Transitional objects and transitional phenomena. *International Journal of Psycho-Analysis, 34,* 89-97.

Winnicott, D. W. (1960/1965). The theory of the parent-infant relationship. In *The maturational processes and the facilitating environment: Studies in the theory of emotional development* (pp. 37-55). New York: International Universities Press.

Winnicott, D. W. (1963/1965). Morals and education. In *The maturational processes and the facilitating environment: Studies in the theory of emotional development* (pp. 93-105). New York: International Universities Press.

Witelson, S. F. (1985). The brain connection: The corpus callosum is larger in left-handers. *Science, 229,* 665-668.

Wohlberg, J. (in press). What do victims want? *Psychoanalytic Inquiry.*

Wurmser, L. (1987). Flight from conscience: Experiences with the psychoanalytic treatment of compulsive drug abusers: Part Two. Dynamic and therapeutic conclusions from the experiences with psychoanalysis of drug users. *Journal of Substance Abuse Treatment, 4,* 169-179.

Yariv, G. (1989). Blurred edges: Some difficulties and paradoxes about forming boundaries. *British Journal of Psychotherapy, 6,* 103-111.

Young-Bruehl, E. (1988). *Anna Freud: A biography.* New York: Summit Books.

Zweibel, R. (1985). The dynamics of the countertransference dream. *International Review of Psycho-Analysis, 12,* 87-99.

# 訳者あとがき

　本書『精神分析における境界侵犯——臨床家が守るべき一線』は，米国の代表的な分析家の一人であるグレン　O．ギャバードと，カナダの分析家エヴァ　P．レスターの著作，"Boundaries and Boundary Violations in Psychoanalysis"の全訳である。原書は1995年にBasic Books社から刊行され，その後ペーパーバック版としてアメリカ精神医学会の出版部門であるAmerican Psychiatric Publishing社から2003年に再刊行された経緯をもつ本である。

　精神分析家に限らず，心理療法家や精神科医，その他の対人援助職に就いている人の中に，時に治療者，援助者としての役割から逸脱し，患者と専門的関係以外のつながりをもってしまう人がいる。この本来越えてはならない治療者としての一線を越えること，それが「境界侵犯」boundary violationである。本書はこの境界侵犯について，境界という概念にまでさかのぼりながら多面的，体系的に論じた著作であり，精神分析の領域においてだけでなく，精神医学や心理療法など対人援助全般の倫理の議論に広く影響を与えた重要な著作である。

　これまで精神分析では，道徳性や倫理性の心理的性質とその起源を解明することについては，多くの学問的，臨床的努力が積み重ねられてきた。エディプス・コンプレックス，超自我，マゾヒズム，死の本能，妄想分裂ポジションと抑うつポジション……。これらの精神分析における主要な概念は，すべて道徳性や倫理性と何らかのつながりがあるものである。しかしこの本で著者らが示しているように，精神分析家の多くは道徳性の学問的解明に向けたような積極的な関心を，精神分析家自身の倫理的問題に向けることはしてこ

なかった。つまり，精神分析家は「倫理の精神分析」には熱心に取り組んできたが，しかし「精神分析の倫理」については十分な関心を寄せてこなかったのだ。そしてこの自己矛盾，あるいは乖離とでもいうべき倫理への二面的な態度は，近年まで長らく維持されてきた。

　それでも最近は——少なくとも欧米圏では——こうした姿勢は大きく転換してきている。倫理的問題の重要性が認識され，それへの積極的な取り組みも行われるようになりつつあるのだ。そしてこの転換を推進した力の一つが，本書の刊行を含むギャバードの業績にあったことは間違いない。たとえば英国でも，精神分析協会の倫理委員長をつとめたA. サンドラーらが，マスード・カーンやウィニコットが過去におかした重大な境界侵犯についての報告[注1]をThe International Journal of Psychoanalysis誌上で2004年に行っているが，この報告の中でもギャバードの業績は繰り返し言及されており，その影響の大きさをうかがい知ることができる。そしてサンドラーらは，本書についても次のように言及している。境界侵犯に関する図書の中では，この本が「現時点でのスタンダード」だ……。

　ではここで，本書の内容を概観しておこう。

　まず本書の前半で著者らは，「境界」について論じている。第1章ではフェダーン，対象関係論，システム論の主張を取り上げ，「境界」という概念が精神分析の中でどうとらえられてきたか，その認識の変遷が説明される。第2章では分析過程の中で内的境界をこえていくことの意義と危険性が，自由連想や夢についての考察を通して語られる。そして第3章では外的境界が分析過程に果たす役割について，禁欲原則や中立性と絡めて論じられ，第4章では，境界とジェンダーの関連について論じられる。

　本書の後半では，「境界侵犯」が主題となる。まず第5章では，過去の著名な分析家によって引き起こされた境界侵犯の事例についての歴史的考察が行われる。治療者としての一線を越えていくユング，フェレンツィ，ジョー

---

注1) Sandler, A. & Godley, W. (2004) Institutional responses to boundary violations : The case of Masud Khan. Int. J. Psycho-Anal. 85, 27-42

訳者あとがき | 273

ンズの姿と，彼らの性的境界侵犯にフロイトがどんな態度でのぞんだかが描かれ，そしてフロイト自身がおかした境界侵犯も明らかにされていく。さらにメラニー・クライン，マーラー，フロム－ライヒマン，ジルボーグといった著名な分析家の境界侵犯のエピソードも紹介される。第6章では性的境界侵犯がとりあげられる。著者らは性的境界侵犯をおかした分析家を四つのカテゴリー——精神病性障害，搾取的サイコパスと性倒錯，恋わずらい，マゾヒスティックな服従——に分類し，その背後で動いている精神力動を詳しく説明する。そして第7章では，非性的境界侵犯（性的な意味合いのない一般的な境界侵犯）がとりあげられる。ここで著者らは境界を越えることを二つ——有害な「境界侵犯」と基本的に無害な「境界横断」boundary crossing——に分け，事例を検討することを通して両者の違いを明確にしていく。第8章では，終結後の境界について論じられる。特に終結後であっても患者と性的関係をもつべきでない理由について詳述される。第9章ではスーパービジョンの境界について，主に訓練分析とスーパービジョンのあいだの境界をどう設定するのがよいのか，という点について検討される。そして第10章では，組織的な対応が論じられる。境界侵犯をおかした分析家に対して，組織はどう対処すればよいのか。その分析家に対する復権（リハビリ）はどのように行えばよいのか。予防のためにできることはあるか。こうした点についての議論が行われて，巻が閉じられる。

　このうち本書の前半の内容，つまり「境界」についての論考も大変ユニークなものであるのは確かだが，しかし何と言ってもこの本の白眉は境界侵犯についての論述にある。中でも重要な要素を抽出するなら，以下の諸点があげられよう。まず境界侵犯と境界横断という概念を区別し，それぞれの性質について論じたこと。普段表に出ることのない境界侵犯の事例が，豊富に紹介されていること。境界侵犯をおかす治療者を類型化し，それぞれの精神力動を示したこと。そして境界侵犯が生じた際に組織がとるべき対応を，非常に具体的に論じていること。これらについての論述の包括性と具体性ゆえに，この本が「スタンダード」との評価を受けているのだと感じさせられる。

日本ではこれまで，精神分析における実践的な倫理を主題にした本は出版されていなかったし，境界侵犯についてこれほど包括的に論じた本も出版されていなかった。こうした出版状況を転換するという点で，本書を刊行することの学問的，臨床的意義は決して小さくないはずだと確信している。多少理論的で難解な箇所もあり，特に前半の「境界」の論考は精神分析になじみのない方にとってはハードルが高いかもしれないが，それでもこの本が一人でも多くの読者に迎えられることを願ってやまない。そしてこの訳書の刊行がきっかけとなって，精神分析の領域における倫理への関心がさらに高まり，それとともに，心理療法や精神医療など対人援助全般における境界侵犯の発生が少しでも減ることにつながれば，訳者としてはこれに勝る喜びはない。

　最後に，翻訳について述べておく。まず訳者間の分担だが，出版企画は主に北村隆人が進め，訳は北村婦美が主導し，推敲過程で両者間で繰り返し議論しつつ細部まで詰めていった。次に術語や固有名詞の日本語表記については，原則として順に，精神分析事典（2002, 岩崎学術出版社），新版精神医学事典（1993, 弘文堂），固有名詞発音辞典（2001, 三省堂）に従った。邦題は，原題 Boundaries and Boundary Violations in Psychoanalysis のうち，Boundaries and を省いたタイトルとした。そうしたのは，この部分も含めたタイトルにすると和書名としては長くなりすぎること，「境界侵犯」という言葉に「境界」のことも含意させうると見込んだこと，この二つの理由からである。ただ「境界侵犯」という言葉が一般化していない本邦の現状をふまえると，このタイトルだけでは何に関する本なのかが読者につたわらない恐れが高いと考え，「臨床家が守るべき一線」という副題を添えた。なお boundary violation という言葉に狩野[注2]は「境界違反」という訳語をあてているが，私たちは「境界侵犯」を選択した。boundary violation という英語には，治療者－患者間の境界を「侵す」というニュアンスが含まれており，このニュアンスが伝わる日本語としては「違反」よりも「侵犯」のほうがふ

注2）狩野力八郎（2006）精神分析的に倫理を考える．精神分析研究 50, 191-203

さわしいと判断したためである。

　今回はご縁があって，はじめて金剛出版と仕事をする機会にめぐまれた。こうした機会を与えて頂いた代表取締役の立石正信さんに，まず深くお礼を申し上げたい。また初めての出産，育児の過程を歩まれながら，同時にこの翻訳書を生み出すお手伝いをいただいた編集者の中村奈々さんにも，そしてお子さんにも謝意を表したい。
　最後に，翻訳に取り組む私たちにいつも力を与えてくれる，二人の子どもたちにも感謝したい。ありがとう。

2011年9月23日<br>
訳者を代表して<br>
**北村隆人**

# 索引

## 人名

アーウィン・ホフマン
　(Irwin Hoffman) ................74, 162, 166
アーネスト・ジョーンズ
　(Ernest Jones) ..........97, 108, 109, 110,
　113, 114, 272
アーネスト・ハルトマン
　(Ernest Hartmann) ........8, 13, 16, 27,
　28, 29, 30, 31, 32, 35, 43, 49, 57, 88,
　89, 90, 120, 156
アーノルド・クーパー ........................150, 153
アーノルド・ゴールドバーグ
　(Arnold Goldberg) ................130, 148
アーノルド・プフェッファー
　(Arnold Pfeffer) ..............198, 199, 200
アーノルド・ロートシュタイン
　(Arnold Rothstein) ..................189, 209
アウグスト・アイヒホルン
　(August Aichhorn) ................116, 123
アダム・フィリップス
　(Adam Phillips) ................................110
アラン・コンプトン
　(Alan Compton) ................................37
アルド・カロテヌート
　(Aldo Carotenuto) ..........................100
アンソニー・ウィルデン
　(Anthony Wilden) ........................26, 27
アンドリュー・パスカウスカス
　(Paskauskas) ................................109, 110
アンドリュー・メルツォフ
　(Andrew Meltzoff) ..............................64
アンドレ・グリーン
　(Andre Green) ................................139
アンドレ・ハイナル
　(Andre Haynal) ..................................96
アンドレア・セレンザ
　(Andrea Celenza) ............................140
アントン・クリス (Anton Kris) ............40
アントン・フォン・フロイント
　(Anton von Freund) ......................114
イディス・ジェイコブソン
　(Edith Jacobson) ........8, 13, 20, 21, 22,
　34, 66
ヴァルディンガー
　(Waldinger) ................................250, 251
ヴィクトール・タウスク (Victor
　Tausk) ................................................15, 111
ヴィクトリア・ハミルトン
　(Victoria Hamilton) ........................188
ヴィクトル・ケイラフ
　(Victor Calef) ......................................204
ウィニコット
　(D. W. Winnicott) ..........20, 43, 67, 68,
　77, 115, 272
ウィリアム・グロスマン
　(William Grossman) ....................13, 14

ウィリアム・バレット
(William Barrett) .................................. 200
ヴィルヘルム・シュテーケル
(Wilhelm Stekel) .................................. 112
ヴィルヘルム・フリース
(Wilhelm Fliess) .................................. 13
ヴィルヘルム・ライヒ
(Wilhelm Reich) .................. 19, 267, 273
ヴィルマ・コバックス
(Vilma Kovács) .................................. 219
エヴリン・フォックス・ケラー
(Evelyn Fox Keller) .......................... 85
エスター・ビック（Esther Bick）........... 65
エディス・ヴァイガルト
(Edith Weigert) .................................. 211
エドワルド・ウェイス
(Eduardo Weiss) .................................. 16
エドワード・ビブリング
(Edward Bibring) .................. 219, 242
エドワード・ワインシェル
(Edward Weinshel) ......... 37, 204, 255, 269
エリザベス・ボット・スピリウス ....... 164
エリザベス・ロイド・メイヤー
(Elizabeth Lloyd Mayer) ......... 63, 193
エルザ・ロンニングシュタム
(Elsa Ronningstam) .......................... 83
エルマ・パロシュ
(Elma Palos) .................. 96, 102, 103
エンマ・レイラ・ゴードン
(Emma Leila Gordon) ...................... 109
オーウェン・レニック
(Owen Renik) .................. 164, 166
オットー・F・カーンバーグ ...... 6, 10, 22, 27, 82, 119, 142
オットー・グロス（Otto Gross）........... 112
カータ・レヴィ（Kata Levy）............. 105

カール・メニンガー
(Karl Menninger) .................. 117, 191
カール・ユング（Carl Jung）.........95, 96, 97, 98, 99, 100, 101, 102, 104, 110, 111, 112, 114, 120, 272
キース・ムーア（Keith Moore）........... 64
ギゼラ（Gizella） .................. 102, 103
キャスリン・ベリッキィ
(Kathryn Belicki) .................................. 48
キャロル・ギリガン
(Carol Gilligan) .................................. 86
キャロル・ナデルソン
(Carol Nadelson) .................................. 87
キリスト .................................................. 152
クリストファー・ボラス
(Christopher Bollas) ...................... 148
クリント・イーストウッド ...................... 134
クルト・アイスラー（Kurt Eissler）... 111
クルト・レヴィン（Kurt Lewin）........... 26
クレイク（Dinah Maria Craik）............. 7
グレゴリー・ジルボーグ
(Gregory Zilboorg) ......... 116, 117, 273
ゲアリー・ショーナー
(Gary Schoener) .................. 124, 125
ケイ・ブラッカー
(Kay Blacker) .................. 200, 213
ゲイル・ヤリフ（Gail Yariv）........... 43, 83
ケネス・ニューマン
(Kenneth Newman) .......................... 70
ケネス・ポープ（Kenneth Pope）....... 227
ゲリー・マーティン
(Gary Martin) .................................. 205
コンスタンティノス・アルヴァニタキス
(Konstantinos Arvanitakis) ........... 92
ザビーナ・シュピールライン
(Sabina Spielrein) ......96, 99, 100, 101, 102, 110, 112, 120, 153

サラ・ポルスター
　(Sarah Polster) ................................. 18, 27
サンタヤーナ（George Santayana）...... 97
サンドラー・アーベンド
　(Sandler Abend) ........................................ 37
シークフリード・バーンフェルド
　(Siegfried Bernfeld) .............................. 219
シーモア・パーカー
　(Seymour Parker) ..................................... 83
ジェイ・グリーンバーグ
　(Jay Greenberg) ...................... 20, 72, 73
ジェイムズ・グロットシュタイン
　(James Grotstein) ..................................... 67
ジェームズ・エイマン
　(James Eyman) ....................................... 141
ジェームズ・ジャクソン・パトナム
　(James Jackson Putnam) ................... 108
ジェームズ・マクローリン
　(James McLaughlin) ..... 163, 164, 193
ジェフリー・コーン（Jeffrey Cohn）....33
シェリー・ロス（Shelley Ross） ..............33
ジェローム・オレムランド
　(Jerome Oremland) ................. 200, 213
シドニー・ブラット（Sydney Blatt）...22
ジャック・ノーヴィック
　(Jack Novick) ................................. 204, 212
ジャック・フレイナー
　(Jack Freinhar) ......................................... 41
ジャン−ポール・サルトル
　(Jean-Paul Sartre) ................................... 26
ジュディ・クーパー
　(Judy Cooper) ........................................ 115
ジュディス・ヴィオースト
　(Judith Viorst) ........................................ 143
ジュディス・チューズド
　(Judith Chused) ............. 163, 164, 166

ジュディス・デュポン
　(Judith Dupont) ..................................... 103
シュテファン・ファーバー
　(Stephen Farber) .................................. 116
ジョアン・フレミング
　(Joan Fleming) ........................... 212, 220
ジョアン・リヴィエール
　(Joan Riviere) ......................................... 110
ジョージ・ハートラウプ
　(George Hartlaub) ............................... 205
ジョサイア・ロイス（Josiah Royce）...15
ジョセフ・ウェイス
　(Joseph Weiss) .............................. 165, 269
ジョセフ・サンドラー
　(Joseph Sandler) ......................... 165, 272
ジョゼフ・シャクター
　(Joseph Schachter) .................... 201, 210
ジョセフ・ジャッフィ
　(Joseph Jaffe) ............................................ 32
ジョディ・ガリン（Jodi Galin） ............... 31
ジョン・カー（John Kerr） .............. 10, 100
ジョン・ガンダーソン
　(John Gunderson) ................................... 83
ジョン・ゴンシオレック
　(John Gonsiorek) ............ 121, 129, 147
ジョン・ダン（John Donne） ................. 101
スーザン・キャンベル
　(Susan Campbell) ................................... 33
スタンレー・コーエン
　(Stanley Coen) ............................. 143, 167
スティーブン・ミッチェル
　(Stephen Mitchell) ...20, 68, 71, 72, 76
セオドア・ジェイコブス
　(Theodore Jacobs) .............. 45, 163, 164,
　166, 249
ダニエル・スターン
　(Daniel Stern) ........................................... 21

チャールズ・ブレナー
　（Charles Brenner） .................. 39, 123
ディディエ・アンジュー
　（Didier Anzieu） ........................ 25, 26
デイビッド・ブラック
　（David Black） ................................... 78
デイル・ボースキー
　（Dale Boesky） ............ 37, 38, 163, 166
デヴィッド・カイリス
　（David Kairys） ................................ 211
デヴィッド・コーエン
　（David Cohen） ................. 47, 48, 167
デヴィッド・ラパポート
　（David Rapaport） ............................ 27
テリー・マルツバーガー
　（Terry Maltsberger） ..................... 190
ドナルド・メルツァー
　（Donald Melzer） ............................. 65
トニー・ヴォルフ（Toni Wolff） ........... 104
トマス・オグデン
　（Thomas Ogden） ... 64, 65, 66, 77, 165
トリガント・バロウ
　（Trigant Burrow） ........................... 114
ネイサン・シュレシンガー
　（Nathan Schlessinger） ................... 199
ハーバート・ストリーン
　（Herbert Strean） ........... 154, 155, 245
バーバラ・ストライサンド ................... 134
ハインツ・コフート
　（Heinz Kohut） .......................... 41, 70
ハインツ・ハルトマン
　（Heinz Hartmann） ........................... 20
パウル・フェダーン
　（Paul Federn） ...... 8, 13, 15, 16, 17, 18,
　19, 23, 26, 28, 34, 35, 56, 88, 272
ハスケル・ノーマン
　（Haskell Norman） ............... 200, 213

パトリック・ケースメント
　（Patrick Casement） ....... 38, 67, 68, 70,
　76, 192
パトリック・マホーニィ
　（Patrick Mahony） ................ 39, 45, 114
ハリー・スタック・サリバン
　（Harry Stack Sullivan） ................... 67
ハロルド・サールズ
　（Harold Searles） ............................ 140
ハロルド・サンプソン
　（Harold Sampson） ........................ 165
ハロルド・ブラム（Harold Blum） ...... 104
ハワード・バカル（Howard Bacal） ...... 70
ハンス・レーワルド
　（Hans Loewald） ....................... 76, 192
ハンナ・シーガル（Hanna Segal） ....... 132
ハンナ・レヴェンソン
　（Hanna Levenson） ......................... 227
ピーター・ブロス（Peter Blos） ............. 79
ビル・ツィウィアク（Bill Zywiak） ........ 31
ファン・シュプルイエル
　（Vann Spruiell） ......................... 61, 76
フィリス・グリーネーカー
　（Phyllis Greenacre） ...... 194, 214, 215
フェアバーン（W. R. D. Fairbairn） ...... 20
フェレンツィ（Sándor Ferenczi） ... 62, 96,
　97, 102, 103, 104, 105, 106, 107, 109,
　110, 114, 119, 141, 143, 146, 272
プフィスター
　（Pfister） .............. 95, 96, 111, 112, 113
プラトン ................................................. 85
フランク・ラックマン
　（Frank Lachman） .................... 32, 254
フランシス・ボドリー
　（Francis Baudry） .......................... 224
フランセス・タスティン
　（Frances Tustin） ............... 43, 65, 83

フレッド・ヴォルケンフェルド
　(Fred Wolkenfeld) .................220
フレッド・パイン (Fred Pine) ............22
フレッド・ロビンス
　(Fred Robbins) ......................199
ブロイアー (Breuer) ......................39
フロイト (Freud) .........7, 8, 13, 14, 15, 20,
　37, 38, 39, 46, 62, 74, 95, 96, 97, 98,
　99, 100, 102, 103, 104, 105, 106, 107,
　108, 109, 110, 111, 112, 113, 114, 115,
　120, 122, 132, 141, 143, 158, 176, 201,
　202, 204, 218, 219, 229, 273
フローバク (Chrobak) ..................141
ベアトリス・ビービー
　(Beatrice Beebe) .................32, 33
ベーコン .....................................85
ベティ・ジョセフ (Betty Joseph) .....164
ベネット・サイモン
　(Bennet Simon) ..............192, 248
ベルナルド・ランディス
　(Bernard Landis) .....22, 23, 24, 25, 35,
　84
ヘレン・ゲディマン
　(Helen Gediman) .................220
ヘレン・メイヤーズ
　(Helen Meyers) ....................155
ポール・ロザーノ (Paul Lozano) ........190
ホレス・フリンク (Horace Frink) ....113
マーヴィン・マルゴリス
　(Marvin Margolis) .................230
マーガレット・ビーン－バヨグ
　(Margaret Bean-Bayog) ..............190
マーガレット・マーラー
　(Margaret Mahler) .........21, 22, 116,
　123, 124, 273
マーガレット・リトル
　(Margaret Little) ..................115

マーク・グリーン (Mark Green) .......116
マーク・ライン (Mark Rhine) ............205
マーチン・ウィリアムズ
　(Martin Williams) .................124
マーティン・バーグマン
　(Martin Bergmann) .................204
マートン・ギル (Merton Gill) .............27
マイケル・バリント
　(Michael Balint) ...................219
マスード・カーン (Masud Kahn) ......115
マックス・アイティンゴン
　(Max Eitingon) .....................105
マリー・ボナパルト .......................114
マルカン・ノットマン
　(Malkan Notman) ..............87, 265
マルタ・ニエト (Marta Nieto) ............210
マルディ・ホロヴィッツ
　(Mardi Horowitz) ....................19
メラニー・クライン
　(Melanie Klein) .....15, 20, 64, 115, 273
モートン・ライザー
　(Morton Reiser) .....................89
モーリス・ブーヴェ
　(Maurice Bouvet) ....................56
モリス・イーグル
　(Morris Eagle) ..................77, 165
ラモン・ガンザレイン
　(Ramon Ganzarain) .................214
ラルフ・ロートン
　(Ralph Roughton) .............164, 165
リカルト・ベルナルディ
　(Ricardo Bernardi) ..................210
リタ・ノヴェイ (Rita Novey) ............200
リチャード・アーモンド
　(Richard Almond) ....................67
リチャード・エプスタイン
　(Richard Epstein) ...............63, 64

リチャード・ステルバ
　（Richard Sterba）............................67
リチャード・チェシック
　（Richard Chessick）........................149
ルドルフ・エクスタイン
　（Rudolph Ekstein）.........................219
ルドルフ・レーヴェンシュタイン
　（Rudolf Loewenstein）............114, 134
ルボルスキー（Luborsky）........................200
レオ・ストーン（Leo Stone）............71, 82
レオ・ランゲル（Leo Rangell）............114
レオン・アルトマン
　（Leon Altman）..............................158
レオン・ヴァムザ
　（Leon Wurmser）............................139
レオン・グリンバーグ
　（Leon Grinberg）...........................222
レスリー・ショヴァ
　（Leslie Schover）...........................227
ロイ・シェーファー
　（Roy Schafer）........................73, 206
ロー・カン（Loë Kann）...........97, 108, 110
ローレンス・キュビー
　（Lawrence Kubie）..........................40
ローレンス・コールバーグ
　（Lawrence Kohlberg）.......................86
ローレンス・フリードマン
　（Lawrence Friedman）......................97
ロス・レヴィン（Ross Levin）............31, 90
ロナルド・ベイカー
　（Ronald Baker）..............................75
ロバート・ストラー
　（Robert Stoller）..............................81
ロバート・ラングス
　（Robert Langs）........................60, 61
ロバート・レヴィーン
　（Robert Le Vine）.......................86, 91

ロバート・ワイナー
　（Robert Winer）...............119, 143, 158
ロバート・ワラースタイン
　（Robert Wallerstein）......................191
ロバート・ワルディンガー
　（Robert Waldinger）.......................162
ロベルタ・アプフェル
　（Roberta Apfel）......................192, 248
ワイテルソン（Witelson）............................87

## あ　行

悪夢.........6, 29, 30, 42, 49, 51, 52, 53, 81, 90,
　　91, 92, 93, 171
アセスメント............231, 237, 238, 239, 240,
　　243, 247, 248
アタッチメント..........................33, 34, 87
圧縮......................................................51
アメリカン・ジャーナル・オブ・
　　サイカイアトリー................................197
新たな対象.........................75, 77, 199
アルコール依存症...............................54
アンビバレンス.........................55, 184
移行
　　――空間.......................................83
　　――対象.......................................83
　　――領域.......................................43
異性愛......................................85, 147
一次
　　――過程.................................50, 64
　　――過程思考.....................31, 46, 91
　　――的対象..............................43, 55
逸脱.........4, 9, 10, 63, 69, 113, 115, 116, 118,
　　119, 120, 126, 138, 151, 153, 155, 157,
　　158, 171, 182, 187, 190, 208, 221, 226,
　　229, 236, 237, 238, 239, 246, 247, 250,
　　251, 271

索　引 | 283

イド.....17, 30, 52, 71, 79, 88, 109, 193, 207, 209, 230, 245
インスティテュート...........6, 118, 121, 126, 129, 143, 206, 209, 210, 217, 219, 220, 225, 226, 227, 229, 230, 231, 232, 233, 234, 236, 237, 239, 240, 242, 248, 249, 251, 252
インセスト・タブー.......................................245
インポテンツ.................................................141, 148
うつ病.........................................................................90
映画..............................................116, 134, 142, 181
永久追放処分.....................................................240
エナクトメント........................4, 5, 9, 59, 73, 74, 80, 81, 82, 95, 96, 118, 121, 133, 144, 157, 161, 162, 163, 164, 165, 166, 167, 170, 186, 187, 188, 191, 192, 193, 203, 210, 222, 223, 224, 249, 250
置き換え................13, 51, 75, 76, 81, 131, 199
贈り物..............67, 113, 172, 173, 179, 180, 187, 189, 195, 209
オンブズマン.................................232, 236, 251

## か　行

会員停止処分.....................................................240
外在化...............................................67, 132, 239, 247
解釈.........................27, 42, 44, 52, 55, 61, 69, 70, 75, 77, 99, 103, 122, 172, 179, 191, 197, 198, 203, 207, 214, 220, 224
外傷.............30, 43, 72, 75, 76, 77, 83, 91, 99, 107, 134, 156, 192, 193, 237
ガイドライン.................71, 167, 207, 209, 230
解離.........................67, 91, 93, 120, 134, 149, 187
解離性障害...............................................120, 134, 149
カウチ..............60, 61, 67, 68, 72, 80, 115, 137, 144, 145, 220, 222, 229, 231
抱える環境.......................................................67, 68

隔壁化......................................................142, 157, 182
隔離.................................................................................89, 194
語り療法..................................................................7, 39
関係基盤........................................................................72
間主観性.......................................................5, 77, 249
関与しながらの観察................................................67
器質性脳症候群..........................................................126
寄付...........................................113, 114, 116, 189, 209
義憤.................................................................................245
虐待...........30, 52, 92, 93, 107, 122, 128, 133, 137, 150, 151, 153, 192
逆転移.........................3, 4, 5, 8, 62, 73, 74, 77, 88, 95, 96, 99, 104, 111, 115, 119, 122, 123, 131, 134, 140, 147, 155, 161, 162, 168, 169, 188, 189, 191, 192, 202, 209, 210, 214, 219, 220, 221, 222, 223, 224, 226, 238, 242, 244, 245, 246, 247, 248, 249, 250, 252
　　──エナクトメント.........82, 163, 164, 165, 166, 167
　　──夢...............................................................84
救済願望..........................................................................133
境界
　　厚い──.............3, 16, 25, 29, 30, 89, 90, 156
　　薄い──...............3, 29, 30, 31, 89, 90, 91
　　──逸脱......4, 9, 96, 97, 102, 111, 112, 115, 120, 121, 162, 189, 229
　　──横断...27, 119, 162, 166, 167, 169, 186, 193, 220, 224, 225, 251, 273
　　──侵犯.........3, 4, 5, 6, 8, 9, 13, 59, 63, 70, 96, 97, 103, 106, 107, 114, 115, 116, 118, 124, 148, 154, 158, 166, 167, 169, 171, 186, 191, 210, 221, 222, 226, 227, 229, 230, 232, 234, 235, 237, 238, 239, 242, 244, 246, 248, 249, 251, 271, 272, 274

――性パーソナリティ構造......82, 84
　　――性パーソナリティ障害......82, 91, 120, 134, 149
　　対人――......9, 22, 23, 32, 33, 34, 35, 41, 57, 63, 64, 79, 82, 84, 85, 120, 170, 221, 224, 225, 226
共感......5, 41, 51, 55, 64, 66, 67, 89, 110, 127, 154, 169, 186, 191, 245, 247, 250
共生......21, 22, 81
　　――期......21
　　――不安......81
強迫......53, 57
共謀......76, 127, 142, 153, 189, 192, 203, 213, 245, 246, 250
近親姦......71, 83, 91, 93, 101, 102, 119, 120, 122, 124, 131, 133, 138, 141, 147, 149, 156, 168, 187, 201, 202, 208, 230
禁欲......59, 61, 67, 68, 71, 75, 110, 114, 157, 213, 249, 272
具体的象徴化......132
クライン派......163, 164
訓練分析......6, 115, 118, 143, 194, 206, 209, 210, 211, 212, 213, 214, 215, 217, 220, 221, 222, 225, 226, 227, 229, 233, 243, 249, 250, 251, 273
経済論......20
芸術......31, 90, 171
欠損......22, 43, 82, 157, 184, 189, 190, 191, 192
限界設定......149, 190, 191
幻覚......18
現実化......164
現実検討......8, 16, 131
厳重注意......240
譴責処分......235, 240

恋わずらい......4, 5, 125, 129, 130, 131, 132, 133, 138, 140, 142, 143, 148, 150, 157, 187, 192, 193, 238, 246, 273
構造論......15, 16, 18, 19, 20, 26, 27, 35, 88
行動化......4, 6, 134, 155, 157, 177, 178, 183, 192, 225, 246
合理化......101, 127, 140, 177, 181, 184, 190, 210, 214, 236, 238
個人分析......121, 158, 212, 214, 217, 226, 243
孤立......5, 46, 130, 171, 250, 251
コンサルテーション......116, 131, 184, 210, 233, 250
コンテイン......50, 51, 66, 78, 218, 223, 224
コンテインメント......68

## さ　行

罪悪感......124, 128, 139, 150, 173, 180, 182, 185, 205
再演......69, 72, 97, 98, 120, 133, 147, 150, 153, 222, 223, 224
催眠......99
『サウス・キャロライナ／愛と追憶の彼方』......134
搾取的サイコパス......125, 126, 238, 273
ジェンダー......79, 84, 85, 88, 90, 93, 147, 272
　　――の二形性......86
自我
　　――感情......16, 17
　　――境界......8, 13, 15, 16, 17, 18, 20, 22, 23, 24, 25, 28, 34, 63, 82
　　――心理学......8, 16, 17, 26, 27, 88
　　――内での解離......67
　　超――......17, 79, 86, 88, 111, 126, 128, 129, 131, 138, 139, 142, 153, 157, 158, 179, 180, 225, 238, 241, 271

皮膚―― ............................................. 25, 26
自己
　――愛 .............. 4, 5, 17, 26, 101, 122, 127, 128, 129, 130, 134, 141, 148, 153, 154, 156, 188, 194, 214, 215, 241, 248
　――愛性パーソナリティ障害 ......... 82, 83, 126
　――愛性マゾヒスティック・パーソナリティ障害 ................................... 150
　――開示 ......... 59, 74, 78, 170, 173, 174, 187, 204, 209, 224, 225
　――境界 .................................... 20, 119
　――心理学 ................................................ 88
　――対象 ............................... 70, 148, 149
　――破壊 .......... 56, 82, 102, 131, 139, 149, 153, 155, 238, 245
　――表象 ......... 8, 21, 22, 31, 33, 34, 91, 104, 120, 222
自殺 ........ 124, 149, 151, 152, 153, 184, 190, 191
支持 ........................ 48, 49, 52, 84, 93, 117, 121, 130, 161, 174, 180, 191, 192, 198, 200, 201, 208, 214
システム論 ............................. 22, 26, 27, 272
自閉－隣接モード ................................................ 65
謝罪 .......................................................... 236, 237
終結 ......... 9, 99, 142, 143, 183, 184, 197, 198, 199, 200, 201, 203, 204, 205, 207, 208, 209, 210, 211, 212, 213, 214, 215, 216, 273
修正情動体験 ................................................ 69, 70
自由連想 ......... 7, 8, 38, 39, 40, 41, 42, 44, 45, 46, 49, 50, 55, 57, 214, 272
守秘義務 ......... 9, 60, 106, 109, 115, 206, 207, 231, 232, 243, 244
昇華 ................................................................ 112, 140

象徴
　――化 ........................ 33, 51, 53, 132, 156
　――思考 ................................................ 33, 132
女性運動 .................................................................. 230
除名処分 .................................................................. 240
神経症 ......... 14, 23, 30, 95, 112, 197, 198, 199, 200, 210
身体
　――緩衝帯 ........................................... 19, 20
　――的接触 ............................................ 60, 67
真の愛 .................................................................. 123, 238
スーパーバイザー ............ 6, 121, 129, 206, 211, 217, 218, 219, 220, 221, 222, 223, 224, 225, 226, 227, 229, 241, 242, 247, 249
スーパービジョン ............ 9, 63, 211, 217, 218, 219, 220, 221, 222, 223, 224, 225, 226, 227, 233, 240, 241, 242, 243, 247, 248, 249, 250, 251, 273
スティル・フェイス ............................................ 33, 34
滑りやすい坂道 ......... 108, 120, 130, 142, 152, 153, 161, 189, 190
性愛
　――化 ...... 131, 143, 146, 148, 183, 187, 198, 245
　――化転移 ........................................... 79, 249
　――的転移 ............................................ 248, 249
性格の鎧 .................................................................. 19
性差 ................ 9, 82, 84, 85, 87, 90, 91, 93, 156
精神
　――内の境界 ........................ 8, 28, 35, 59
　――病性障害 ........... 125, 126, 238, 273
　――分析過程 ............ 7, 37, 38, 39, 41, 59
　――分析協会 ........... 16, 39, 84, 98, 116, 214, 217, 229, 240, 272
成長への欲求 ............................................................ 67
性的
　――外傷 ............................................ 30, 91

——虐待.................92, 93, 122, 151
——境界侵犯............95, 110, 119, 126, 130, 133, 149, 161, 162, 170, 187, 188, 189, 190, 194, 208, 231, 236, 250, 273
——指向......................144, 147
性倒錯.................4, 125, 126, 155, 238
セクシュアリティ.................101, 128, 148
世代間伝達.................................118
セロトニン..................................32, 90
羨望......................................206, 245
双極性感情障害.............................126
相互分析..............................104, 106
喪失...........5, 15, 84, 92, 131, 139, 142, 143, 148, 153, 154, 157, 198, 203, 204, 211, 213, 216, 239
育て直し............................76, 134, 192

## た　行

太古的な超自我.............................139, 157
対象
　——関係論.........8, 16, 20, 70, 88, 272
　——希求原則.................................20
　——喪失....................................153, 154
　——表象.........8, 21, 22, 31, 33, 34, 91, 104, 120, 222
大洋感情............................................8, 22
大論争 Controversial Discussions.....214
魂の友人.........................100, 120, 171, 187
知性化...........................................89, 177
中断外傷.............................................99
中立性............59, 73, 103, 169, 249, 272
懲戒.................62, 116, 125, 230, 237, 246, 247
調停...............................................236, 237
ちょうどよい程度の満足........................59

抵抗........40, 46, 47, 50, 55, 81, 99, 105, 121, 140, 201, 208
『テルマ・アンド・ルイーズ』.................142
転移.....3, 4, 5, 6, 8, 9, 44, 47, 52, 55, 56, 59, 62, 65, 70, 73, 74, 75, 76, 77, 79, 80, 81, 82, 84, 85, 88, 95, 96, 98, 99, 100, 104, 111, 115, 119, 121, 122, 123, 131, 134, 138, 147, 155, 156, 161, 162, 163, 164, 165, 166, 167, 168, 169, 185, 188, 189, 191, 192, 197, 198, 199, 200, 201, 202, 205, 209, 210, 211, 212, 214, 215, 219, 220, 221, 222, 223, 224, 225, 226, 233, 235, 238, 242, 244, 245, 246, 247, 248, 249, 250, 252
　——神経症.............197, 198, 199, 200
　——性恋愛..............................................98
　——対象..............................................75, 77
　陰性——.................105, 140, 143, 211
投影................5, 15, 25, 64, 65, 66, 77, 82, 132, 138, 149, 153, 156, 157, 163, 164, 165, 186, 222, 223, 225
　——逆同一化.........................222, 223
　——同一化...5, 64, 65, 66, 77, 82, 132, 156, 157, 163, 164, 165
透過性......22, 23, 24, 25, 26, 29, 34, 35, 41, 42, 49, 64, 66, 79, 82, 83, 84, 93
統合失調症..............................15, 17, 23, 25
同性愛..................85, 108, 113, 129, 146, 148
統制分析......................................217
匿名性.......................................9, 61, 75
トランスポジション.................................100
取り入れ............................15, 153, 162, 223

## な　行

内在化..........20, 31, 34, 63, 75, 91, 128, 137, 138, 139, 157, 205, 212, 226, 249

内的境界 ..................... 5, 9, 23, 28, 30, 31, 32, 34, 41, 43, 44, 49, 51, 53, 55, 56, 57, 59, 64, 79, 82, 83, 88, 90, 91, 92, 93, 104, 120, 156, 272
二次過程 ........................................... 46
二重関係 ........................ 116, 208, 210
ネグレクト ................. 30, 128, 133, 146, 192
ノルエピネフリン ............................. 32, 90

## は　行

パーソナリティ障害 ......... 6, 22, 82, 83, 84, 91, 120, 126, 134, 149, 150, 153
　反社会性―― ................................ 126
パーソナル・スペース ........................ 19
白昼夢 ................................ 48, 115, 135
パラレル・プロセス ................... 223, 224
ハリウッド ......................................... 133
反動形成 ................................... 141, 150
PTSD ........................................ 149, 151
ヒアリング ............... 232, 233, 234, 236, 239, 240
非性の境界侵犯 ....... 161, 162, 170, 189, 190, 194, 208, 231, 250, 273
非透過性 .................. 23, 29, 34, 35, 41, 83, 84
否認 ...... 84, 91, 129, 141, 143, 154, 158, 187, 188, 203, 204, 213, 229, 230, 236, 244, 245, 246
ファンタジー .......... 4, 5, 8, 17, 18, 31, 38, 40, 41, 42, 43, 45, 48, 49, 51, 60, 64, 78, 80, 81, 82, 88, 89, 101, 102, 113, 120, 122, 124, 128, 133, 134, 139, 141, 143, 148, 150, 152, 153, 155, 156, 158, 163, 171, 174, 175, 176, 184, 187, 192, 199, 203, 204, 206, 216, 222, 224, 244, 247, 249
フォローアップ研究 .................. 198, 201
復讐 ................. 76, 82, 85, 144, 147, 206, 225

プフェッファー現象 ......................... 199
部分対象 ........................................... 22
ブランク・スクリーン ................. 161, 173
プロフェッショナルな境界 ................. 59, 62, 63, 64, 96, 116, 119, 120, 191, 193, 225, 226, 249
分析
　――設定 ......... 59, 61, 68, 69, 71, 77, 98, 123, 133, 166, 203, 239
　――的境界 ........................ 8, 41, 55, 56, 59, 62, 63, 66, 74, 75, 78, 82, 118, 170, 203, 209, 225, 226, 251
　――的対象 ............ 59, 60, 74, 75, 77, 78
　――の第三主体 ............................ 77
分離－個体化 ..................................... 21
分裂 ......... 64, 65, 66, 82, 132, 141, 156, 174, 179, 180, 182, 187, 233, 271
米国
　――医師情報データ・バンク ...... 235
　――精神分析学会 .... 37, 227, 240, 248
防衛機制 ..................................... 89, 194
報告義務 ................................... 231, 244
ボーダーライン ..... 26, 57, 82, 83, 130, 131, 156
ボディ・ランゲージ ............................ 45, 46

## ま　行

マスタリー・コントロール理論 ........... 165
マゾヒスティックな服従 ......... 68, 125, 149, 153, 154, 157, 238, 273
免許認定審査会 ........ 62, 151, 230, 232, 235, 237, 239, 240, 241, 244
喪 ................. 5, 15, 84, 92, 131, 139, 142, 143, 148, 153, 154, 157, 198, 202, 203, 204, 211, 212, 213, 216, 239
妄想 ............. 18, 25, 64, 65, 66, 132, 156, 271

妄想－分裂モード ................ 65, 66, 132, 156
もの想い ................ 40, 42, 45, 48, 49, 89, 170

## や　行

薬物
　　——依存 ................................................. 121
　　——乱用 ..................................... 83, 134
役割対応性 ............................................... 165
夢 ................ 6, 8, 29, 30, 38, 42, 44, 46, 47, 48,
　　49, 50, 51, 52, 53, 55, 57, 80, 81, 84,
　　85, 90, 91, 92, 93, 113, 115, 116, 135,
　　137, 168, 171, 174, 175, 238, 272
　　——の想起 ................ 8, 38, 46, 47, 48, 51
『許されざる者』 ......................................... 134
抑圧 ................ 3, 18, 19, 38, 47, 56, 81, 89, 141,
　　180, 183, 211
抑うつモード ............................................... 66
欲求満足 ....................................................... 71

## ら　行

ラットマン ................................................. 39
リアルな関係 .............................. 176, 188, 202
理想化 ................ 75, 76, 119, 127, 130, 132, 140,
　　149, 181, 188, 192, 202, 205, 210
リハビリテーション ...... 125, 231, 237, 238,
　　239, 240, 241, 242, 243, 248
　　——・コーディネイター ...... 242, 243,
　　　　244, 247
　　——・プラン ............ 238, 239, 240, 241,
　　　　242, 248
リビドー ................ 17, 20, 67, 106, 109, 132
流動性 ................ 23, 25, 29, 30, 31, 41, 120
両性愛 ..................................... 129, 147

倫理 ............ 5, 6, 96, 101, 110, 111, 112, 113,
　　116, 117, 120, 123, 124, 126, 127, 131,
　　137, 138, 140, 142, 145, 147, 152, 157,
　　182, 194, 198, 201, 202, 203, 206, 207,
　　208, 221, 230, 231, 232, 233, 234, 235,
　　236, 237, 239, 240, 241, 242, 243, 244,
　　245, 246, 247, 248, 249, 250, 251, 271,
　　272, 274
　　——委員会 ........ 62, 116, 151, 193, 208,
　　　　230, 232, 233, 234, 235, 236, 237,
　　　　239, 240, 241, 242, 243, 244, 245,
　　　　246, 247, 248, 251
　　——規範 ............ 111, 124, 127, 140, 206
類型学 ....................................................... 125
レインボー・リポート ........................... 227
REM 睡眠 ................................. 32, 47, 90
ロールシャッハ・テスト ............ 22, 24, 25
ロリータ ................................. 183, 184, 187

## わ　行

枠組み ........ 4, 5, 7, 9, 31, 35, 55, 56, 59, 60,
　　61, 63, 64, 66, 67, 68, 69, 71, 72, 73,
　　75, 76, 77, 78, 85, 89, 91, 96, 120, 122,
　　131, 133, 163, 165, 166, 170, 250, 251

## 著者紹介

■グレン　O．ギャバード

　1949年生まれ，米国の精神科医，精神分析家。精神分析や精神分析的精神療法に関する教科書を含む多くの著書・論文あり。演劇で学位を取得したのち医学部を卒業，米国力動精神医学の拠点であるメニンガー・クリニックで長年臨床活動や研究・教育に携わる。現在，米国テキサス州ベイラー医科大学精神科臨床教授。

■エヴァ　P．レスター

　1922年生まれ，カナダで活躍したギリシャ出身の女性精神科医，精神分析家。カナダ　マギル大学医学部精神科教授，カナダ精神分析協会訓練分析家。小児医学・精神医学を専攻，児童思春期・女性のセクシュアリティ・精神分析状況におけるジェンダーと境界に関する論文等，多数あり。カナダ精神分析学雑誌（Canadian Journal of Psychoanalysis）を創刊，編集主幹を務めた。2008年没。

## 訳者紹介

■北村婦美（きたむら　ふみ）

　1996年，京都大学医学部卒業。精神科医，日本精神分析学会認定精神療法医。現在，京都民医連中央病院精神神経科。訳書　マックウィリアムズ『パーソナリティ障害の診断と治療』，シミントン『分析の経験』『臨床におけるナルシシズム』『精神分析とスピリチュアリティ』（いずれも共訳，創元社）ほか。

■北村隆人（きたむら　たかひと）

　1993年，京都府立医科大学医学部卒業。2006～2008年，マッコーリー大学哲学科留学。精神科医，日本精神分析学会認定精神療法医。現在，京都民医連中央病院精神神経科。訳書　シミントン『分析の経験』『臨床におけるナルシシズム』『精神分析とスピリチュアリティ』（いずれも共訳，創元社）ほか。

---

### せいしんぶんせき　きょうかいしんぱん
# 精神分析における境界侵犯
――臨床家が守るべき一線――

2011年11月20日印刷
2011年11月30日発行

| | |
|---|---|
| 著　者 | グレン　O．ギャバード／エヴァ　P．レスター |
| 訳　者 | 北村婦美／北村隆人 |
| 発行者 | 立石正信 |
| 発行所 | 株式会社金剛出版 |
| | 〒112-0005　東京都文京区水道1-5-16 |
| | 電話 03-3815-6661　振替 00120-6-34848 |
| 印刷・製本 | 三協美術印刷株式会社 |
| 装　丁 | 臼井新太郎 |
| 装　画 | 富田惠子 |
| 組　版 | 藍原慎一郎 |

ISBN978-4-7724-1221-6　C3011　　　　　　　　　Printed in Japan　©2011

## フロイト再読
下坂幸三著／中村伸一，黒田章史編
A5判　264頁　定価4,200円

　変容する現代社会に生きる患者のもつ難しさ――慢性の空虚感，徹底した他者指向，内省の乏しさ，平凡嫌い等々――に対し，著者はフロイトそして東洋思想といった古典から学びその英知を生かした独自の「常識的家族面接」で応じた。
　本書では，晩年の著者が到達したこの心理面接の「作法」と，その考え方に至る道筋を辿ることができる。初心者からベテランまで，すべての治療者にとって，日々の面接の指針たりうる知恵に溢れた，まさに温故知新という言葉がぴったりの一冊である。

## 転移分析
### 理論と技法
マートン・M・ギル著／神田橋條治，溝口純二訳
A5判　190頁　定価3,570円

　本書は，Gillがその理論家としての真骨頂を発揮した主著であり，転移に関する文献として必ず引用される現代の古典である。精神分析の優れた臨床家であったGillは，フロイトをはじめとして，Strachey, Glover, Stone, Klein, Segal, Rosenfeld, Zetzel,等，多くの分析家の文献を引用しながら，転移分析の実際を情熱的且つ論理的に説いていく。人と人とが結びつく豊穣な世界であり，精神分析技法の核である転移分析についての詳細な臨床研究である。

## 治療論からみた退行
### 基底欠損の精神分析
マイクル・バリント著／中井久夫訳
A5判　292頁　定価5,040円

　本書は，力動的立場をとると否とを問わず，「境界例」をはじめ困難な精神科臨床にたずさわる人々に欠くことのできない実践的英知と心構えを示すものである。
　該博な知識と言語に対する深い造詣で知られる訳者を得て，本書は近年とみに重要性を強調される重症患者への精神療法的接近に新しい視野を拓いてくれるであろう。

価格は消費税込み（5％）です

## 精神分析における言葉の活用
妙木浩之著
Ａ５判　250頁　定価3,570円
　本書の主題は，道具として言葉をどのように利用・運用するかということであり，とりわけ心理療法の空間において，どのように言葉を使うかという点に集約される。まずウィニコットやサリバン，ラングスに加えて，グレイ，ギル，シェーファーといった米国のラパポート以後の世代の理論・技法をわかりやすく解説し，臨床場面における道具としての言葉，言葉の認識機能としてのメタファーの重要性，実際の行為としての発話の力など，言葉とそれに付帯する要素をどのように活用すべきかを示している。

## ハインツ・コフート
### その生涯と自己心理学
チャールズ・Ｂ・ストロジャー著／羽下大信，富樫公一，富樫真子訳
Ａ５判　580頁　定価8,925円
　本書は，精神分析家ハインツ・コフートの生涯と，自己心理学の立場を確立するまでの彼の思索の道筋をたどる伝記である。コフートがかつて教育分析を受けたシカゴ精神分析研究所で精神分析家になる訓練を積んだ原著者が，19年をかけて，コフートの友人や同僚・患者へのインタビューや，手紙・論文の調査をして完成させた。伝記的事実を味わいながら読み解く最良のハインツ・コフート入門。

## 治療者はいかに自分自身を分析するか
Ｅ・メスナー，Ｊ・Ｅ・グローヴス，Ｊ・Ｈ・シュワルツ編／新谷昌宏，他訳
Ａ５判　280頁　定価3,990円
　精神科医や心理臨床家など臨床の場に従事する人々，とりわけ研修中で知識や技能の学習とトレーニングを受けているものは，きわめて大きなストレスにさらされることになる。そのようなストレスを克服し専門家として職業的任務を果たしてゆくために，治療者自身について学ぶことが本書のテーマである「オートグノーシス」である。あらゆる立場の治療者が日々の臨床の合間に本書をひもとくたびに，治療者が行き詰まったときに役立つ，さまざまな臨床上のヒントを発見できるであろう。

価格は消費税込み（5％）です

## 精神分析臨床家の流儀
松木邦裕著
四六判　224頁　定価2,730円

　本書は著者初の精神分析臨床エッセイである。著者が思うところの精神分析臨床家の流儀を身に付けるための方法論と，個人心理療法の基本とも言うべき精神分析の学び方が，自らの経験から抽出された臨床知見として著者の語り口で述べられている。精神分析家，精神科医，心理療法家，心理臨床家，作業療法士，ソーシャルワーカー，看護師，調査官，教師等，さまざまな領域で精神分析の理論や技法をこころの臨床に活用しているすべての援助職の方のために。

## 方法としての治療構造論
### 精神分析的心理療法の実践
狩野力八郎著
A5判　256頁　定価3,990円

　「治療構造論」とは，小此木啓吾が創始した精神分析的な了解と臨床における方法論のことである。著者は，その要諦を最も正当に継承し，臨床的成果として結実させた。本書は，治療構造論に基づいた精神分析的アプローチをパーソナリティ障害をはじめさまざまな疾患に応用させた著者の臨床研究を集大成したものである。精神分析における各学派の理論を俯瞰し，真に効果的な精神分析を実践する著者の臨床的知見が全編にわたってちりばめられている。

## 精神分析過程
ドナルド・メルツァー著／松木邦裕監訳／飛谷　渉訳
四六判　300頁　定価3,990円

　転移−逆転移の深化，投影同一化の同定と受容，地理上の混乱と解消，領域の混乱と解消，抑うつポジションへの移行，離乳過程の到来，そして精神分析の終結としての自己分析へ——分析家と患者との間で交わされながらダイナミックに展する精神分析過程が比類なき精度と深度で記述された，メルツァー渾身の第一著作にして最重要作。

価格は消費税込み（5％）です